KB010729

바티칸의 禁書

# 군주론

## 통치자의 의식구조

니콜로 마키아벨리 지음
김영진 옮김

문지사

이해하기 쉽게 풀어쓴

# 군주론

니콜로 마키아벨리 | 김영진 편저

여우의 지혜와

사자의 힘을 갖춰라

**니콜로 마키아벨리(Niccolò Machiavelli, 1469-1527)**

르네상스 시대 피렌체의 외교관, 정치이론가, 저술가. 『군주론』의 저자.

**로렌초 데 메디치**(Lorenzo de Medici, 1449~1492)

1469년부터 1492년까지 피렌체의 통치자로서 로마 시대 이래 유일하게 '국부'라는 존칭을 들은 코시모 데 메디치의 손자이기도 하다. 1469년 아버지 피에로 데 메디치가 죽자 20세 젊은 나이에 피렌체의 통치자가 되었다. 동시대 피렌체 사람들은 그를 일 마그니피코(Il Magnifico) 즉 '위대한 자'라고 불렀다.

**메디치 가의 사람들**

메디치 궁 가족 예배실의 벽화. 이 궁은 코시모 데 메디치에 의해 1459년에 짓기 시작해 1461년에 완성되었다. 이 작품은 '아기 예수를 경배하기 위해 베들레헴으로 가는 동방박사'라는 성서의 한 장면을 주제로 그린 것인데, 세 사람의 동방박사는 이 그림이 그려질 당시 유럽 종교계와 정계거물의 얼굴들로 형상화하였다.
동방교회의 대주교 주세페와 비잔티 제국의 황제 요한네스 8세 팔라이올로구스 그리고 가장 어린 동방박사가 후에 '위대한 로렌초'로 불리게 되는 로렌초 데 메디치다. 로렌초의 뒤를 그의 아버지 피에로와 할아버지 코시모가 따르고 있다. 이 그림은 당시 피렌체에서 로렌초 가문의 위엄과 영향력을 과시하기 위해 그려졌으며, 로렌초의 얼굴 역시 실제의 모습보다 이상화되어 표현되었다.

피렌체 시가지

마키아벨리가 활동하던 15세기 피렌체 시가지 전경

Norimberga nel 1493.

**프란체스코 스포르차(Francesco Sforza 1401–1466)**

15~16세기 이탈리아에서 중요한 역할을 했던 용병대장. 평민 출신이었으나 밀라노 공 비스콘티의 딸 비앙카(그림 오른쪽)와 결혼하여 후에 밀라노 공작이 된다. 코시모 데 로렌초의 후원과 피렌체-밀라노 동맹에 힘입어 밀라노에 대한 확고한 지배권을 갖게 된다.

비앙카 마리아 비스콘티 스포르차(Bianca maria visconti Sforza)

루도비코 스포르차(Ludovico Sforza 1452–1505)

프란체스코 스포르차의 둘째 아들. 까무잡잡한 피부와 검은 머리카락 때문에 일 모로(Il Moro, 무어 인)로 불렸다. 형이 살해당하고 난 후 어린 조카의 섭정을 하게 되었지만 조카와 여동생을 각각 나폴리 공주, 신성로마제국 황제와 결혼시키는 방법으로 밀라노의 실질적 지배자가 되고자 했다. 샤를 8세의 밀라노 입성을 환영함으로써 프랑스에게 이탈리아 침략의 빌미를 주었다가 나중에는 대적했다. 그러나 이후 다시 침략해 온 루이 12세에게 잡혀 프랑스에서 여생을 마쳤다.

**체사레 보르자(Cesare Borgio 1475-1507)**

교황 알렉산데르 6세의 아들로, 아버지와 프랑스 왕의 후원을 받아 이탈리아 중부 로마냐 지방의 통치권을 확보하고 자신의 왕국을 세우려고 했다. 그러나 교황 알렉산드로 6세가 죽고 나서 자신도 병이 났으며, 그의 통치권을 인정하지 않는 새 교황 율리우스 2세와 대립하면서 체포와 탈출을 거듭하다 뜻을 이루지 못하고 죽었다. 자신의 권력을 지키기 위해 탁월한 군사력과 외교력은 물론 속임수와 잔혹함까지 갖추었던 그를, 마키아벨리는 신생 군주의 전형으로 보았다.

루이 12세(Louis XII 1462-1515)

프랑스의 왕. 재위에 오르기 전부터 샤를 8세와 함께 이탈리아 정복 잔쟁에 적극적으로 참여했다. 왕위에 오르자 샤를의 미망인 안과 결혼하기 위해, 왕비 잔과의 결혼을 무효로 해주는 조건으로 교황 알렉산데르 6세의 아들 체사레 보르자를 발렌티노 공작에 임명했다. 나폴리와 밀라노의 소유권을 주장하며 이탈리아 원정에 열을 올렸으나, 그에 대항하는 신생 동맹국들과 스위스 용병 등에 밀려 프랑스로 퇴각했다.

**지롤라모 사보나롤라(Girolamo Savonarola 1452-1498)**

15세기 피렌체에서 활동한 설교자이자 종교개혁가. 도미니쿠스 수도회 소속의 수도사로, 지도자들의 부패와 사치를 비난하고 금욕적인 종교 생활을 강조하는 설교를 했다. 피렌체의 실질적인 통치자인 메디치 가를 정면으로 질타했으며, 샤를 8세에 의해 메디치 가문이 쫓겨나자 피렌체의 공화정을 이끌었다. 그러나 너무 급진적이고 극단적인 그의 개혁은 반대 세력을 키웠고, 결국 기적을 기대했다가 실망해 폭도로 변한 시민들에 의해 화형당하고 만다.

**사보나롤라의 처형 장면**

피렌체의 시뇨리아 광장에서 행해진 사보나롤라와 동료들의 처형.

**교황 식스투스 4세(Sixtus IV 1414-1484)와 조카들**

프란체스코 수도원 소속이었으나 정치적 야심이 커 교황권을 크게 확대시켰다. 이 과정에서 피렌체의 메디치 가문과 긴장관계가 형성되었으며, 로렌초 암살 음모의 배후 인물이 된다. 음모가 실패로 끝나고 조카가 죽음을 당하자 로렌초에게 성사 금지령을 내리는 등 피렌체에 압력을 행사하려 했으나, 이 또한 실패하고 만다.

교황 율리우스 2세(Julius II 1443-1513)

교황 식스투스 4세의 조카로 교황령 확보에 열을 올렸다. 베네치아를 공격하기 위해 프랑스와 에스파냐, 신성로마제국 황제 등과 캉브레 동맹을 맺었고, 프랑스를 견제하기 위해 에스파냐와 신성동맹을 맺기도 했다. 그러나 신성동맹군은 라벤나 전투에서 대패하고 만다. 그의 재위 시절은 로마에 르네상스 문화가 꽃피기도 했다. 레오나르도 다 빈치와 미켈란젤로를 후원했으며, 성베드로 대성당을 재건했다.

**교황 알렉산데르 6세(Alexander VI, 1431~1503, 재위 1492~1503)**

스페인 태생의 교황. 교황 칼릭스투스 3세(Galixtus III)의 조카로서 그의 덕으로 추기경이 된 후 매수와 협잡으로써 교황에 피선되었다. 교활하고 음탕하여 형제를 죽이고 교황의 몸으로 사생아를 두었다. 체사레 보르자는 그의 아들로 부자(父子)가 공모하여 에스파냐를 강화하고 이탈리아를 핍박했다.

교황 레오10세(Leo X 1475–1521)

위대한 로렌초의 둘째 아들로 본명은 조반디 데 메디치다. 교황이 되자 아버지 로렌초 시대에 누렸던 메디치 가문의 영광을 되찾기 위해 정치력을 발휘했다. 피렌체 공화정과 나폴리 왕국에는 동생 줄리아노를, 추기경에는 사촌 줄리오를, 교황 대리인으로는 조카 로렌초를 임명해 이탈리아 중부의 패권을 차지했다. 프랑스의 프랑스와 1세가 이탈리아를 침략하자 그와 협약을 맺고 현실에 안주했으며, 사치스러운 생활로 교황청의 재정을 탕진했다. 무리한 면죄부 판매와 마루틴 루터에 의해 종교개혁운동이 일어난 것도 그의 재위 때이다.

황제 막시밀리안 1세(Maximilian Ⅰ 1459-1519)

신성로마제국의 황제. 아들 펠리페의 정략 결혼을 통해 중부 유럽과 이베리아 반도를 포함하는 복잡한 동맹체제를 만들어냄으로써 합스부르크 왕가를 16세기 유럽의 지배 세력으로 키운 인물이다. 그러나 이탈리아를 침략한 프랑스와의 전쟁에서는 별 소득 없이 국력을 낭비하기도 했다.

황제 카를 5세(Karl V 1500-1558)

신성로마제국의 황제. 아버지 막시밀리안 1세로부터는 독일의 합스부르크 왕가를, 어머니로부터는 에스파냐 왕국을 물려받았으며, 독일의 왕으로 즉위하자마자 신성로마제국 황제의 칭호를 얻었다. 프랑스와 교황 클레멘스 7세의 연합군인 코냐크 동맹국을 물리치고 로마를 침략, 약탈했다. 결국 클레멘스 7세는 강화조약을 맺고 황제의 왕관을 씌워 주었다.

교황 클레멘스 7세(Clemens VII 1478–1534)

파치 가의 음모로 살해된 줄리아노 데 메디치의 서자. 우유부단해서 이탈리아를 차지하려는 프랑스 왕 프랑수와 1세와 신성로마제국 황제 카를 5세 사이에서 애매한 태도를 보였다. 카를 5세가 로마로 쳐들어와 시민들을 약탈하자, 피렌체에서 메디치 가의 지배권을 인정하는 조건으로 신성로마제국 황제로 임명했다. 마키아벨리가 죽은 지 5년 후인 1532년에 『군주론』을 출간하게 된다.

페르난도 2세(Fernado II, 1452~1516)

트라스타마라 왕가 출신의 아라곤 국왕(재위 : 1479년-1516년)이다. 또한 카스티야 국왕으로서는 페르난도 5세(재위 : 1474년-1504년)이며, 나폴리 국왕으로서는 페르디난도 3세, 시칠리아 국왕으로서는 페르디난도 2세이다. 1469년에 결혼한 카스티야의 이사벨 공주와 더불어 가톨릭 군주로 불린다.

• • •

# 시작하면서

마키아벨리가 세상을 떠난 지 거의 5세기가 되었는데도 불구하고 그에 대한 평가는 아직까지 통일되어 있지 않다. 그의 민족주의를 높이 평가하는 사람이 있는가 하면 메디치 가에 아부한 자라고 평하는 사람도 있고, 그를 현실주의자라고 평하는 사람이 있는가 하면 패덕자라고 평하는 사람도 있다. 하지만 설사 마키아벨리가 메디치 가에 아부한 것이 사실이라고 해도 이 글에 나타나 있는 그의 뜻이 빛을 잃지는 않을 것이다. 왜냐하면 그가 누구보다도 그의 조국 이탈리아를 사랑했다는 것을 부인할 사람은 아무도 없기 때문이다.

르네상스 시대의 역작 『군주론』은 피렌체 사람인 마키아벨리가 1513년에 저술한 책으로 '군주가 어떻게 해야 권력을 획득하고 또 유지할 수 있을까?'라는 문제를 중심적인 내용으로 담고 있다.

마키아벨리는 29살 때(1498년) 피렌체 공화국에 발탁된 후 14년 동안 많은 외교적 임무를 띠고 외국에 파견되었다. 이러한 외교사절의 임무를 수행하면서 그는 나중에 자신의 정치적 저작에서 발전시키게 된 사상적 단초들의 계기가 되는 정치 현실을 경험했다. 즉 그는 후일 『군주론』에서 직접적인 분석의 소재가 되는 당대의 정치적 지도자들과 직접 접촉하게 되었다. 말하자면 루이 12세, 체사레 보르자, 교황 율리우스 2세, 막시밀리안 황제 등이었는데 그 중에서도 체사레 보르자와의 만남은 마키아벨리로 하여금 지도자의 행동을 관찰할 수 있는 최상의 기회를 제공했다. 따라서 마키아벨리는 그를 통해 어떻게 전쟁을 수행하는가 하는 안목과 정치적인 많은 영감을 얻었다.

마키아벨리는 공무 중에도 엄청난 양의 독서를 했으며 그로 인해 얻은 지식과 자신의 체험을 토대로 많은 저술을 남겼는데 그의 작품에는 몇 가지 특성이 있다.

첫째로 그의 작품들은 이탈리아 역사에 대한 해박한 지식과 통찰력에 근거하고 있으니 이런 점에서 그는 탁월한 역사학자라고 말할 수 있다. 둘째로 그의 작품들 중에는 유력자의 부탁에 의해 집필했거나 누구에게 헌상하기 위해 쓰여진 것들이 많으니 그는 신분 상승에 대한 강한 욕망을 가졌으며 그것으로 인해 비정한 현실주의자가 되었다고 말할 수 있다. 셋째로 그의 작품들 중에는 소설과 희곡 등도 있는데 그것은 그가 역사학자나 정치학자이기 이전에 문필가로서의 능력도 상당히 갖추고 있었음을 의미한다. 그의 문장이 유려한 것은 결코 우연한 일이 아니었다.

어쨌든 마키아벨리의 일생은 그의 강렬한 신분 상승 욕구에도 불구하고 그다지 현달하지도 못했고 평탄하지도 않았다. 그는 자신이 의존했던 메디치 가와 더불어 영욕과 부침의 세월을 함께 했으며 낙백의 시절도 많았다. 그러나 이런 내용이 그가 입신을 위해 기회적으로 살았다는 것을 의미하지는 않는다. 그는 실제로 피렌체의 성벽을 쌓아 조국을 지키기 위해 헌신했으며 군사위원회 사무국장 시절에는 구매업무를 맡아 일하면서 피렌체의 안보에도 크게 기여했다. 하지만 그 같은 노력에도 불구하고 그는 세속적인 영화를 누리지 못한 채 58세 때 사망했다.

마키아벨리가 살아 있을 때는 주목을 받지 못했던 『군주론』은 그가 사망한 지 5년 후인 1532년 교황 클레멘스 7세에 의해 출간되었다. 하지만 1559년, 교황 파울루스 4세에 의해 선량한 기독교에게는 적당치 않은 '악마의 사상이 담긴 책'이라는 이유로 금서로 지정되었다.

마키아벨리가 그 시대 사람들에게는 무자비한 군주로 기억되는 '체사레 보르자'를 모범적인 군주의 예로 제시하며, 권력을 빼앗기지 않고 존속시킬 수 있는 냉혹한 정치이론을 이상적인 일로 제시했기 때문이었다.

『군주론』의 내용은 종교가 지배이념 역할을 하고 있던 당시로서는 너무나 파격적인 것들이었다. 하지만 이탈리아의 당시 정치상황을 고려해 보면 그러한 마키아벨리의 사상은 새로운 가치관에 절실하게 필요했던 시대적인 상황에서 나왔다는 것을 알 수 있다.

마키아벨리는 메디치 가의 강력한 군주에 의해 피렌체의 자유가 지켜지기를 바라는 마음으로 『군주론』을 저술했던 것이다. 하지만 이러한 그의 사상은 당대의 메디치 가를 통해 구현되지 못했으며 이따금 독재를 지향하는 정치가들이나 지도자들에 의해 오용되어 '마키아벨리즘'이라는 악명을 얻게 되었다. 하지만 역설적으로는 '권력의 속성'을 적나라하게 보여 주었기 때문에 16세기 이후 수많은 사상가들에 의해 실용정치의 기술로 인정을 받게 되었다. 결국 세계는 『군주론』의 '마키아벨리즘'을 통해 근대 정치학의 기초를 다지게 되었으며 발간 이후 5세기가 지난 지금까지 수많은 사람들이 애독하는 유명한 고전이 되었다. 따라서 학자들은 물론이고 정치가와 학생, 그리고 정치의 어두운 면을 이해하고 싶은 사람들은 모두 고대와 중세의 전통적인 사상과 도덕에 반기를 들었던 최초의 근대철학서 『군주론』을 읽어 보아야 할 것이다.

해제는 마키아벨리에 대한 연구 분야의 대가인 길버트 본의 해제를 일부 발췌하여 실었다.

• • •

# 차 례

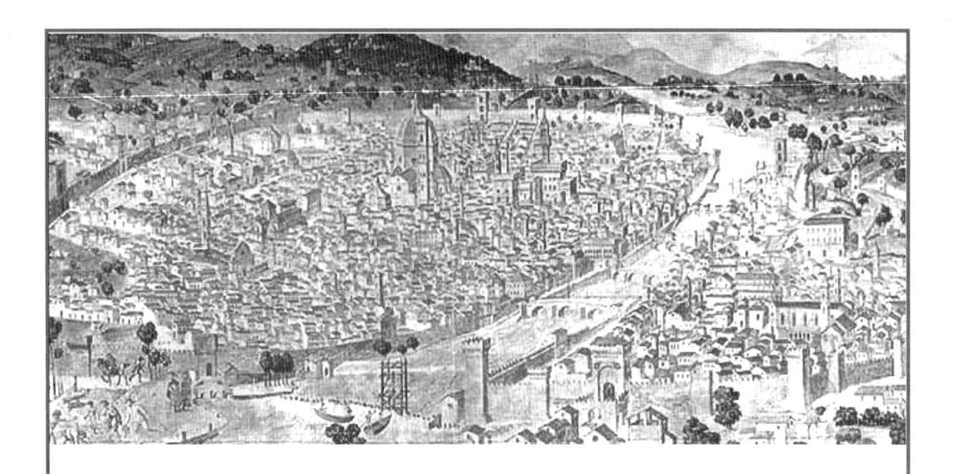

• • •

# 메디치 전하[1]께 드리는 헌사[2]

무릇 군주의 총애를 받고자 애쓰는 자들은 대부분 자신이 가장 아끼는 물건이나 그가 가장 좋아할 것이라 여기는 선물을 가지고 군주를 알현하는 것이 관례입니다. 그리하여 군주들께서는 종종 말과 무기, 금으로 수놓은 예복, 보석과 같은 군주의 위엄에 어울리는 장신구들을 선물로 받고는 합니다.

1) 로렌초 디 피에로 데 메디치(Lorenzo di Piero de' Medici, 1492~1519) : 원래 메디치(Medici)라는 것은 14~18세기에 걸쳐 피렌체와 토스카나 지방을 지배한 가문을 가리킨다. 로렌초 메디치는 피에로 메디치(Piero Medici, 1472~1503)의 첫째 아들이며 메디치 대공(Medici II Magnifico, 1449~1492)의 손자였다. 1516년에 삼촌인 레오 10세(Leo X)에 의하여 우르비노 대공(Duke of Urbino)이 되었으며, 로렌초 2세라고도 불린다. 마들렌(Madeleine de La Tour d'Auvergne)과 결혼하여 딸 카테리나 데 메디치를 낳았으며. 후에 카테리나는 프랑스의 왕 앙리 2세가 된 오를레앙 공작 앙리와 결혼하게 된다.

2) 『군주론』은 본래 줄리아노 데 메디치(Giuliano de' Medici, 1479~1516)에게 봉정하기 위하여 쓰여진 것이었으나, 그가 1513년 신성로마제국의 행정관이 되어 피렌체를 떠났기 때문에 뜻을 이루지 못하고 로렌초에게 봉정되었다.

그래서 저 또한 전하를 뵈면서, 전하에 대한 저의 충성심을 다소 보일 수 있는 선물을 준비하고자 했습니다. 그러나 제가 지니고 있는 것들 중에는 오랜 경험과 옛것에 대한 끊임없는 탐구를 통해 알게 된 선현들의 업적에 관한 저의 지식보다 더 가치 있고 소중한 것이 없음을 알게 되었습니다. 그리하여 저는 오랫동안 생각한 나머지 그와 같은 지식들을 한 권의 소책자로 엮어 전하께 바치는 바입니다.

물론 저의 글이 전하께 바치기에는 여러 모로 부족한 점이 많다고 생각합니다. 하지만 저로서는 오랫동안 갖가지 시련과 위험을 겪으며 체득하게 된 것들을 단시간 내에 전하께서 이해하실 수 있도록 정리했기 때문에 이것이 제가 바칠 수 있는 최대한의 선물이라고 생각하며 받아주실 것이라 믿습니다.

저는 이 글을 쓸 때, 많은 저술가들이 흔히 자신들이 다루는 주제를 기술하고 꾸미기 위해 사용하는 화려한 구절이나 수사, 혹은 인위적인 기교를 일체 사용하지 않았습니다. 왜냐하면 저의 글을 돋보이게 하거나 의미 있게 만드는 것은 소재의 다양성과 내용의 중요성 외에는 없어야 한다는 것이 저의 소망이었기 때문입니다.

신분이 낮고 비천한 지위에 있는 사람이 감히 군주의 통치를 논하고 그것에 관한 지침을 제시하는 것을 건방진 소행으로 여기시지 않기를 바랍니다. 풍경 화가라면, 산이나 고지대의 특징을 살펴보기 위해서 골짜기와 같은 낮은 곳에 있어야 하고, 평원을 살펴보기 위한 좋은 전망을 살펴보기 위해서는 산꼭대기에 올라가기 때문입니다. 이와 같은 이치로 백성의 본성을 잘 파악하기 위해서는 군주가 될 필요가 있고, 군주의 본성을 잘 이해하기 위해서는 백성의 한 사람이 되어야만 할 필요가 있습니다.

그러니 전하께서는 저의 뜻을 헤아리시어 이 작은 선물을 받아 주십시오. 이 책을 꼼꼼히 읽고 그 뜻을 깊이 성찰하신다면 저의 깊은 소망, 즉 전하께서 운명과 전하의 탁월한 능력에 의해 위대한 과업이 성취되기를 바라는 저의 뜨거운 열망을 발견하실 수 있을 것입니다. 그리고 위대하신 전하께서 계신 그 높은 자리에서 어쩌다 이 낮은 곳에 눈을 돌리시면 그 곳에 엄청나고 잔혹한 불운으로 인해 부당한 학대를 겪고 있는 제가 있는 걸 보시게 될 것입니다.

Chapter 1

# 군주국의 종류와 성립 과정

역사상 오늘날까지 민중에 대한 지배 권력을 행사해 온 국가나 통치체제는 과거는 물론 지금까지 모두 공화국이 아니면 군주국이었습니다. 군주국은 군주의 가문에 의해 몇 대에 걸쳐 통치돼 온 세습 군주국이거나 신생 군주국입니다.

신생 군주국은 프란체스코 스포르차[1]가 통치하는 밀라노처럼 완전히 새로 탄생한 군주국이거나 스페인 왕이 통치하는 나폴리 왕국처럼 기존 세습 군주국의 군주에게 정복당해 새로 편입된 군주국입니다. 그런데 이런 방식으로 편입된 영토는 과거에 군주의 통치를 받으

1) 프란체스코 스포르차(Francesco Sforza, 1401~1466) : 농부였던 무치오 아텐돌로 스포르차의 서자로 태어나 이탈리아의 용병대장(用兵隊長)이 되어 명성을 떨쳤다. 1447년에 암브로시아(Ambrosia) 공화국을 정복한 후 군대와 지략으로써 밀라노 대공이 되어(1450) 롬바르디아(Lombardia)와 북부 이탈리아를 지배했다.

며 살아오던 지역과 그렇지 않고 자유롭게 살고 있던 지역이 있습니다. 그리고 이런 영토들을 얻는 방법에는 타인의 무력을 이용하는 경우와 스스로의 무력을 사용하는 경우가 있으며, 행운 또는 호의에 따른 경우와 능력에 의한 경우가 있습니다.

프란체스코 스포르차와 미앙카 마리아 비스콘티와의 결혼식(1441)

• • •

Chapter 02

# 세습 군주국

공화국에 대해서는 이전에 다른 책자1)에서 길게 다룬 바 있기 때문에 여기에서는 다루지 않겠습니다. 따라서 저는 오직 군주국에 관해서만 고려할 것이며, 이러한 군주국들을 어떻게 통치하고 유지할 것인가에 대해 검토할 것입니다.

군주 가문의 통치에 익숙한 세습 군주국은 그 통치 과정에서 겪는 어려움이 신생 군주국보다 훨씬 적다는 것을 우선 말씀드리는 바입니다. 왜냐하면 세습 군주국은 그의 선왕들이 지켜온 질서를 깨뜨리지 않는 것만으로도 충분히 유지될 수 있기 때문입니다. 그러므로 군주가 평범한 능력과 부지런함만 갖추고 있다면, 대적하기 힘들 정도의 강력한 세력이 등장해 그를 쫓아내지 않는 한, 그의 통치는 항상 안정

1) 『군주론』을 쓰기 전에 시작한 마키아벨리의 『로마사론(Discourses)』.

을 확보할 것입니다. 더 나아가 그런 사태가 발생하여 권좌에서 물러난다고 해도 찬탈자가 어려움에 처하게 되면 이전의 군주는 권좌를 다시 차지할 수 있게 됩니다.

이탈리아의 예를 들면 페라라 공[2]은 1484년의 베네치아 인들의 공격과 1510년의 율리우스 2세 교황[3]의 공적을 물리쳤는데 그 이유는 단지 하나, 즉 그의 가문이 그 지역을 오랫동안 통치하고 있었기 때문이었습니다.

세습 군주는 신생 군주에 비해 자신의 백성들을 괴롭힐 이유나 필요가 많지 않습니다. 그 결과 백성들은 그에게 좋은 감정을 가지게 됩니다. 따라서 군주가 상식 밖의 악행을 저질러 미움을 사지 않는 한 그가 백성들로부터 신뢰를 받는 것은 전혀 놀라운 일이 아닙니다. 더구나 군주 가문의 통치가 오래 지속될수록 혁신의 원인에 대한 기억은 서서히 소멸되기 마련입니다. 세상에서 발생하는 모든 변화는 으레 새로운 변화를 초래하는 화근을 남기기 때문입니다.

---

2) 페라라 공(Duke of Ferrara, 1431~1505) : 이탈리아 왕실인 에스테 가의 알폰소 1세(Alfonso I)를 가리킨다. 그는 보르자 가의 사위로서 군사 활동에서 탁월한 공을 세웠다.

3) 율리우스 2세(Julius II, 1443~1513) : 본명은 줄리아노 델라 로베레(Giuliano delia Rovere). 매우 호전적인 교황으로써, 베네치아에 대항하여 캉브레 동맹을 결성하고, 프랑스에 대항하여 신성동맹(Holy League)을 결성했으며, 제5차 라테라노 공의회를 소집했다. 예술에도 깊은 관심을 가져 성베드로 성당을 개축하고 라파엘로와 미켈란젤로를 후원했다.

Chapter 3

# 복합 군주국

## 신생 군주국이 처하는 어려움

그러나 신생 군주국들은 많은 어려움에 봉착하게 됩니다. 무엇보다 신생 군주국이 완전히 새롭게 형성된 것이 아니고 이를테면 두 개의 군주국이 합쳐져 복합 군주국이라 부를 수 있게 된 경우 신생 군주국들이 공통적으로 겪게 마련인 어려움으로 인해 변화가 생기게 될 것입니다.

즉, 사람들은 자신들의 처지를 스스로 개선시킬 수 있다고 믿게 되기 때문에 의도적으로 군주를 갈아치우려 하게 되고, 이러한 믿음으로 인해 무기를 들고 지배자에게 저항하게 되는데, 그것은 그들이 현혹되어 있는 탓입니다. 그러나 곧 호된 경험을 겪은 후 뒤늦게 상황이 더욱 악화됐다는 것을 알아차리게 될 것이므로, 그들은 스스로를 어리석게 만들게 된 것입니다. 신생 군주는 언제나 자신의 군대를 통해, 또 새로운 정복에 따른 무수한 가해 행위를 통해 새로운 백성들에게 피해를 줄 수밖에 없도록 강요당하는 상황에 처하기 마련입니다. 그렇게 하여 다른 군주국을 병합하는 과정에서 피해를 입었던 모든 사람들을 적으로 만들게 되는 것입니다.

또한 새로운 지배자가 되는데 도움을 준 거주민들에게는 그들이 기대했던 만큼 만족시켜 주지 못했기 때문에 그들의 우의도 유지할 수 없는 상황에 직면하게 됩니다. 하지만 그렇다고 해서 신세를 진 그들에게 가혹한 조치도 취할 수 없기 때문에 우호적인 관계도 유지할 수 없게 됩니다. 고로 신생 군주는 제아무리 강력한 군사력을 지니고 있다 해도 어떤 지역을 점령하기 위해 초기 병합 단계에서만큼은 그 지역 거주민들의 지지가 항상 필수적입니다.

### 프랑스 왕 루이의 실패

바로 이런 이유로 프랑스의 루이 12세[1]는 단숨에 밀라노를 정복했지만(1499년 9월) 마찬가지로 순식간에 잃고 말았던 것입니다. 루도비코[2]는 자신의 군대만으로도 그 지역을 단숨에 다시 찾을 수 있을

---

1) 루이 12세(louis XII, 1462~1515, 재위 1498~1515) : 샤를 6세의 종손으로 샤를 8세가 후손이 없이 죽자 그 뒤를 이어 왕위에 올랐다. 샤를 8세가 즉위할 때 제후들과 반란에 가담했다가 체포되었으며, 그 후 사면을 받아 국왕과 함께 이탈리아 원정군에 종군했다. 재위 중에는 이탈리아 정복에 주력했으나 결국 신성동맹(神聖同盟)이 체결되기 전에 패배하여 이탈리아를 잃었다. 그런 와중에도 국내적으로는 번영을 이룩하여 '인민의 아버지'로 추앙을 받았다.

2) 루도비코 모로 공(Duke of Ludovico Moro, 1451~1508) : 프란체스코 스포르차의

만큼 충분했습니다. 왜냐하면, 루이 12세에게 도시의 성문을 열어 주었던 백성들이 자신들이 기대했던 만큼의 향상된 삶을 누리지 못하자 새로운 군주를 지지하지 않았기 때문이었습니다.

반란을 일으켰던 지역을 두 번째로 정복한 경우라면 좀처럼 잃지 않게 됩니다. 왜냐하면, 다시 그 지역을 탈환한 새로운 군주는 이전의 반란으로 인해 그의 권력을 강화하고 반역자를 처벌하거나 역모혐의자를 찾아낼 것이며, 자신의 통치상의 약점을 고치기 위해 더욱 무자비하고 단호하게 대처할 것이기 때문입니다.

그렇기 때문에 루도비코 공작이라는 작자는 처음에 단순히 국경 지역을 교란하는 것만으로도 밀라노에서 프랑스 왕을 몰아낼 수 있었습니다. 하지만 두 번째로 프랑스 군대를 격파하고 이탈리아에서 몰아낼 때는 모든 국가들이 연합하여 대항해야만 했던 것입니다. 바로 앞에서 언급한 이유들 때문에 이런 사태가 발생하게 된 것입니다. 그럼에도 불구하고 프랑스로 왕이 밀라노를 두 번씩이나 잃게 된 사실은 부인할 수 없습니다.

## 정복한 땅을 유지하는 방법

지금까지 영토를 잃게 되는 이유에 관해서 논의해 보았습니다. 이제 한 번 탈환한 영토를 두 번째로 잃게 되는 이유를 구체적으로 논의해 보겠습니다.

---

아들이며 에스테 가의 사위로서 1480~1508년 밀라노를 통치했다. 밀라노 대공(大公)이라고도 불린다.

프랑스 왕이 어떻게 대처했던가를 살펴보면 그와 유사한 상황에 처한 군주가 어떻게 하면 프랑스 왕이 다스렸던 것보다 더 탄탄하게 점령지를 유지할 수 있는가를 고려할 수 있게 될 것입니다.

우선 말할 수 있는 것은 정복자가 새로이 점령한 영토들을 병합한 경우, 그것이 동일한 지역에서 동일한 언어를 사용하는가 아닌가에 따라서 달라진다는 점입니다. 만약 그런 지역이라면 그 영토를 유지하는 것은 매우 쉬운 일이며, 특히 그 곳의 백성들이 자치를 하는 것에 익숙하지 않을 경우 더더욱 쉬울 것입니다.

그 영토를 안정적으로 확보하기 위해서는 그 곳을 지배하던 군주의 가문을 없애 버리는 것만으로도 족합니다. 왜냐하면 그 밖의 다른 일들에 관한 오래 된 생활양식이 그대로 유지되고 관습도 변하지 않는다면 백성들은 평화로운 삶을 지속할 수 있기 때문입니다.

그 예로 프랑스에 오랫동안 병합되어 있던 부르곤, 브르타뉴, 가스코뉴 그리고 노르망디의 경우(부르고뉴는 1477년, 브르타뉴는 1491년, 가스코뉴는 1453년, 노르망디는 1204년부터 병합되어 있었다.) 비록 언어상의 차이는 약간 있었지만 그 지방들의 풍습은 유사했기 때문에 지금까지 별다른 어려움이 야기되지 않았습니다.

따라서 그러한 영토를 병합하여 유지하려는 군주라면 누구든 다음의 두 가지 정책을 따라야 합니다. 첫째, 예전에 통치하던 군주의 가문을 제거하는 것입니다. 둘째, 그들의 법률을 바꾸지 않고 조세방법에 변화를 주지 말아야 한다는 점입니다. 그렇게 하면 새로운 영토는 짧은 시일 내에 통합되어 하나의 정치체제가 될 것입니다.

## 본국과 다른 영토를 병합한 경우

그러나 언어와 관습 그리고 제도가 다른 영토가 기존의 군주국에 병합되면 상당한 어려움이 발생하며, 그 곳을 유지하는 데 있어 커다란 행운과 노력이 필요하게 됩니다.

가장 최선의 효과적인 해결책은 정복한 자가 스스로 그 지역으로 친히 가서 정주하는 것입니다. 그렇게 하면 투르크가 그리스를 통치했던 예에서 볼 수 있는 것처럼 병합된 지역을 보다 안정적으로 오래 확보할 수 있습니다. 만약 투르크가 점령지를 유지하기 위한 모든 예방 조치들을 했음에도 불구하고 현지에 가서 정주하지 않았다면 그 지역을 유지하는 것은 힘들었을 것입니다. 현지에 가서 직접 살게 되면 사고를 그 발생 단계에서 찾아낼 수 있으며 즉각적인 조치를 취할 수 있기 때문입니다. 그렇지 않을 경우, 사고가 생겼을 때 이미 해결이 불가능할 때가 되어서야 비로소 사태의 심각성을 알게 될 것입니다.

더욱이 직접 그 지역에서 살면, 자신이 임명한 관리들이 신민들을 함부로 약탈하지 못할 것입니다. 또 신민들은 군주에게 직접 호소할 수 있기 때문에 만족해 할 것입니다. 그 결과 순순히 행동하는 신민들은 군주에게 헌신할 것이고, 그렇지 않은 자들은 군주를 두렵게 여기는 이유를 가지게 될 것입니다.

또한 그러한 국가를 침범하려는 외국 세력이라면 누구라도 매우 주저하게 될 것입니다. 이러한 모든 것을 고려할 때 현지에 사는 것만으로도 군주는 해결점을 찾기가 지극히 어려운 문제가 아닌 이상, 그 영토를 결코 쉽게 빼앗기지 않을 것입니다.

## 식민지

차선책의 다른 해결책은 이른바 군주국의 거점이 될 수 있는 식민지를 몇 군데 설치하는 것입니다. 만약 그렇게 하지 못한다면 대규모의 보병 및 기병부대를 주둔시키는 것이 필요합니다. 식민지를 운영하는 데는 비용이 거의 들지 않습니다. 군주는 아주 적은 비용 혹은 전혀 비용을 들이지 않고서도 식민지를 설치하고 유지할 수 있습니다.

식민지 건설에 있어 피해를 보는 사람들은 단지 새로운 이주민들에게 자신의 경작지와 집을 잃게 되는 사람들뿐입니다. 하지만 이런 식으로 피해를 보는 사람들은 소수에 불과합니다. 더욱이 손해를 보게 되는 사람들은 여러 곳으로 분산되고 가난해지기 때문에 군주에게 위협이 될 수 없습니다.

그 밖의 나머지 다수의 주민들은 아무런 피해 없이 살던 지역에 남아있게 될 것이며, 다른 사람들처럼 소유물을 빼앗길까 두려워 말썽을 피울 엄두조차 못 내게 됩니다.

따라서 저는 이러한 식민지들의 운영은 비용도 많이 들지 않고, 주민들이 보다 충성스러워지므로 단지 소수의 사람들에게만 해를 입히는데 불과하다고 결론 내릴 수 있습니다. 그리고 이미 말한 것처럼 그로 인해서 희생당한 사람들은 가난해지고 분산되어 버리기 때문에 군주에게 위해를 가하지 못할 것입니다.

이와 관련하여 염두에 두어야 할 것이 있다면, 사람들을 다룰 때는 그들을 다정하게 안아주거나 아니면 철저하게 짓밟아야 한다는 점입니다. 왜냐하면 사람들은 사소한 피해를 입었을 때는 보복을 꾀하지만 막대한 피해를 입었을 때는 감히 복수할 엄두도 내지 못하기 때문입니다. 따라서 사람들을 짓밟아야 한다면 복수를 걱정할 필요조차 없을 정도로 가혹하게 짓밟아야만 합니다.

### 군대를 주둔시킬 때의 문제점

그러나 식민지를 건설하는 대신 군대를 주둔케 한다면 더욱 많은 비용이 들 것입니다. 왜냐하면 그 지역에서 거두어들인 세금은 모두 그 지역의 안보를 위해 소모되고 말 것이기 때문입니다. 그렇게 되면 그 영토는 오히려 군주에게 손해가 됩니다. 게다가 군대가 그 영토 안에 주둔함에 따라 전 지역에 손해를 가하기 때문에 보다 더 심각한 폐해가 발생하게 될 것입니다.

지역의 주민들은 이러한 불편에 대해 분노하게 되고 서서히 반감을 품게 될 것입니다. 이렇게 형성된 적개심은 훗날 매우 위험해질 수 있습니다. 비록 정복을 당하기는 했지만 그들은 자기 자신들의 고향에 머물고 있기 때문입니다. 따라서 모든 점에서 볼 때, 식민지화하는 것이 매우 효과적인 반면 군대를 주둔케 하는 정책은 잘못된 것이라고 말할 수 있습니다.

### 인접한 약소국을 다루는 법

또한 자신의 국가와 언어와 관습이 다른 지역을 정복했다면 스스로 인접한 약소국들의 맹주가 되어 스스로 보호자의 역할을 담당하고, 그 지역의 강력한 국가를 약화시키도록 노력하며 돌발적인 사태로 인해 외부의 강력한 국가가 개입하지 못하도록 항상 경계해야 합니다.

아이톨리아 인들이 로마 인들을 그리스로 끌어들였던 경우에서 볼 수 있는 것처럼, 지나친 야심이나 두려움으로 인해 불만을 품게 된 자들은 언제나 강력한 외부 세력을 끌어들이기 마련입니다. 로마가 침범했던 나라들은 한결같이 그 나라 거주민들의 지원이 있었습니다. 통상적으로 강력한 외부 세력이 어느 지역으로 진입하게 됐을 때 그 곳의 군소세력들이 모두 그에게 매달리게 되는데, 그 이유는 그들이 자신들을 지배하고 있던 통치자에 대해 시기심을 품고 있었기 때문입니다. 그러므로 이러한 군소세력들을 장악하는 데에는 거의 아무런 어려움에 부딪치지 않습니다. 그들은 모두 즉각적이며 자발적으로 새로운 군주가 점령한 국가의 일원이 되려 하기 때문입니다.

따라서 군주는 단지 그들이 너무 강한 군사력이나 영향력을 얻지 못하도록 경계만 늦추지 않으면 됩니다. 그리고 군주는 자신의 군대를 그들의 지원 하에 사용함으로써 강력한 세력들을 매우 쉽게 진압할 수 있으며, 그 나라를 완전히 장악할 수 있습니다. 이런 식으로 행동하지 않는 군주는 자신이 획득한 것을 쉽게 잃을 것이며 그 영토를 통치하는 동안에도 무수히 많은 환란과 분규를 겪게 될 것입니다.

### 로마 인들의 통치방식

로마 인들은 자신들이 점령한 나라에서 이러한 정책을 매우 훌륭하게 시행했습니다. 그들은 식민지를 건설했으며, 약소 세력들이 영향력을 키우지 못하도록 억제하면서 우호관계를 유지했으며, 강해진 세력은 진압하고 강력한 외국 세력이 그 지역에 영향력을 행사하지 못하도록 조처했습니다.

그 예로써 그리스의 한 경우만 인용하겠습니다. 로마는 아카이아와 아이톨리아 인들은 견제했고, 마케도니아 왕국은 쳐부수고 안티오코스 3세[3]는 그 지역에서 쫓아냈습니다.

하지만 로마 인들은 아카이아와 아이톨리아 인들이 자신들을 지원했음에도 불구하고 그들의 세력이 강성해지는 것은 결코 허용하지 않았습니다. 또한 마케도니아의 필리포스 2세[4]가 동맹을 원했지만 로마 인들은 그의 권력이 재기하는 것을 허용하지 않았습니다. 심지어 안티오코스는 강력한 군사력을 지니고 있었음에도 그리스 내의 어떠한 영토도 그들에게 허용하지 않았습니다.

### 미래에 대한 경계

앞의 사례를 통해 알 수 있듯 로마 인들은 모든 현명한 군주라면 누구나 할 수 있는 조치를 취했습니다. 이러한 조치들은 현재의 분규뿐

3) 안티오코스 3세(Antiochos III the Great, 기원전 242-187, 재위 기원전 223-187) : 시리아의 왕. 셀레우코스 2세(Seleukos II)의 차남으로 부왕이 사망한 후 혼란한 시리아 왕국을 통일하려 했으며, 이집트와 싸워 패전했으나 동정(東征)하여 파르티아(Parthia)와 박트리아(Bactria)를 회복하여 대왕이라는 칭호를 얻었다. 마케도니아와 이집트를 굴복시켜 시리아 남부를 탈환했으나 동진하는 로마세력과 충돌하여 멸망했다.

4) 필리포스 2세(Philippos II, 기원전 382~336, 재위 기원전 359-336) : 마케도니아의 왕. 알렉산드로스 대왕의 아버지. 위대한 군사적 재능을 발휘하여 아테네를 중심으로 한 여러 도시를 정복하고 지배자가 되어 마케도니아의 세력을 확립했으나 페르시아 원정 중에 페르시아 인에게 암살 당했다.

만 아니라 미래에 일어날지도 모를 분규에 대한 배려를 필요로 하며, 이러한 사태를 극복하기 위해 모든 수단을 강구해야 합니다. 분규가 발생되기 전에 알아차리게 된다면 처방을 구하기가 쉽지만, 만약 늦도록 방치하여 커지면 처방은 이미 너무 늦은 것이 되고, 그 질병은 치유할 수 없는 지경에 이르러 백약이 무효하기 때문입니다.

바로 의사들이 말하는 소모성 열병에 관한 이야기가 이 경우에 적용될 수 있습니다. 즉 질병은 초기에는 진단하기는 어렵지만 치료하기는 쉽고, 시간이 경과한 후에는 진단은 쉬우나 치료는 어려워집니다.

국가를 통치하는 일도 역시 마찬가지입니다. 왜냐하면 정치적인 문제를 일찍이 인지하게 되면(이러한 것은 사려 깊은 안목을 가진 자에게만 주어지는 재능입니다.) 신속히 치유할 수 있기 때문입니다. 그러나 미리 인식하지 못하고 사태가 악화되어 모든 사람들이 알아차릴 정도로 되어 버렸다면 어떤 해결책도 더 이상 소용없게 됩니다.

로마 인들은 재난을 미리부터 예견했기 때문에 항상 적절하게 대처할 수 있었습니다. 그들은 전쟁을 피하기 위해 그런 골칫거리들이 자라는 것을 결코 용납하지 않았습니다.

왜냐하면 그들은 전쟁이란 피할 수 있는 것이 아니라, 단지 적에게 유리한 상황이 될 때까지 지연되리라는 점을 익히 알고 있었기 때문입니다. 바로 이러한 이유로 로마 인들은 이탈리아에서 전투를 벌이게 되는 상황을 피하기 위해 선수를 쳐서 그리스에서 필리포스와 안티오코스를 맞아 싸우기 위해 진격해 들어갔던 것입니다.

또한 당시의 로마 인들은 그리스에서 그 두 세력을 상대로 싸우는 것을 피할 수도 있었겠지만 피하지 않기로 결정했습니다. 더욱이 그들은 우리 시대의 현자들이 항상 말하고 있는 '유리한 시간이 오기를 기다리라'는 격언을 결코 받아들이지 않았습니다. 오히려 그들은 자신들이 지니고 있는 힘과 신중함을 통해 얻는 이득을 취하는 것을 선호했습니다. 왜냐하면 시간은 모든 것을 이끌고 오기 때문에 이익을 가져오는 만큼 해악을 가져오기도 하고, 해악을 가져오는 만큼의 이익을 가져오기 때문입니다.

## 루이 12세가 거둔 초기의 성공

그러면 다시 프랑스 왕의 사례로 돌아가 그가 지금까지 거론했던 일들 중에서 과연 어느 것을 채택했는지 살펴보기로 하겠습니다. 다만 샤를 8세[5] 대신 루이 12세의 경우를 논하겠습니다. 샤를보다 루이 왕이 훨씬 더 오랫동안 이탈리아 영토를 지배했으므로 그의 통치과정을 보다 더욱 상세하게 연구할 수 있기 때문입니다. 여기서 우리는 그가 외국의 영지를 통치하기 위해 꼭 지켜야만 하는 것과는 정반대의 정책을 시행한 것을 발견할 수 있습니다.

베네치아 인들의 야심찬 계획에 의해 루이 왕은 이탈리아에 침입할

5) 샤를 8세(Charles VIII, 1470~1498, 재위 1483~1498) : 프랑스의 국왕 루이 II세의 아들. 즉위 초부터 8년 동안에 걸쳐 누이인 안 드 보주(Anne de Beaujeu)가 섭정했다. 성년이 되어 친정(親政)을 하면서부터 프랑스의 발전에 기여했으나, 야심이 많았던 그는 합스부르크 가와의 약혼을 파기하고 독일 황제 막시밀리안 1세(Maximilian I)의 약혼자 안(Anne de Bretagne)과 결혼함으로써 독일, 영국, 스페인의 적의를 샀다. 성격이 매우 호전적이어서 나폴리 왕국을 무혈 점령하여 메디치 가를 몰아냈다. 그는 나폴리의 귀족을 무시하여 그들의 감정을 삼으로써 반란을 일으키자 패퇴하고 나폴리는 다시 스페인령(領)이 되었다.

수 있었습니다. 그들은 루이 왕을 끌어들임으로써 롬바르디아 영토의 반을 획득하고자 했습니다.

나는 루이 왕이 택한 정책을 비난하지는 않겠습니다. 그는 이탈리아에 발판을 구축하고 싶었지만 그 지역에서 아무런 동맹도 맺고 있지 않았는 데다가 샤를 왕의 척신들로 인해 모든 통로가 닫혀 있었기 때문에, 맺을 수 있는 동맹이라면 어느 것이든지 맺지 않을 수 없는 상황에 몰려 있었습니다. 그가 다른 실수를 저지르지 않았다면 충분히 가치있는 이 계획은 성공했을 것입니다.

롬바르디아를 정복했을 때 루이 왕은 샤를 왕으로 인해 잃었던 명성을 즉시 되찾을 수 있었습니다. 제노바는 항복했고 피렌체는 동맹이 되었습니다. 만토바 후작, 페라라 공작, 벤티볼리오 가[6], 포를리 백작부인[7], 파엔차와 페사로, 리미니, 카메리노, 피옴비노의 영주들 그리고 루카, 피사, 시에나의 백성들이 그에게 접근하여 동맹을 맺고자 했습니다. 그렇게 되고 나서야 베네치아 인들은 자신들의 정책이 경솔하게 행해졌다는 것을 깨달았습니다. 롬바르디아의 한 귀퉁이를 욕심내다가 그들은 프랑스 왕으로 하여금 이탈리아 반도의 3분의 1을 차지하게 만든 꼴이 되었습니다.

---

6) 조반니 벤티볼리오(Giovanni Bentivoglio, 1438~1506) 1462~1506년 볼로냐를 다스리다가 율리우스 2세에게 몰려 밀라노에서 죽었다.

7) 포를리 백작부인(1463~1509) : 본명은 카테리나 스포르차(Caterina Sforza). 갈레아초 마리아 스포르차(Galeazzo Maria Sforza)의 사생아이다. 평생 세 번 결혼했는데, 두 번째 남편 지롤라모 백작과 사는 동안 내란으로 남편이 피살되었을 때 성을 사수했던 여걸이다. 조반니 메디치와 세 번째 결혼했으나 만년에는 수도원에 들어가 여생을 보냈다.

## 루이 12세의 실수

만약 루이 왕이 앞서 언급한 통치방식을 따르고 동맹국들을 유지하고 보호해 주었다면 매우 쉽게 이탈리아에서 위상을 확보했을 것입니다. 그에게는 많은 동맹국들이 있었고, 동시에 그들은 모두 세력이 미약했습니다. 또한 그들 중 일부는 교회 세력을, 일부는 베네치아 인들을 두려워하고 있었으므로 그와 동맹관계를 유지할 수밖에 없었기 때문입니다. 게다가 그는 그들을 통해 나머지 강대국들에 맞서 쉽고 효과적으로 지위를 확보할 수 있었을 것입니다.

하지만 루이 왕은 밀라노에 입성하는 즉시 교황 알렉산데르 6세[8]의 로마냐 지방 정복을 지원함으로써 제가 제안했던 것과는 정반대의 정책을 추진하기 시작했습니다. 더욱이 그는 이러한 결정으로 인해 자신의 동맹국들과 자발적으로 자신의 품 안으로 찾아들어온 세력들을 포기하게 됨으로써 자신의 힘을 약화시켰으며, 막강한 권력의 근원인 교회의 영적인 권력에 너무 많은 세속의 권력을 보태줌으로써 교회를 한층 더 강력하게 만들어준다는 점을 인식하지 못했습니다.

최초의 실수를 저지른 이후 그는 그것을 만회하기 위해 다른 실수를 거듭해서 저질렀고, 급기야는 알렉산데르 6세의 야심을 저지하고 그가 토스카나 지방의 지도자가 되는 것을 막기 위해 자신이 이탈리

8) 알렉산데르 6세(Alexander VI, 1431~1503, 재위 1492~1503) : 본명은 로드리고 보르자(Rodngo Borgia). 스페인 태생의 교황. 교황 칼릭스투스 3세(Galixtus III)의 조카로서 그의 덕으로 추기경이 된 후 매수와 협잡으로써 교황에 피선되었다. 교활하고 음탕하여 형제를 죽이고 교황의 몸으로 사생아를 두었다. 체사레 보르자는 그의 아들로 부자(父子)가 공모하여 에스파냐를 강화하고 이탈리아를 핍박했다.

아를 침공해야만 하는 지경에 이르렀습니다.

교회의 세력을 더욱 강력하게 만들고 자신의 동맹국들을 상실했음에도 불구하고, 그는 성이 차지 않았습니다. 그는 나폴리 왕국에도 욕심을 품었기에 그 곳을 스페인 왕과 분할했습니다. 그로 인해 애초에 자신이 지배자로 군림하던 이탈리아에 협력자를 불러들임으로써, 그 지역의 야심가들과 그에게 불만을 품은 자들에게 도움이 될 수 있는 모종의 세력을 제공하여 귀찮은 상대를 끌어들인 셈이 되었습니다.

자신에게 충성하는 왕으로 하여금 나폴리 왕국을 통치하도록 남겨둘 수 있었음에도 그는 그를 제거하고 대신 그 자리에 자신을 쫓아낼 수 있는 자를 앉혀놓고 말았던 것입니다.

영토를 확장하고자 하는 욕구는 사실 매우 자연스럽고 정상적인 욕구입니다. 유능한 사람들이 이를 수행할 때 그들은 항상 찬양받거나 아니면 적어도 비난받지는 않습니다. 그러나 성취할 능력 없는 자들이 수단과 방법을 가리지 않고 이를 추구할 경우 그것은 비난을 받을 만한 실책이 됩니다.

따라서 프랑스 왕이 군대를 이끌고 나폴리 왕국을 공격할 수 있는 능력이 있었다면 그렇게 하는 것이 마땅했을 것입니다. 하지만 그럴 수 없었다면 나폴리 왕국을 분할하지 말았어야 합니다. 비록 그가 롬바르디아를 베네치아 인들과 분할하여 이탈리아에 거점을 확보할 수 있었기 때문에 그것은 용서받을 수 있는 일이었다고 할지라도 그 후에 행한 다른 분할은 불가피한 일이 아니었기 때문에 비난받아 마땅하며 용서할 수 없는 것입니다.

그렇다면 루이 왕은 다음과 같은 다섯 가지 실수를 범한 셈입니다. 곧 약소국가들을 섬멸한 점, 이탈리아에서 이미 강력한 군주의 힘을 강화시킨 점, 그 지역에 강력한 외세를 끌어들인 점, 그 자신이 직접 정주하지 않았던 점, 그리고 식민지를 건설하지 않은 점이 바로 그것입니다.

그럼에도 불구하고 그가 여섯 번째의 실수, 즉 베네치아 인들을 격파한 실수를 저지르지 않았더라면 그는 자신의 생애에 이러한 실책들로 인한 피해를 입지 않았을 것입니다. 그가 교회를 더욱 강하게 만들지 않았다거나 이탈리아 땅에 스페인 왕을 끌어들이지 않았더라면 베네치아 인들을 격파하는 것은 합리적이며 필수적인 일이었을 것입니다.

그러나 이미 두 가지 결과가 초래했기 때문에 그는 결코 베네치아의 몰락을 용인해서는 안 되었습니다. 베네치아 인들은 세력이 강대했기 때문에 항상 다른 외부 세력이 롬바르디아에 개입하는 것을 방지할 수 있었을 것입니다. 즉, 그들이 롬바르디아의 통치자가 되는 일이 아니라면 결코 외세의 침입을 허용하지 않았을 것입니다. 또한 외부 세력들도 단지 베네치아에 넘겨주기 위해 프랑스 왕으로부터 롬바르디아를 빼앗고자 했을 리가 없었으며, 양쪽 세력과 동시에 싸울 만한 힘도 없었습니다.

만일 누군가가 루이 왕이 전쟁을 피하기 위해 로마냐 지역을 알렉산데르 6세에게, 그리고 나폴리 왕국을 스페인에게 양보한 것이라고 주장한다면 저는 앞서 제시한 바 있는 주장으로 응수하겠습니다. 즉,

전쟁은 피할 수 있는 것이 아니라, 단지 당신에게 불리한 방향으로 늦춰지는 것에 불과하기 때문에 전쟁을 피하기 위해 화근이 자라는 것을 결코 허용해서는 안 된다는 것입니다. 만일 다른 사람들이 루이 왕이 교황과 맺은 약속[9] 때문에 어쩔 도리가 없이 루앙[10]을 추기경으로 임명해 주었다고 주장한다면 저는 나중에 '군주는 어떻게 약속을 지켜야 하는가'에 관해서 논할 때 반박하겠습니다.

## 상대 세력에 대한 판단

앞서 언급했듯이 루이 왕은 영토를 점령하고 유지하려는 자들이 따라야 할 정책들을 준수하지 않았기 때문에 롬바르디아를 잃고 말았습니다. 그리고 이러한 사태는 전혀 이상할 것이 없으며 당연히 예상된 것이었습니다.

발렌티노 공작(교황 알렉산데르 6세의 아들 체사레 보르자[11])를 흔

---

9) 원래 루이 12세는 루이 11세의 딸인 잔(Jeanne)과 결혼했다. 이 여인은 부덕(婦德)이 있는 훌륭한 여자였으나 너무 못생겼기 때문에 루이 12세는 그녀와 이혼했다. 본래 가톨릭 신자에게는 이혼이 허락되지 않았으나 교황 알렉산데르 6세는 그에게 이혼 허가증을 주는 대가로 로마냐 정벌의 후원을 요구한 바 있었다. 루이 12세는 그 후 샤를 8세의 미망인 앤(Anne de Bretagne)과 결혼했는데 그 이면에는 브르타뉴 공국에 대한 야심이 서려 있었다.

10) 루앙(Rouen George d'Amboise, 1460~1510) : 루이 12세의 황실승(皇室僧), 루이 12세는 루앙을 추기경으로 선출시킴으로서 교황청 내에서의 자신의 지위 향상을 도모하는 동시에 그의 교황 당선을 획책한 바 있다. 마키아벨리는 메디치 가의 사신으로 네 차례 프랑스에 파견되어 그와 협상한 적이 있다.

11) 체사레 보르자(Cesare Borgia, Dude of vaientino, 1475-1507) : 보르자는 본시 스페인 태생의 이탈리아 유력자의 가문 사람이었다. 그는 교황 알렉산데르 6세의 서자였으며 지모(智謀)가 출중했다. 17세(1493)의 나이로 추기경이 되었으며 부명(父命)을 받아 각국을 순방했다. 아버지의 덕으로 피옴비노, 우르비노, 페사로 등을 통

히 부르던 이름)이 로마냐 지역을 점령하고자 전투를 수행하고 있을 때, 저는 낭트에서(1500년) 루앙의 추기경과 이 문제에 대해 논의한 적이 있습니다. 루앙의 추기경이 이탈리아 사람들은 전쟁을 이해하지 못한다고 말했을 때, 나는 프랑스 사람들은 국가 통치술을 이해하지 못한다고 대답했습니다. 왜냐하면 그들이 그것을 이해했더라면 교회가 그처럼 막강한 권력을 갖도록 허용하지 않았을 것이기 때문입니다. 또한 경험에 비추어 보더라도 이탈리아 땅에서 교회와 스페인 왕이 행사하고 있는 강대한 권력은 프랑스 왕에 의해서 초래되었으며 그들로 인해 프랑스 왕이 몰락(이탈리아에서의 프랑스 세력의 붕괴)하게 된 것이 명백하기 때문입니다.

이러한 사실로부터 거의 항상 유효한 일반 원칙을 도출해 낼 수 있습니다. 즉 상대방을 강하게 만드는 자는 스스로를 망치게 될 뿐이라는 것입니다. 타인의 세력은 술책이나 무력을 통해 증대되는데, 이 두 가지는 그로 인해 강력한 세력을 차지하게 된 자가 두려워하는 것입니다.

---

일하고 잔혹한 공포정치를 폈으나 정적 율리우스 2세에게 체포되어 비아나 성에서 피살되었다.

Chapter 4

# 알렉산드로스 대왕에게 정복당했던 다리우스 왕국의 후계자들이 대왕이 죽은 후에도 반란을 일으키지 않은 이유

## 두 가지 형태의 국가

새로 정복하게 된 영토를 유지할 때 직면하는 어려움들을 고려해 볼 때 우리는 다음과 같은 사실에 놀라게 됩니다. 알렉산드로스 대왕[1]은 불과 몇 년 만에 아시아의 패자가 되었고(B.C. 334~327년) 그 후에 곧 세상을 떠났습니다(B.C. 323년). 그렇다면 제국 전체가 반란 상태에 빠졌을 것이라고 기대할 만합니다. 하지만 알렉산드로스의 후계자들은 그 지역을 잘 관리했고, 단지 그들의 야심에 의해 발생한 어려움만이 있을 뿐이었습니다.

---

1) 알렉산드로스 대왕(Alexandros the Great, 기원전 336~323) : 마케도니아의 대왕 필립포스 2세의 아들.

그것을 설명하기 위해서는 역사상 알려진 모든 공국들은 두 가지 상이한 방법으로 통치되어 왔다는 점을 상기할 필요가 있습니다. 그 중 한 가지는 군주가 자신의 뜻에 따라 임명한 각료들의 보좌를 받아 통치하는 것이고, 다른 한 가지는 세습된 권력을 확보하고 있는 제후들과 함께 통치하는 경우입니다. 그러한 제후들은 자신의 영지와 백성을 보유하고 있으며 백성들은 그를 주군으로 인정하고 자연스럽게 충성을 바칩니다.

군주와 각료들에 의해 통치되는 국가에서는 군주 이외에는 주인으로 인정받을 만한 자가 영토 내에 없기 때문에 군주가 보다 더 많은 권위를 갖게 됩니다. 비록 백성들이 군주 외의 다른 사람들에게 복종한다고 해도 그것은 그들이 단지 군주의 각료이거나 관료이기 때문이지 개인적으로 그들에게 충성하기 때문은 아닙니다.

### 투르크와 프랑스의 예

우리 시대에서는 이처럼 상이한 두 가지 통치 유형의 비근한 사례를 투르크의 술탄과 프랑스 왕의 경우에서 찾아볼 수 있습니다.

투르크 왕국 전체는 한 명의 군주에 의해 지배되고 있으며 그 외의 사람들은 모두 그에게 봉사하는 각료에 불과할 뿐입니다. 그의 왕국은 산자크(Sanjaks)라는 행정 지역으로 나뉘어져 있는데 그는 각 지역에 다양한 행정관들을 파견하고 그가 원하는 바에 따라서 그들을 교체하거나 이동시킵니다.

그러나 프랑스 왕은 수많은 세습 제후들로 둘러싸여 있습니다. 그

제후들은 각각의 고유한 세습적인 특권을 가지고 있으며 그 특권은 왕도 함부로 건드리지 못합니다. 그러므로 이러한 두 가지 유형의 국가를 비교, 고찰하면 투르크와 같은 국가는 정복하기가 어렵지만 일단 정복하게 되면 유지하기가 쉽습니다. 반면에 프랑스와 같은 국가는 비교적 정복하기는 쉽지만 유지하기는 매우 어렵습니다.

### 자신의 군사력으로 공격한다

투르크 왕국을 정복하는 것이 어려운 이유는 첫째, 정복하려는 자가 그 왕국을 통치하고 있는 자들로부터 원조 요청을 받을 가능성이 없다는 것입니다. 또한 통치자를 둘러싸고 있는 각료들이 반란을 일으켜 정복을 용이하게 해 줄 가능성도 없습니다. 귀족들이 모두 통치자에게 복속되어 추종하고 있기 때문에 그들을 타락시키기란 여간 어렵지 않습니다. 설사 성공한다고 해도 이미 언급한 이유로 인해 귀족들이 추종하지 않기 때문에 별다른 이득을 기대할 수 없습니다.

따라서 투르크의 술탄을 공격하려는 자라면 누구라도 적이 완벽하게 단결하여 대항할 것이라는 점을 염두에 두어야 하며, 적국의 분열을 기대하는 대신 오직 자기 자신의 군사력만을 신뢰해야 합니다. 그러나 일단 전투에서 그들을 제압하여 적에게 재기하지 못할 정도의 결정적인 패배를 안겨 주었다면 그 군주의 가문 외에는 두려워할 장애물이 전혀 없습니다. 일단 군주의 가문을 제거해 버리면 누구도 백성을 동원할 수 있는 지위에 있지 않기 때문에 저항의 구심점은 소멸해 버릴 것입니다. 그리고 점령자가 승리 이전에 그들로부터 어떠한 도움도 기대할 수 없었던 것과 마찬가지로 승리한 후에는 그들을 두려워할 필요가 없습니다.

### 변화를 갈망하는 세력을 찾는다

프랑스처럼 통치되고 있는 왕국에서는 그것과 정반대의 현상이 나타나게 됩니다. 즉, 그 곳에는 항상 불만을 품은 세력과 정권을 전복하고자 하는 무리들이 있기 때문에 그들 중의 일부 제후들과 결탁하여 쉽게 진격할 수 있습니다. 제후들은 이러한 이유들 때문에 당신의 전투를 지원하여 승리를 얻도록 도와줄 수 있습니다.

하지만 그 후에 당신이 획득한 것을 지키고자 할 때, 새로운 군주는 그를 도운 무리들과 그들의 침략으로 인해 고통을 당한 자들로부터 많은 시련을 겪게 될 것입니다. 새로운 반란을 일으킬 태세가 되어 있는 귀족들이 남아 있기 때문에 군주의 가문을 제거하는 것만으로는 충분하지 않습니다. 그러한 세력들을 만족시킬 수도 파멸시킬 수도 없기 때문에 새로운 군주는 언젠가 그 곳을 잃게 될 것입니다.

### 『로마사』에 나오는 비근한 사례

이제 다리우스 왕국의 형태를 살펴보면 그것이 투르크 왕국의 형태와 비슷하다는 점을 발견하게 됩니다. 앞에서 말한 이유 때문에 알렉산드로스는 정면 돌파를 통해 그 국가를 빼앗을 수밖에 있었습니다. 승리를 거둔 후 다리우스 3세[2]는 살해되었기 때문에 알렉산드로스

2) 다리우스 3세(Darius III, 재위 기원전 336~330) 페르시아 아케메네스 왕조의 마지막

는 앞에서 언급한 이유들에 따라 확실하게 자신의 권력을 유지할 수 있었습니다.

알렉산드로스의 후계자들이 단결되어 있었다면 그 지역에 대한 권력을 순조롭게 유지할 수 있었을 것입니다. 왜냐하면 그 왕국에서는 그들 스스로가 야기한 것 외에는 아무런 분규도 일어나지 않았기 때문입니다. 하지만 프랑스처럼 조직되어 있는 국가를 그처럼 순탄하게 통치하는 것은 불가능합니다.

바로 이 점이 스페인과 프랑스 그리고 그리스에서 로마에 대한 반란이 자주 일어났던 이유를 설명하고 있습니다. 왜냐하면 이런 나라들에는 공국들이 많이 있었기 때문입니다. 이들 공국들에 대한 기억이 남아 있는 한, 로마 인들은 이 영토들을 안정적으로 확보할 수 없었습니다. 그러나 로마 인들에 의한 지배가 오래 지속되어 공국에 대한 기억이 퇴색되었을 때, 이들 지역에 대한 로마 인들의 지배는 확고해졌습니다. 하지만 훗날 로마 인들이 자중지란에 빠졌을 때 파벌의 각 지도자들은 그 동안 자신이 그 곳에서 획득한 권위에 따라 이 나라들의 지역을 지배할 수 있었습니다. 그리고 과거에 그 지역을 통치했던 지배자들의 혈통이 단절되었기 때문에 이 지역들은 다양한 로마 지도자들의 권위만 받아들였습니다.

이상의 모든 사실들을 감안해 볼 때, 알렉산드로스 대왕이 아시아

---

왕으로서 선왕 아르타크 세르크세스 3세(Artaxerxes III)의 피살과 함께 서자로서 왕위에 올랐으나 알렉산드로스 대왕에게 이수스 싸움에서 패전한 후 왕비와 공주를 버리고 도주하여 박트리아에서 재기를 노리다가 사트라프인 베수스(Bessus)에게 피살되었다.

지역에서의 지배를 수월하게 유지했던 사실과 피로스[3])를 비롯한 기타 여러 정복자들이 점령한 영토의 유지에 무수한 어려움을 겪었다는 사실에 대해서 의아스럽게 생각할 필요가 전혀 없습니다. 이처럼 상반된 결과는 정보자의 능력 여하에 따른 것이 아니라 정복된 지방의 특성 차이에 기인한 것이라고 말할 수 있기 때문입니다.

운명의 순간에 전차를 돌려 퇴각을 결정한 다리우스 3세

3) 피로스(Pyrrhos, 기원전 319~272, 재위 기원전 306~272) : 그리스 서안에 있는 에페이로스 왕국의 왕으로서 한때 왕위로부터 추방된 적도 있으나(기원전 295) 곧 복위했다. 세 차례(기원전 281, 280, 279)에 걸쳐 로마 군을 대파했으나 전쟁이 끝나고 오히려 자기 편이 분열되자 그는 승전 축하연에서 "로마 군과 싸워 한 번 더 이런 식으로 이기다가는 우리가 완전히 망하겠다."는 명언을 남겼는데, 이후 역사가들은 전쟁에 이기고도 오히려 불리해진 상황을 '피로스의 승리'라고 했다. 그 후 기원전 275년에 베네벤툼(Beneventum)에서 대패하고 기원전 272년에 아르고스(Argos)에서 피살되었다.

Chapter 5

# 점령이 되기 전에 자치적이었던 도시나 공국을 다스리는 방법

## 세 가지 통치 방법

앞에서 언급한 것처럼 주민들이 스스로 만든 법제도 하에서 자유롭게 사는 것에 익숙해진 국가를 병합했을 경우 그들을 다스리는 데에는 세 가지 방법이 있습니다.

첫 번째 방법은 그들의 정치제도를 파괴하는 것이고, 두 번째 방법은 그 나라에 살면서 직접 통치하는 것이고, 세 번째는 자신들 고유의 법에 따라 예전처럼 살도록 허용하면서 공물을 바치게 하고 지속적으로 우호적인 관계를 유지하는 과두정부를 수립하는 것입니다. 그러한 과두정부는 새로운 군주에 의해 만들어졌기 때문에 군주의 호의와 권력 없이는 자신들의 권력이 존속할 수 있다는 것을 알고 최선을 다해 그 체제를 유지하려고 노력할 것입니다. 만일 정복자가 독립을 누리고 자유로운 제도를 운용하는 데에 익숙해져 있는 도시를 다스리고자 한다면, 그 곳의 시민들을 이용해 다스리는 것보다 더 쉽게 그 나라를 유지할 수 있는 방법은 없을 것입니다.

### 자유로운 도시 국가를 통치하는 방법

스파르타와 로마 인들이 좋은 예를 보여줍니다. 스파르타 인들은 아테네와 테베에 과두정부를 수립하여 통치했지만 결국에는 두 나라를 잃고 말았습니다. 로마 인들은 카푸아[1], 카르타고[2], 누만티아[3]를 다스리기 위해 그 나라들을 멸망시켰으나 나라를 잃지 않았습니다.

로마 인들은 그리스 지방에는 자치를 허용하고 그들 고유의 법에 따라 자유롭게 살 수 있도록 하여 스파르타 인들이 했던 것과 거의 흡사한 방법으로 통치하려 했습니다. 하지만 이 정책은 성공적이지 못했고, 그래서 로마 인들은 그리스 지역을 유지하기 위해 많은 도시들을 파괴할 수밖에 없었습니다. 도시를 멸망시키는 방법 외에는 지배를 확고하게 유지하는 방법이 없습니다.

---

1) 카푸아(Capua) : 이탈리아의 고도(古都)로서 로마와 지리적으로 연결되어 있어 융성했다. 제2차 포에니 전쟁 때 한니발(Hannibal)의 침략을 받고서도 로마와의 동맹관계를 성실히 수행하지 않았다는 이유로 로마 인들이 직접 통치했다.
2) 카르타고(Carthago) : 기원전 9세기경 페니키아 인이 북아프리카 연안의 반도에 건설했던 식민지 도시. 기원전 4세기경에는 무적의 해군으로 지중해 해상권을 장악했으며 부강한 상업도시로 발전했으나 세 차례에 걸친 포에니 전쟁으로 인하여 기원전 146년에 로마에 의하여 멸망당했다.
3) 누만티아(Numantia) : 에스파냐의 고도로서 제3차 포에니 전쟁 당시 카르타고를 멸망시킨 소(小)스키피오(Scipio)에 의하여 멸망당했다.

자유로운 생활양식에 익숙해진 도시의 지배자가 된 자로 그 도시를 멸망시키지 않는 한 누구나 그 도시에 의해 자기 자신이 파멸될 것을 각오해야 할 것입니다. 왜냐하면 그 도시는 반란을 일으킬 때 시간이 흐르고 새로운 지배자가 제공하는 특전이 있다 해도, 결코 잊혀지지 않을 자유의 정신과 오랜 동안 전해져 내려온 제도를 명분으로 모반을 꾀할 수 있기 때문입니다.

지배자가 어떤 조치를 취하든지, 그가 내분을 조장하거나 주민들을 분산시켜 놓지 않으면 그들은 결코 잃어버린 자유와 자신들의 오래 된 제도를 망각하지 않을 것입니다. 그들은 백 년 동안 피렌체에 복속해 있었던 피사의 경우처럼 기회만 주어진다면 즉시 반란을 꾀할 것입니다.

### 오래 된 군주국과 공화국의 차이

그러나 군주의 지배에 익숙해진 도시나 나라는 그 군주의 가문이 제거되면 예전의 지배자는 없어졌지만 여전히 복종의 습성이 남아있게 마련입니다. 하지만 그들은 자신들 중 누구를 군주로 선택할 것인가에 대해서는 쉽사리 합의를 못하는 법입니다. 게다가 그들은 자유로운 삶을 영위하는 방법도 모르기 때문에 무기를 들고 지배자에 대항하여 봉기하는 것을 머뭇거리게 됩니다. 따라서 새로운 군주는 쉽게 그들의 지지를 확보할 수 있으며 그들이 자신에게 해를 끼치지 않을 것이라고 확신할 수 있습니다.

하지만 공화국의 경우에는 더욱 더 많은 활력과 더욱 더 강한 증오심과 복수에 대한, 더욱 더 강렬한 열망이 있게 마련입니다. 사람들은 잃어버린 자유에 대한 기억을 쉽게 잊지 못하며, 실로 잊을 수도 없습니다. 따라서 가장 확실한 방법은 그 나라를 완전히 파괴해 버리거나 직접 그 곳에 살면서 다스리는 것입니다.

카르타고의 명장 한니발

• • •

Chapter 6

# 자신의 군대와 능력으로 얻은 새로운 통치권에 관하여

## 위대한 군주를 모방하다

군주와 정부 유형의 경우 완전히 새로운 군주국을 논의하면서 제가 훌륭한 군주와 정부를 예로 든다 해도 그리 놀라는 사람은 없을 것입니다. 인간은 거의 항상 선인들의 행적을 따르며 그들의 업적을 모방하는 것이 인간 행동의 지도적 원리이기 때문입니다. 그러나 선인들이 만들어 놓은 길을 그대로 답습하거나, 그 인물이 지녔던 능력에 미치는 일이 항상 위대한 사람들의 행적을 따르려 노력하고 모방을 통해 비록 그들의 능력에 필적하지는 못할 지라도 적어도 그것에 근접하려고 합니다.

그런 사람은 아주 멀리 떨어져 있는 목표물을 겨냥할 때 자신의 활이 지닌 강도를 알고 있는 노련한 궁사처럼 처신해야 합니다. 이런 경우 궁사는 목표물보다 좀 더 높은 지점을 겨냥하는데 그것은 그 높은 지점을 화살로 맞히려는 것이 아니라, 목표물을 맞히기 위해 그 곳을 겨냥하는 것입니다.

이와 같이 새로운 군주가 전혀 새롭게 수립한 공국을 다스리며 겪게 되는 어려움들은 그가 가진 능력에 의해 달라진다고 할 수 있습니다. 그리고 평범한 시민이 군주가 되는 것은 그가 유능하거나 행운을 누린다는 것을 전제로 하기 때문에, 이 두 가지 중 하나가 어느 정도까지는 어려움을 경감시키는 데에 상당한 도움이 되었을 법합니다.

하지만 그가 행운에 의존하는 일이 거의 없다면 자신의 지위를 더욱 잘 유지할 것입니다. 또한 그가 다른 국가를 가지고 있지 않기 때문에 직접 그 나라에 거주하며 다스려야 하는 경우라면 더욱 도움이 될 것입니다.

## 능력자의 사례들

행운, 또는 타인의 호의에서가 아니라 자신의 능력에 의해 군주가 된 인물들을 살펴볼 때 저는 모세[1], 키루스[2], 로물루스[3], 테세우

1) 모세(Moses, 기원전 1500년경) : 이스라엘 민족 통일의 아버지이며 입법자(立法者). 이스라엘이 박해받던 시대에 이집트에서 태어나 바로 왕의 박해로 나일 강가에 버려졌으나 바로 왕녀(王女)에게 발견되어 양육되었다. 성장해서는 바로 왕에게 박해받던 이스라엘 백성들을 이끌고 젖과 꿀이 흐르는 약속의 땅 가나안을 향하여 이집트를 탈출했으며 40여 년 동안 고생한 끝에 시내 산에 도착하여 십계명을 받았으나 가나안을 목전에 두고 사망했다.

2) 키루스(Cyrus, 기원전 585?~529), 재위 기원전 600~529) : 페르시아의 국조(國祖).

스[4] 등이 가장 뛰어나다고 생각합니다.

모세의 경우 신이 명령한 바를 단지 집행한 자에 불과하기 때문에 논의할 필요도 없다고 생각하는 사람도 있겠지만, 신과 대화할 만한 인물로 택함을 받았다는 신의 은총 그 자체만으로도 모세는 찬양받을 만합니다. 하지만 키루스와 같이 왕국을 차지했거나 건국했던 이들을 살펴보면 그들 역시 모두가 존경받을 만한 탁월한 인물들임을 알게 될 것입니다. 그들의 행적이나 조치 역시 검토해 보면 위대한 주님을 섬기고 있던 모세의 경우와 별로 다를 바가 없는 것 같습니다.

그들의 행적과 생애를 살펴보면 주어진 기회라는 재료를 이용해 자신들이 원하는 형태로 만들어낸 것 외에는 행운으로 얻어낸 것이 전혀 없다는 것을 알 수 있습니다. 그러한 기회를 얻지 못했다면 그들의 정신력은 탕진됐을 것이고, 그들에게 능력이 없었다면 그러한 기회는 무산되어 버렸을 것입니다.

이런 의미에서 유대 인들은 모세의 출현을 위해 이집트인들의 노예가 되어 탄압받아야 할 필요가 있었으며, 그 결과 유대 인들은 노예 상태에서 벗어나기 위해 그를 따를 준비가 되어 있었습니다.

로물루스의 경우에는, 로마의 건국자이자 왕이 되기 위해서 알바

---

종주국이었던 메디아를 멸망시키고 아케메네스 왕조를 세웠다.

3) 로물루스(Romulus, 기원전 753~716) : 로마를 건설했다는 전설적인 인물. 알바에서 성녀(聖女) 레바 실비아(Rhea Silvia)와 군신(軍神) 마르스(Mars) 사이에 쌍둥이로 태어나 광야에 버려졌으나 늑대의 젖을 먹고 성장하여 일대의 지배자가 되었는데 자기의 이름을 따서 그 지방을 로마(Roma)라고 지었다고 한다.

4) 테세우스(Theseus) : 그리스 신화에 나오는 아타카의 국민적 영웅. 아이게우스(Aegeus)와 아이트라(Aethra) 사이에 태어나 아테네를 건설했다.

에서 태어나자마자 버려져야 할 필요가 있었습니다. 마찬가지로 키루스 왕 역시 메디아 인들의 지배에 불만을 품고 있던 페르시아 인들과 오랫동안 누려온 평화로 인해 나약해진 메디아 인들을 필요로 했습니다. 테세우스도 역시 아테네 인들이 분열되어 있지 않았다면 자신의 모든 능력을 보여줄 수 없었을 것입니다.

그러므로 이러한 기회들이야 말로 위대한 인물들로 하여금 자신들의 업적을 성공적으로 달성하게 했고, 그들이 지닌 비범한 능력이 그들로 하여금 이러한 기회를 포착하여 활용하게 한 것입니다. 그 결과 그들의 나라는 영광을 누리며 크게 번영할 수 있었습니다.

이러한 인물들처럼 자신의 능력으로 군주가 된 인물들은 권력을 얻기까지 시련을 겪지만 일단 권력을 쥐면 별다른 어려움 없이 쉽게 권력을 유지하게 됩니다.

나라를 얻는 과정에서 겪는 시련은 부분적으로 그들이 자신의 권력을 확고히 하기 위해 새로운 제도와 법률을 도입하는 데에서 비롯됩니다. 새로운 형태의 정부수립을 주도하는 행위가 매우 어렵고 위험하며, 성공하기 힘들다는 점을 깨달아야 할 필요가 있습니다.

그 이유는 옛 질서로부터 이익을 취하던 모든 사람들이 혁신적 인물에게 반대하는 반면, 새 질서로부터 이익을 취하게 될 사람들은 기껏해야 미온적인 지지자로 남아 있을 것이기 때문입니다. 그들이 이처럼 미온적인 지지만 받는 이유는 잠재적 수혜자들이 한편으로 인간의 회의적인 속성상 자신들의 눈으로 확고한 결과를 직접 보기 전에는 새로운 제도를 만든 적들을 두려워하고, 다른 한편으로는 믿지 않기 때문입니다.

그러므로 결과의 변화에 반대하는 자들은 기회만 생기면 적극적으로 혁신자에게 공격을 가하는데 비해 지지자들은 미온적으로 대처함으로써 혁신자와 그를 지지하는 자들은 위험에 빠지게 되는 것입니다.

따라서 이 문제를 보다 철저하게 검토하기 위해서 우리는 개혁자들이 자신의 힘에 바탕하여 행동하는지 아니면 다른 세력에 의존하는지를 살펴봐야 할 필요가 있습니다. 다시 말해, 성공하기 위해서 타인을 설득할 필요가 있는지 아니면 자신들만의 힘으로 밀어붙일 수 있는 지를 살펴봐야 합니다. 다른 세력에 의존해야 하는 경우, 그들은 거의 항상 성공하지 못하며 아무것도 성취하지 못합니다. 그러나 타인에게 의지하지 않고 변혁을 주도할 만한 충분한 힘을 발휘할 수 있다면 그들은 드문 경우를 제외하고는 곤경에 빠지는 경우가 거의 없습니다.

이러한 것으로 미루어 볼 때, 무력을 갖춘 예언자는 모두 성공한 반면 말 뿐인 예언자는 실패했습니다. 이러한 결과는 이미 언급한 이유 외에도 민중이 변덕스럽기 때문에 일어납니다. 즉 그들을 설득하기는 쉽지만 설득된 상태를 유지하는 것은 어렵기 때문입니다.

그러므로 새로운 계획들을 집행하는데 있어 백성들이 더 이상 믿음을 갖지 않을 경우에는 그들로 하여금 믿게끔 강압할 수 있어야만 합니다.

만일 모세, 키루스, 테세우스 그리고 로물루스에게 무력이 없었다면 각자 자신들이 설립한 새로운 질서에 대한 복종을 오랫동안 확보하지 못했을 것입니다. 이러한 경우는 우리 시대의 지롤라모 사보나롤라 승정[5]이 그가 세운 새로운 질서를 백성들이 더 이상 믿지 않게 되자 몰락해 버린 것에서 찾아볼 수 있습니다. 그에게는 자신을 믿었던 사람들을 지속적으로 관리할 방법도, 그들의 지지를 유지할 수 있는 방법도 없었던 것입니다.

따라서 그런 개혁자들은 많은 어려움을 겪어야 했습니다. 그들이 자신의 계획을 시작한 후 모든 위험들이 닥쳐오며 그들은 자신의 능력을 통해 그것들을 극복해내야만 합니다. 그러나 일단 그들이 성공하여 크게 존경받기 시작하면, 그들은 강력하고 안정적인 상태에서 존경받는 성공적인 지도자로 남게 되는 것입니다.

### 시라루사의 히에론

이미 논의한 유명한 사례들보다는 덜 중요하지만 한 가지 사례를 더 살펴보기로 하겠습니다. 그러나 이것 역시 같은 맥락에서 언급할 가치가 있으며 다른 모든 사례들의 전형적인 본보기입니다.

그것은 바로 시라쿠사의 히에론 2세[6]의 경우입니다. 그는 일개 시

5) 사보나롤라(Girolamo Savonarola, 1452~1498) : 이탈리아 페라라 출생. 청년 시절에 연애에 실패한데다가 교황과 세속 질서가 타락한 것에 회의를 느껴 30세에 입교(入敎)하여 도미니쿠스 교단의 수도사가 되었다. 그의 정의 구현을 위한 노력은 중산층에게 많은 감동을 주었으며, 마키아벨리도 젊어서 그의 외침에 깊이 경도되었던 것으로 보인다. 그는 열렬한 자유주의자로서 종교 개혁을 외쳤고, 부도덕한 사치품을 불태웠다. 이와 같은 과격한 행동은 교황 알렉산데르 6세로부터 여러 차례 경고를 받았으나 굽힐 줄 모르자 교황은 그를 파문했으며 1498년 5월 23일에 화형에 처했다.

6) 히에론 2세(Hieron II, 기원전 ?~215, 재위 기원전 270~215) : 시칠리아 섬에 있는 시라쿠사의 귀족 히에로클레스(Hierocles)의 아들로, 피로스가 물러간 후 기원전 270

민에서 시라쿠사의 군주가 되었습니다. 그는 아주 좋은 기회를 잘 활용했는데, 그 기회를 제외한다면 행운으로 얻은 것이 전혀 없었습니다. 시라쿠사 인들이 절망적인 위기 상황에 몰렸을 때(B.C. 270년에 감파니아의 용병 마메르티니가 공격했을 때) 그를 장군으로 선출했습니다. 그는 자신의 직무를 성공적으로 수행하여 군주가 되었습니다. 그는 자신의 사적인 생활에서도 능력를 최대한 발휘했으며, 그에 관해서는 '그에게 부족한 것이 있다면 다만, 다스릴 왕국이 없다는 점이다.'라는 기록이 전해 내려올 정도입니다.

그는 옛 군대를 해체하고 새로운 군대를 조직했으며 예전의 동맹을 파기하고 새로운 동맹을 체결했습니다. 그는 자신의 군대와 믿을 만한 동맹을 가지자마자 그것을 기반으로 원하는 국가를 세울 수 있었습니다. 따라서 그에게 있어서 어려운 일은 권력을 얻는 것이었지, 유지하는 것이 아니었습니다.

---

년 경에 왕으로 선출되었다. 대부분의 기록들이 그가 귀족 출신이었다고 기록하고 있으나, 마키아벨리는 그가 평민 출신이었다고 주장하고 있다.

Chapter 7

# 다른 세력의 군대와 행운으로 얻은 새로운 통치권에 관하여

## 경험이 없는 지배자가 겪는 어려움

일개 평민이었다가 다만, 운이 좋아 군주가 된 자는 그 자리에 오르기는 쉽지만 그 자리를 유지하는 데는 많은 어려움을 겪습니다. 그런 자들은 거저 얻은 것이나 다름없기 때문에 군주의 자리에 오르기까지 아무런 문제도 없지만, 그 후부터 모든 시련이 닥쳐오게 됩니다.

이런 상황은 돈으로 영토를 사거나 특별한 호의로 영토를 증여받아 국가를 얻게 되었을 때 발생합니다. 그리스의 이오니아와 헬레스폰투스의 도시 국가들에서 이런 일들이 있었는데, 다리우스 1세[1]가 자

1) 다리우스 1세(Darius I, 기원전 550~486, 재위 기원전 552~486) : 페르시아의 왕. 대(大)키루스(Cyrus the Great)의 사위, 왕이 죽고 반역자인 가우마타(Gaumata)가

신의 안보를 확실히 하고 영광을 드높이기 위해 군주들을 임명했습니다(소아시아와 헬레스폰투스의 그리스 도시들). 이와 유사한 사례로는 일개 시민이 군대를 뇌물로 매수하여 황제의 지위에 오른 경우가 있습니다.

이러한 군주들은 오직 불확실하고 불안정한 두 가지 요소에 의해서만 자신을 지킬 수 있습니다. 그것은 그들에게 그 국가를 허용해준 사람의 호의와 운명입니다. 그들은 자신의 지위를 유지하기 위해서 필요한 지식과 능력을 갖지 못했습니다.

뛰어난 지능과 능력을 지니고 있지 않는 한, 공직 생활에 대한 직접적인 능력을 결여한 사람이 통치하는 방법을 안다는 것을 기대하기란 어렵습니다. 또한 이들은 능력도 결여하고 있는데, 왜냐하면 이들은 우호적이며 충성스러운 세력의 뒷받침이 없기 때문입니다.

무엇보다 갑작스럽게 형성된 국가는 튼튼한 뿌리를 내리지 못하고 급속하게 성장한 식물과 같아서 처음으로 맞이하게 된 악천후와 같은 역경 속에서 쉽게 파괴되고 맙니다.

이러한 사태는 갑자기 군주가 된 사람이 어떤 준비를 신속히 해야 하고 주어진 행동을 어떻게 유지해야 하는지, 그리고 다른 사람이 군주가 되기 전에 마련해 두었던 기반과 관계를 나중에라도 어떻게 만들어 내야 하는 지를 모르고 있는 한 일어나기 마련입니다.

능력에 의해서나 행운에 의해 군주가 되는 두 가지를 예시하기 위

왕위를 자칭하자 7년 동안의 전쟁을 거쳐 그를 타도하고 서부인방(西部隣邦)을 개척하여 신군주(新君主)를 임명하고 자치를 허락했다.

해서 저는 최근에 있었던 두 가지 사례를 들고자 합니다. 바로 프란체스코 스포르차와 체사레 보르자의 일화입니다.

프란체스코는 적절한 수단(속임수, 또는 배신)과 그 자신의 대단한 능력을 이용하여 일개 시민의 신분에서 밀라노의 공작이 되었습니다. 그는 수많은 시련을 겪은 끝에 그 지위를 얻었으며 별다른 어려움 없이 유지했습니다.

## 신생 군주로서의 체사르 보르자

반면에 프란체스코와는 달리, 체사레 보르자(흔히 발렌티노 공작으로 불리는)는 부친의 호의와 조력으로 그 지위를 얻었으나 그것이 다하자 그 지위를 잃고 말았습니다. 비록 그가 타인으로부터 제공받은 영토에 자신의 뿌리를 내리기 위해 가능한 모든 수단을 동원하고 신중하고, 유능한 사람이 당연히 해야 할 모든 조치를 다 취했지만 결과는 비관적이었습니다.

앞에서 거론했듯이 처음에 자신의 기반을 구축하지 않은 자는 그가 위대한 능력을 가지고 있으면 자신의 능력을 바탕으로 나중에라도 기반을 구축할 수 있지만 그 작업은 무척 어려운 일이며, 그렇게 구축된 구조물 역시 매우 불안하기 때문입니다.

그러므로 발렌티노 공작의 전체적인 행적을 살펴보면 그가 자신이 얻을 미래의 권력을 위해 강력한 기반을 구축하는데 성공했음을 알 수 있습니다. 그러한 각 단계들을 거론하는 것이 무의미하다고 생각하지 않는 것은, 신생 군주에게 제공할 만한 모범적인 지침으로 그의 행적들보다 더 훌륭한 것은 찾아볼 수 없기 때문입니다.

그리고 비록 그의 노력이 결국에는 물거품이 되고 말았지만, 그것은 그의 실수 때문이 아니라 예외적이며 악의적인 운명의 일격에 의한 것이었기에 그를 나무라서는 안 될 것입니다.

### 알렉산데르 6세와 루이 왕의 원조

알렉산데르 6세는 자신의 아들인 발렌티노 공작의 세력을 키우는 과정에서 당시에는 물론 장래에도 많은 어려움을 겪어야 했습니다.

첫째, 그는 교회령의 일부가 아닌 어느 곳에서도 아들을 군주로 만들 수 있는 방안을 강구할 수 없었습니다. 그리고 만약 교회령의 일부를 취하고자 하면, 파엔차와 리미니가 이미 베네치아 인들의 보호 하에 있었기 때문에 밀라노 공작 대공(루도비코 모로)과 베네치아 인들이 그것을 용납하지 않을 것이 분명했습니다.

이 문제 외에도 알렉산데르는 이탈리아의 군사력을, 그 중에서도 그가 가장 용이하게 활용하려 했던 병력을 교황의 권력이 커지는 것을 가장 두려워하는 세력들이 장악하고 있다는 것도 알고 있었습니다. 모든 군사력을 오르시니 가[2]와 콜론나 가[3] 및 그들의 추종자들

---

2) 오르시니 가 : 원래 로마의 귀족 가문을 의미하며, 교황 니콜라우스 3세(Nicolaus III, 1225?~1280) 등이 이 가문에서 배출되었다. 마키아벨리가 말하는 오르시니는 1497년 경에 이탈리아에서 교황에게 항전했던 비르지니오 오르시니(Virginio Orsini)를 가리킨다.

3) 콜론나 가 : 1100년 경의 로마 귀족이었던 콜론나 공. 피에트로(Load of Colonna Pietro)의 후손들로서 중세에 이르기까지 1명의 교황 30명의 추기경 그리고 숱한 명인(名人)과 재사(才士)를 배출한 명문가이다.

이 장악하고 있었기 때문에 그들의 군사력을 안심하고 사용할 수도 없었습니다.

따라서 기존 국가들의 영토 중 일부분이라도 차지하기 위해서는 이탈리아에 혼란의 씨를 뿌려 이탈리아의 국가들을 불안정하게 만들 필요가 있었습니다. 그의 계획은 베네치아 인들이 각기 다른 이유로 이탈리아에 프랑스 세력을 다시 끌어들이려고 하는 것을 발견했기 때문에 쉽게 실행에 옮길 수 있었습니다. 따라서 교황은 이 정책에 반대하지 않았음은 물론 더 나아가 루이 왕의 첫 번째 결혼을 취소시켜 줌으로써 그 계획이 더욱 쉽게 진행되도록 해주었습니다. 그래서 프랑스 왕은 베네치아 인들의 지원과 교황 알렉산데르의 동의 하에 이탈리아에 침입했던 것입니다. 루이 왕이 밀라노에 진입하자마자(1499년 10월 6일) 교황은 로마냐에서의 전투를 수행하기 위해 프랑스 군대를 인계받았으며, 루이 왕은 자신의 명성을 위해 그것을 허락했습니다.

### 체사레 보르자의 군사력

그러나 발렌티노 공작은 로마냐 지역을 차지하고 콜론나 파를 패배시킨 이후, 점령지를 확보하면서 영토를 확장하고 싶었지만 두 가지 걸림돌에 의해 방해를 받게 되었습니다. 그 중 하나는 자기 군대의 충성심에 대해서 의문을 품은 것이고, 다른 하나는 프랑스 왕의 의중을 알 수 없다는 것이었습니다. 다시 말하면, 그가 지휘하고 있던 오르시니 파의 군대가 공격시 말을 잘 듣지 않았기 때문에 그가 영토를 확장하는 것을 방해할 뿐만 아니라, 그가 이미 손에 넣은 영토마저 빼앗지 않을까 염려되었습니다. 그는 또한 프랑스 왕도 역시 자신이 점령한 영토를 빼앗지 않을까 하며 두려워했습니다.

공작은 오르시니 파 군대의 충성심에 대한 의심을 파엔차를 점령한 후(1501년 4월 25일) 볼로냐로 진격했을 때 그들이 소극적으로 전투에 임하는 것을 보고서 굳혔습니다. 그리고 프랑스 왕의 진의는 그가 우르비노 공국을 점령하고(1502년 6월 21일) 토스카나로 진격했을 때 프랑스 왕이 그 전투를 포기하도록 종용한 것을 보면서 간파할 수 있었습니다. 그 결과 공작은 더 이상 타인의 군대와 호의에 의존하지 않기로 결심했습니다.

우선적으로 그는 오르시니와 콜론나의 추종 세력을 약화시켰습니다. 두 파에 속하는 많은 추종자들을 자신의 추종자로 만들었으며 재물을 넉넉히 주고 그들의 지위에 따라 군대의 지휘권과 관직을 내려 대우해 주었습니다. 그 결과 불과 수개월 만에 그들은 대대로 내려오던 예전의 파벌에 대한 충성심을 버리고 전적으로 공작에게 충성을 바치게 되었습니다.

그 다음에 발렌티노 공작은 콜론나 파의 지도자들을 분산시켜 놓고 오르시니 파의 지도자들을 제거할 기회를 엿보았습니다. 그리고 마침내 좋은 기회가 찾아왔고 그는 이를 적절히 활용했습니다.

### 세니갈리아의 학살

오르시니 파의 지도자들은 뒤늦게나마 공작과 교회의 세력이 강대해진다는 것은 결국 자신들의 파멸을 뜻한다는 것을 깨닫게 되었고 페루자 지방의 마조네에서 회합을 가졌습니다. 그 회합 이후 우르비노 지역에서의 반란과 로마냐 지방에서의 폭동 등 수없이 많은 위험한 상황이 들이닥쳤지만 공작은 프랑스의 도움을 받아 극복할 수 있었습니다.

이러한 과정을 거쳐 자신의 명성을 되찾았지만 그는 프랑스 왕과 모든 외부 세력을 신뢰하지 않게 되었으며 그들에게 의존하는 위험을 피하기 위해 속임수를 쓰기 시작했습니다. 그는 자신의 진심을 매우 교묘하게 숨기고 파올로 영주를 통해 오르시니 파의 지도자들과 화해했습니다. 공작은 파올로를 안심시키려고 매우 정중하게 대접했으며 돈과 의복 그리고 말을 주는 등 갖은 애를 썼습니다. 그 결과, 단순한 오르시니 파는 순진하게 그것을 믿고 세니갈리아로 진입하여 공작의 수중에 들어갔습니다(1502년 12월 31일). 그 지도자들을 제거하고 그들의 추종자들을 자기 편으로 포섭함으로써 공작은 매우 확고한 권력 기반을 구축하게 되었습니다. 왜냐하면 그는 우르비노 공국과 함께 로마냐 전 지역을 장악했고, 특히 로마냐 백성들은 그의 통치로 인해 번영을 누리게 되자 민심이 그를 따르고 지지하게 되었다고 확신하게 되었기 때문입니다.

### 민심을 얻기 위한 체사레의 냉혹함

그가 이 지역에서 시행한 정책은 뛰어난 것이어서 다른 사람들이 모방할 만한 가치가 있기 때문에 저는 그에 대한 논의를 조금 더 하겠습니다. 로마냐 지방을 장악한 후 공작은, 난폭한 영주들이 그 지역을 다스려왔음을 알게 되었습니다. 그들은 백성들을 올바르게 다스리기는커녕 약탈의 대상으로 삼았으며, 때문에 그들 스스로가 질서보다는 무질서의 근원이었습니다. 그 결과 그 지역에서는 도둑이 들끓고 갖가지 분쟁과 분규가 횡행하고 있었습니다. 그는 그 지역을 평화롭게 다스리고 통치자의 법률에 복종하도록 만들기 위해서 효과적인 통치를 할 필요가 있다는 결론을 내렸습니다.

따라서 그는 레미로 데 오르코라는 가혹하지만 유능한 인물에게 그 지역을 맡기고 모든 권한을 위임했습니다. 레미로는 짧은 시간 내에 그 지역의 질서와 평화를 회복했으며 그 과정을 통해 매우 좋은 평판도 얻었습니다. 그 후 공작은 레미로에게 주어진 과도한 권한은 더 이상 필요하지 않으며 그의 권한 때문에 훗날 성가시게 될 수 있다고 생각하게 되었습니다.

따라서 공작은 그 지역의 중심부에 저명한 재판장으로 하여금 관장토록 하는 시민재판소를 설치하고 각 도시별로 법률가를 파견하도록 했습니다. 공작은 그 동안 해 온 가혹한 조치들로 인해 백성들 사이에 원한이 생겼다는 것을 알고 있었기 때문에 백성들의 마음을 위로하고 자신을 전적으로 지지하게 만들고자 했던 것입니다.

즉 그동안 있었던 가혹한 조치들은 자신이 지시한 것이 아니라 행정관의 잔혹한 성격에서 비롯된 것이라는 점을 보여주고자 했던 것입니다.

그리고 적절한 기회를 포착하여 어느 날 아침, 공작은 체세나 광장에 두 토막이 난 레미로의 시체를, 형을 집행한 단두대와 피묻은 칼과 함께 전시했습니다. 그 참혹한 모습을 본 백성들은 만족감을 느끼면서도 경악을 금치 못했습니다.

## 미래에 대비한 체사레의 외교정책

다시 본론으로 돌아가 보겠습니다. 그리하여 공작은 자신의 군대를 거느리게 되었고 현존하는 위험으로부터 어느 정도는 안전하게 되었습니다. 또한 자신이 영토를 확장하려 할 때 해가 될 수 있는 주변의 세력들을 대부분 격파했기 때문에 이제는 프랑스에 관심을 집중했습니다. 공작은 뒤늦게 실책을 깨달은 프랑스 왕이 자신의 영토 확장 계획을 용납하지 않을 것임을 간파했기 때문입니다. 따라서 공작은 새로운 동맹을 찾는 한편, 프랑스 왕이 가에타를 공격하고 있던 스페인 군대와 싸우기 위해 나폴리 왕국으로 진격했을 때 미봉책을 쓰기 시작했습니다. 그의 목적은 그 세력들을 이용해 자신의 안전을 확보하려는 것이었습니다. 만일 교황 알렉산데르가 죽지 않았더라면 그의 계획은 쉽사리 성공했을 것입니다.

이러한 정책들은 그가 당면 상황에 대해서 취한 조치였습니다. 그러나 미래에 생길 일들에 있어서는 두려움이 있었습니다. 무엇보다 교회의 주도권을 장악할 새 교황이 자신에게 적대적이어서, 교황 알렉산데르 6세가 자신에게 주었던 모든 것들을 빼앗기지나 않을까 하는 의구심이었습니다. 따라서 그는 그런 가능성으로부터 자신을 보호하기 위해 네 가지 조치를 취했습니다.

첫째, 자신이 빼앗은 영토의 이전 통치자들의 혈통을 단절시켜 새 교황이 그들에게 권력을 되돌려주는 것을 미연에 방지했습니다.

둘째로는, 이전에 썼던 방법을 사용하여 로마 내의 모든 귀족들을 자기 편으로 끌어들인 다음 그들을 활용하여 새 교황을 견제하도록 하는 것이었습니다.

셋째는, 추기경 회의단이 자신에게 호감을 가지도록 유도하는 것이었습니다.

넷째는, 교황이 죽기 전에 최대한 권력을 크게 확장하여 외부의 도움 없이도 적의 공격을 물리칠 수 있도록 대비하는 것이었습니다.

교황 알렉산데르 6세가 죽었을 때 그는 이 네 가지 중에서 세 가지는 성취한 상태였으며 네 번째 대책도 거의 달성되어가고 있었습니다.

왜냐하면 그는 자신에게 영토를 빼앗긴 통치자들의 가족을 수없이 살해하여 극히 소수만이 생명을 지킬 수 있었고 로마 귀족들의 환심을 얻어냈으며 대부분의 추기경들을 자기편으로 끌어들였기 때문입니다.

새로운 영토를 확장하는 데 있어 그는 토스카나 지방의 패자가 될 계획을 수립했고, 이미 페루자와 피옴비노를 장악했으며 피사는 그의 보호 하에 있었습니다. 게다가 그는 프랑스의 세력에 대해서 더 이상 신경을 쓰지 않아도 되었기 때문에(프랑스가 나폴리 왕국을 스페인에게 빼앗겼고 그 결과 적대관계가 된 두 강대국은 각각 공작과 동맹을 맺고자 추파를 던져야 할 필요가 생겼다) 즉시 피사를 급습했습니다.

이런 일들이 있은 후, 피렌체에 대한 시기심이 섞인 증오와 두려움으로 인해 루카와 시에나가 즉각 항복했을 것이고, 피렌체는 그것을 막을 아무런 대책도 없었을 것입니다. 이러한 모든 계획들이 성공적으로 이루어졌다면(이 모든 계획들은 교황 알렉산데르 6세가 죽은 바로 그 해에 실현될 수 있었다) 그는 막대한 군사력과 막강한 명성을 얻으며 견고한 권력을 구축하여 더 이상 타인의 호의나 군대에 의존하지 않고, 자신의 힘과 재능만으로 자립할 수 있었을 것입니다.

### 체사레 보르자가 예상치 못한 비운

그러나 교황 알렉산데르 6세는 공작이 검을 뽑아든 지 5년 만에 세상을 떠나고 말았습니다.[4] 그는 단지 로마냐 지역만을 확실하게 장악하고 있었을 뿐이며 나머지 영토는 막강한 군사력을 지니고 있는 두 적대 세력 사이에서 허공에 뜨고 말았습니다(1503년 8월 18일). 공작은 불굴의 정신과 탁월한 능력을 갖추고 있었으며 사람들을 자기 편으로 끌어들이거나 격파하는 등 사람 다루는 법에 통달하고 있었습니다. 또한 그처럼 단기간 내에 기반을 확고히 했던 사람이었으므로 그처럼 막강한 국가들과 맞서야 하지 않았거나 또는 건강이 양호했었다면 그 같은 모든 곤경을 다 극복할 수 있었을 것입니다.

그가 지닌 권력의 토대가 견고했다는 것은 로마냐의 백성들이 한 달 이상이나 그가 오기를 기다렸다는 사실에서 입증됩니다. 로마에

4) 체사레 보르자의 아버지인 교황 알렉산데르 6세는 1503년에 죽었는데, 그의 병명은 열병이라고도 하고 추기경의 만찬회에 초대되었다가 독살되었다고 하는 등 그의 죽음에 대해서는 여러 설이 있다.

서 그는 거의 죽어가는 상태였지만 아무런 위협도 받지 않았습니다. 또한 발리오니와 비텔리[5] 그리고 오르시니 파의 지도자들이 로마를 찾아왔지만 그에 대한 어떤 반란도 선동할 수 없었습니다.

더욱이 공작은 비록 자신이 원하는 추기경을 교황으로 만들 수는 없었지만 적어도 자신이 원치 않는 사람이 교황이 되지 못하도록 영향력을 행사할 수는 있었습니다. 교황 알렉산데르 6세가 죽었을 때 그가 건강하기만 했어도 모든 일은 잘 풀렸을 것입니다. 그리고 율리우스 2세가 교황으로 선출되던 날 공작은 나에게 다음과 같이 술회했습니다. 즉, 그는 자신의 부친이 죽을 때 일어날 법한 모든 일을 생각해 두었고 모든 경우에 대한 대처 방안도 마련해 두었는데 단 한 가지, 죽음을 맞이할 때 그 자신에게도 죽음이 임박할 줄은 결코 상상하지 못했다는 것이었습니다.

### 신생 군주의 모델로서의 공작

지금에 와서 공작의 모든 활동을 돌이켜볼 때, 저는 그를 비판할 생각이 없습니다. 오히려 그는, 상술한 바와 같이 호의나 행운 또는 타인의 무력에 의해 권력을 차지한 모든 사람들이 귀감으로 삼을 만한 가치가 있다고 생각합니다. 왜냐하면 그가 큰 뜻과 야망을 품고 있었다는 점을 고려할 때 그것과 다르게 행동할 수는 없었을 것이기 때문입니다. 그의 모든 계획은 오로지 교황 알렉산데르 6세의 단명과 자

---

5) 파울로 비텔리(Paulo Vitelli, ?~1499) : 피렌체의 장군. 피사 전투에서 큰 공적을 세웠으나 배신 혐의로 처형당했다.

신의 병에 의해 좌절되었습니다.

따라서 새로이 군주국을 차지하게 되었을 경우, 적들로부터 자신을 안전하게 지켜야 할 필요가 있다고 생각한다면 군주는 다른 누구보다도 공작의 행적에서 모범 답안을 찾아야 할 것입니다.

즉 우호세력을 만들고, 무력이나 속임수로 정복하고, 백성들로부터 사랑을 받으면서 동시에 두려움을 갖도록 해야 하며, 군대로부터 복종과 두려움을 확보해야 합니다. 또한 해를 끼칠 가능성이 있는 자들은 모두 제거하고, 오래 된 제도는 새로운 제도로 개혁하고, 엄격한 동시에 너그러워야 하며, 관대하고 대범해야 하며, 충성을 바치지 않는 군인들은 제거하여 새로운 인물들을 발탁하고, 주변의 왕들과 동맹관계를 유지하여 그들이 흔쾌히 도움을 줄 수 있도록 하고, 함부로 공격할 수 없도록 만드는 재주를 공작에게서 배워야 할 것입니다.

## 체사레의 큰 실수

공작에 대해 비판할 수 있다면 율리우스가 교황에 선출되도록 했던 것인데, 그는 정말로 잘못된 선택을 했습니다. 이미 말한 바와 같이 그는 자신이 선호하는 인물을 교황으로 옹립할 수는 없었다고 해도 자신이 반대하는 인물이 선출되는 것을 막을 수는 있었습니다.

그리고 그는 자신으로 인해 피해를 입었던 적이 있거나, 교황이 되었을 때 자신을 두려워할 만한 추기경이 선출되는 것에 절대 동의하지 말았어야 했습니다. 왜냐하면 인간은 두려움이나 증오로 인해 타인에게 해를 가하기 때문입니다.

추기경 중에서 공작이 과거에 해를 입힌 적이 있는 인물은 산 피에로애드 빈쿨라(율리우스 2세), 콜론나, 산 조르지오[6] 그리고 아스카니오(프란체스코 스포르차의 손자)였습니다. 루앙의 추기경과 스페인 출신의 추기경을 제외한 그 밖의 추기경들도 모두 교황이 되면 그를 두려워했을 인물들입니다. 스페인의 추기경은 은혜를 입은 적이 있어 공작과 긴밀한 관계를 맺고 있었으며 루앙의 추기경은 프랑스 왕국의 지지를 등에 업고 있어 세력이 강대했기 때문입니다.

따라서 공작에게 있어서 가장 중요한 일은 스페인 출신의 추기경을 교황으로 만드는 것이었고, 그렇게 하는 것이 여의치 않으면 산 피에로애드 빈쿨라가 아닌 루앙의 추기경이 선출되도록 일을 꾸며야 했습니다.

높은 지위에 오른 자에게 새로운 은혜를 베푸는 것으로 과거에 입혔던 피해를 잊게 할 수 있다고 믿는 것은 자기 기만에 빠지는 일입니다. 때문에 공작은 이 선거에서 치명적인 실수를 범한 것이며 궁극적으로 그로 인해 파멸을 자초하게 되었습니다.

6) 산 조르지오(San Giorgio) : 사보나(Raffaelo Riariodi Savona)의 법명(法名)인데 어쩌면 사보나롤라를 의미하는 것이 아닌가도 여겨진다.

Chapter 08

# 사악한 방법으로 군주가 된 인물들에 관하여

## 일개 시민에서 군주가 되는 두 가지 방법

일개 시민에서 군주가 되는 방법은 다른 두 가지가 더 있는데, 이것들은 전적으로 행운이나 능력에 의한 것이라 볼 수 없기 때문에 논의에서 생략하고 싶지 않습니다. 그 중 한 가지는 공화국에 대해 논의할 때보다 상세하게 논의할 수 있을 것입니다.

이 두 가지 방법이란, 일개 시민이 전적으로 부정하고 사악한 방법을 사용하여 군주의 자리에 오르는 것과 동료 시민들의 호의에 의해 통치자가 되는 것입니다.

첫 번째 방법을 논의함에 있어서 저는 고대와 현재로부터 두 가지 예를 들겠는데 이런 식으로 권력을 잡는 장점에 대해서는 직접 언급하지 않겠습니다. 왜냐하면 이러한 방식을 모방하려는 사람에게는 두 가지의 사례만으로도 충분하기 때문입니다.

## 아가토클레스의 성공

시라쿠사의 왕이 되었던 시칠리아의 아가토클레스[1]는 평민 중에서도 미천하고 영락한 가문의 태생이었습니다. 도공(陶工)의 아들인 이 인물은 항상 방탕한 삶을 살았습니다. 하지만 그는 강인한 정신력과 신체를 지니고 있었으므로 군대에 들어가 시라쿠사 군대의 사령관이 되었습니다.

그 지위를 확보한 후, 그는 무력을 사용하여 다른 사람의 도움을 받지 않고 군주가 되어 권력을 강탈하겠다고 결심했습니다. 그는 그 같은 목적을 달성하기 위해 당시 자신의 군대를 이끌고 시칠리아에서 전투 중이던 카르타고 인인 하밀카르[2]와 음모를 꾸몄습니다.

어느 날 아침 그는 국가적인 중대사를 논의할 필요가 있는 것처럼 가장하여 시라쿠사의 원로들과 재력가들을 소집했습니다. 그리고 미리 약속된 신호에 따라 그의 군인들이 그들을 모두 살해했습니다. 그리고서 그는 도시를 장악하고 통치권을 확보했습니다.

그는 비록 카르타고 군에게 두 번씩이나 패배해 도망치다 포위 공격

---

1) 아가토클레스(Agathokles, 기원전 361~289, 재위 기원전 316~289) : 시라쿠사의 전제 군주. 평민의 몸으로 시칠리아에서 태어나 군주의 자리에까지 올랐으나 지중해 일대를 전화(戰禍)로 몰아넣었으며, 끝내는 손자에게 독살되었다.

2) 하밀카르 바르카(Hamilcar Barca, 기원전 270?~228) : 제1차 포에니 전쟁(기원전 241)을 마치고 귀국했음에도 불구하고 카르타고에서 그에게 응분의 대가를 지불하지 않자 그는 자신이 거느렸던 용병과 함께 반대파를 무찌르고 카르타고를 제압했다.

을 받는 지경에 이르렀지만 도시를 지키는 능력을 보여주었을 뿐만 아니라, 심지어 포위 공격을 감당할 일부 병력만을 성에 남겨둔 채 나머지 병력을 이끌고 아프리카 본토를 공격했습니다. 그리하여 단숨에 카르타고 인들의 포위를 풀고 그들을 곤경에 빠트렸습니다. 그렇게 되자 카르타고 인들은 그와 화해할 수밖에 없었으며, 그 결과 그들은 아가토클레스에게 시칠리아를 넘겨주고 아프리카로 철수했습니다.

아가토클레스의 행적과 생애를 검토해 보면 그의 성공에 운명이 아무런 역할을 하지 않았음을 알 수 있습니다. 왜냐하면 앞에서 언급했듯이 그는 수많은 곤경과 위험을 헤치며 남의 도움없이 높은 지위에 올랐으며 용맹하고 위험스러운 행동들을 통해 공국을 차지하고 다스리게 되었기 때문입니다.

그러나 동료 시민들을 죽이고 친구들을 배반했으며, 신의가 없이 처신하고 자비와 신앙심도 없는 행동을 한 것을 덕이라고 부를 수는 없을 것입니다. 이러한 행동을 통해 권력을 얻을 수는 있겠지만 영광을 얻을 수는 없습니다.

하지만 아가토클레스가 위험을 헤쳐 나오는 능력과 적들과 맞서 싸우고 승리를 쟁취해 내는 위대한 정신만을 고려한다면 그는 세상의 그 어떤 유능한 장군과 비교해도 손색이 없다고 판단됩니다.

하지만 무수히 저지른 사악한 행동들과 더불어 잔인하고 비인간적인 면모로 인해서 그는 훌륭한 인물로 평가될 수 없습니다. 그러므로 그가 운이나 능력(덕) 중 어느 하나에도 의존하지 않고 성취한 것을 그것의 탓으로 돌릴 수는 없습니다.

## 올리베로토의 성공

알렉산데르 6세가 교황이던 우리 시대의 인물 페르모의 올리베로토는 부친이 일찍 죽었기 때문에 어린 시절부터 외삼촌인 조반니 폴리아니에 의해 양육되었습니다. 청년 시절에 그는 병법을 익혀 출세할 목적으로 파올로 비텔리에게 보내져 훈련을 받았습니다.

그러나 파올로가 죽자 그의 동생인 비텔로초[3] 휘하로 들어가게 되었습니다. 그는 영리하고 심신의 능력이 뛰어났기에 아주 짧은 시간 내에 비텔로초가 통솔하는 군대의 지휘관이 되었습니다.

하지만 다른 사람의 휘하에 있는 것이 굴욕스럽다고 생각한 그는 비텔로초의 지원과, 조국이 자유를 누리는 것보다 노예 상태에 있는 것을 더 원할 만큼 어리석은 일부 페르모 시민들의 도움을 받아 페르모의 권력을 장악하겠다고 결심했습니다.

따라서 그는 오랫동안 고향을 떠나와 있었기 때문에 돌아가서 외삼촌과 고향을 보고 싶으며 자기에게 남겨진 유산도 직접 확인하고 싶다는 내용의 편지를 자신의 외삼촌인 조반니 폴리아니에게 보냈습니다. 또한 그가 그 동안 고향 발전을 위해 노력해 온 이유는 오직 명예를 얻기 위한 것이었으므로 고향의 시민들에게 자신이 허송 세월한 것이 아니었음을 보여주고 싶으며 그에 어울리는 명예로운 방식으로 자신의 친구들과 부하들 중에서 선발한 기병 100명의 호위 속에 귀환

3) 비텔로초(Vitellozzo, ?~1502) : 비텔리의 동생. 처음에는 알렉산데르 6세와 보르자를 섬겼으나 나중에는 그들 부자와 의견 충돌을 일으켰으며 시니갈리아에서 비참한 최후를 마쳤다.

하고 싶다는 뜻을 전했습니다. 아울러 그는 조반니에게 페르모의 시민들이 자기를 적절한 예우로 영접하도록 주선해 줄 것을 간청했습니다. 행사는 자신뿐만 아니라 그가 자라는데 도움을 준 조반니에게도 영광스러운 일이 될 것이라고 덧붙였습니다.

조반니는 모든 정성을 다 기울인 최대한의 예우로 조카를 맞이했습니다. 그리고 페르모 시민들도 역시 올리베로토를 정중하게 맞이했습니다. 그 후 그는 조반니의 저택에 머물게 되었으며, 거기서 며칠 동안 계획된 범죄를 저지르기 위한 만반의 준비를 비밀리에 시작했습니다.

그는 조반니 폴리오니와 페르모의 모든 지도자급 시민들을 초대하여 공식 연회를 열었습니다. 만찬과 그러한 연회에서 흔히들 진행하는 여흥을 다 마치고 난 후, 올리베로토는 계획에 따라 교황 알렉산데르 6세와 그의 아들 체사레의 막강한 권력과 그들의 업적들을 거론하면서 짐짓 심각한 문제를 거론했습니다. 조반니와 그 외의 몇몇 사람들이 그가 한 말에 대해 반문하자 그는 별안간 자리에서 일어나 이런 문제들은 좀 더 은밀한 장소에서 논의할 필요가 있다고 제안했습니다. 그리고서 그는 다른 별실로 들어갔고 조반니를 비롯한 다른 사람들이 그의 뒤를 따랐습니다. 별실에 들어간 그들이 자리에 앉자마자 숨어 있던 올리데로토의 병사들이 튀어나와 조반니를 비롯한 모든 사람들을 살해했습니다.

그러한 참살을 행한 후 올리베로토는 말을 타고 도심지를 돌며 시를 장악하고 주요 관리들의 집을 포위했습니다. 그들은 공포에 휩싸여 그에게 복종하게 되었으며, 그는 새로운 정부를 구성하여 그 수반이 되었습니다.

자신에게 해를 가할 만한 불만 세력을 모두 제거한 후 그는 새로운 민정제도와 군사제도를 통해서 권력을 확립했습니다. 그렇게 하여 권력을 잡은 지 1년 남짓한 시간 내에 그는 페르모 시에 확고한 기반을 구축했을 뿐만 아니라 인접국가들이 두려워하는 존재가 되었습니다.

앞에서 언급했던 것처럼 체사레가 세니갈리아에서 오르시니 파와 비텔리 파의 지도자들을 사로잡을 때, 올리베로토가 속임수에 빠지지만 않았더라면 그를 파멸시키는 것은 아가토클레스를 쫓아내는 것만큼이나 어려운 일이었을 것입니다. 그러나 그는 외삼촌을 죽인 후 1년 만에 그 곳에서 사로잡혔으며, 재능이나 사악함에 있어 그의 지도자라고 할 비텔로초와 함께 교살당하고 말았습니다.

## 가혹한 행위는 단번에, 은혜는 조금씩 천천히

아가토클레스나 그와 유사한 인물들이 무수히 많은 배신과 잔혹한 일을 저지르면서도 어떻게 그토록 오랫동안 나라를 안정적으로 통치하고 외부의 적들을 막아냈으며 시민들의 음모에도 걸려들지 않을 수 있었을까에 대해서 의아하게 생각할 사람들이 당연히 있을 것입니다. 왜냐하면 많은 다른 지배자들이 평화로운 시기라 할지라도 자신의 권력을 계속해서 유지할 수 없었기 때문입니다.

저는 이러한 차이가 그런 잔인한 수단들이 제대로 사용되었는지 혹은 잘못 사용되었는지에 따라 좌우된다고 믿습니다. 그러한 조치들이 단번에 모두 저질러졌다면(사악한 일에도 '잘'이라는 단어를 사용할 수 있다면), 잘 사용되었다고 말할 수 있습니다. 왜냐하면 그러한 조치들은 권력을 확립하는 데에 있어서 필수적이며, 연후에는 그것에 집착하지 않고 자신의 백성들에게 가능한 한 유익한 조치로 전환시킬 수 있을 것입니다. 잘못 저질러진 조치들이란 처음에는 드물게 실행되었지만 시간이 지날수록 감소하기보다는 증가하는 경우에 해당됩니다.

첫 번째 방법에 대해서 군주들은 아가토클레스가 그랬던 것처럼 신과 인간에 대해서 자신의 위상을 개선시킬 수 있습니다. 그러나 두 번째 방법을 따르는 군주들은 자신의 권력을 유지할 수 없습니다.

따라서 한 국가를 탈취한 정복자는 실행할 필요가 있는 모든 가해 행위에 관해서 결정해야 하며, 모든 가해 행위를 단번에 저질러서 매일 거듭되지 않도록 해야 된다는 점을 명심해야 합니다. 그렇게 하면 그는 절제를 통해서 백성들을 안심시키고 그들에게 은혜를 베풀어 민심을 자기편으로 끌어들일 수 있습니다. 이러한 방법을 따르지 않는 자는 누구나 소심함이나 잘못된 판단으로 인해 자신의 손에 언제나 칼을 들고 있어야만 할 것입니다. 그는 결코 백성들을 믿고 의지할 수 없을 것입니다.

왜냐하면 지속적으로 저지르는 행위로 백성들이 결코 군주에게 안심을 느끼지 못하기 때문입니다. 그러므로 가해 행위는 모두 한꺼번에 시행되어야 합니다. 그래야 맛을 덜 느끼기 때문에 반감과 분노를 적게 야기시킵니다. 반면에 은혜는 조금씩 베풀어야 하며 그래야 맛을 더 많이 느끼게 됩니다.

그리고 현명한 군주라면 무엇보다도 자신의 백성들과 함께 살아야 합니다. 그렇게 되면 좋은 일이든 나쁜 일이든 예상치 못한 사건으로 인해 자신의 통치방법을 바꾸지 않아도 됩니다(즉 앞에서 이야기한 바 있는 가해 행위나 시해 행위를 갑자기 취하는 경우).

왜냐하면 비상시에 예상치 못한 사건이 일어날 경우에는 단호한 조치를 취할 시간적 여유를 가지지 못할 것이며, 그런 생활에서 군주가 베푼 어떠한 은혜도 군주를 돕지 않을 것이기 때문입니다. 그러한 은혜는 군주가 마지못해 베푸는 것으로 받아들이기 때문에 아무런 호감도 얻지 못할 것입니다.

• • •

Chapter 09

# 시민형 군주국

## 시민형 군주의 출현

이제 군주가 되는 두 번째 유형, 즉 일개 시민이 사악함이나 용납될 수 없는 폭력으로써가 아닌 동료 시민들의 호의에 의해 군주가 되는 사례에 대해 논의하도록 하겠습니다. 이러한 유형은 시민형 군주국이라 부를 수 있습니다. 시민형 군주의 지위에 오르기 위해서 반드시 능력이나 행운이 필요한 것은 아니며, 오히려 운을 잘 이용하는 영리함이 필요합니다.

이러한 형태의 지위에 오르는 데는 백성들의 호의에 의한 방법과 귀족들의 호의에 의한 방법이 있다고 말할 수 있겠습니다. 모든 도시에는 이런 두 가지 상이한 계급이 존재하기 때문입니다. 이러한 상황의 백성들은 귀족들에게 의해 지배당하거나 억압받기를 원치 않지만 귀족들은 백성들을 지배하고 억압하기 때문에 초래됩니다.

도시에 존재하는 이 두 가지 성향으로 인해 군주정이거나 공화정 그리고 무정부 상태라는 세 가지 중 한 가지 결과가 발생합니다.

## 백성들이나 귀족이 군주를 옹립한다

군주정은 백성들이나 귀족들 중 어느 일파가 기회를 장악함에 따라 도입됩니다. 귀족들은 백성들의 압력을 감당하기 힘들어지면 자신들 중의 한 명을 지원하고 추대하여 통치자로 만든 다음 그의 보호 아래에서 자신들의 욕망을 충족시키고자 합니다. 이와 마찬가지로 백성들 역시 귀족들에게 대항할 수 없다는 것을 깨달았을 때 자신들 중의 한 명을 지원하고 추대하여 그를 통치자로 옹립한 후에 그의 권위를 통해 자신들을 보호하려고 합니다.

귀족들의 도움으로 군주의 자리에 오른 사람은 백성들의 지원으로 군주가 된 사람에 비해 그 권력을 유지하는 것이 훨씬 더 어렵습니다. 자신과 대등하다고 생각하는 사람들에 둘러싸여 있기 때문에, 자신이 원하는 대로 통치하거나 그들을 다룰 수 없기 때문입니다. 반면에 백성들의 지지를 받아 군주가 된 사람은 홀로서기를 할 수 있는데, 그의 주변에는 그에게 반대하는 사람이 없으며, 있다 해도 소수에 불과하기 때문입니다.

더욱이 군주는 누군가를 해치지 않고 명예롭게 행동함으로써 귀족들을 만족시킬 수 없습니다. 하지만 그렇게 함으로써 백성들은 만족시킬 수 있는데, 그것은 백성들의 목표가 귀족들의 그것보다 더 정의

롭기 때문입니다. 즉, 귀족들은 단지 억압하기를 원하지만 백성들은 억압에서 벗어나기를 갈망하기 때문입니다. 또한 백성들의 수가 많기 때문에 군주는 그들을 적으로 삼게 되면 자신을 결코 보호할 수 없습니다. 반면에 귀족들은 그 수가 적기 때문에 그들과 적대적인 군주는 자신을 보호하는 일이 어렵지 않습니다.

백성들이 적대적일 때 군주에게 닥칠 수 있는 가장 최악의 사태는 그들로부터 버림받는 일입니다. 하지만 귀족들이 적대적일 경우에는 단순히 버림받는 것 뿐만 아니라 그들이 연합하여 반역 행위를 할 수 있다는 점을 경계해야 합니다. 귀족들은 선견지명이 있고 교활하기 때문에 언제나 승산이 있는 인물의 호의를 얻어 자신들을 보호하려 하기 때문입니다.

또한 군주는 늘 동일한 백성들과 함께 살아야 하지만 동일한 귀족들과 더불어 살아야 할 필요는 없습니다. 왜냐하면 그는 원할 때면 언제나 귀족의 작위를 수여할 수도 제지할 수도 있으며 그들의 권력을 증가시키거나 감소시킬 수도 있기 때문입니다.

### 귀족을 다루는 방법

이러한 점을 보다 명확히 정의하기 위해 귀족들에 관한 두 가지 고려 사항을 염두에 둘 필요가 있습니다. 즉, 귀족들은 군주의 운명(성공)에 자신들의 운명을 결부시켜 처신하거나 아니면, 그와 정반대로 행동한다는 것입니다. 그들 중에서 탐욕을 부리지 않는 자는 우대하고 존중해 주어야 합니다. 군주에게 확실하게 충성을 표하지 않는 귀족들은 그들의 처신에 깔린 상이한 이유를 구별해야 합니다.

만약 그들이 소심하거나 용기가 부족해서 행동하는 경우라면, 군주는 그들 중에 특히 영리한 자들을 잘 활용해야 합니다. 왜냐하면 그들은 번영하는 시기에는 군주에게 명예를 더해 줄 것이고 역경에 빠진다 해도 두려워할 만한 존재가 아니기 때문입니다.

그러나 귀족들이 계산적으로 야심을 품고서 군주에게 종속되기를 주저한다면, 그것은 그들이 군주의 이익보다 자신들의 이익을 더 중시한다는 것을 보여주는 징표입니다. 따라서 통치자는 이러한 귀족들을 매우 조심스럽게 관찰해야 하며 마치 드러난 적인 것처럼 두려워해야 합니다. 왜냐하면 그들은 군주에게 곤경이 닥치게 되면 언제라도 그를 파멸시키기 위해 갖은 수단을 다 쓸 것이기 때문입니다.

## 모든 군주는 백성들의 지지가 필요하다

한편 백성들의 지원을 통해 군주가 된 사람은 백성들과 좋은 관계를 유지하도록 노력해야 할 것입니다. 백성들이 그에게 요구하는 것은 오직 억압당하지 않는 것뿐이기 때문에 그렇게 하는 것은 매우 쉬운 일입니다. 그러나 백성들의 반대에도 불구하고 귀족들의 지원을 받아 군주가 된 자는 다른 무엇보다도 먼저 백성들의 환심을 사려고 노력해야 할 것이며, 그것은 군주가 그들을 보호함으로써 쉽게 성취할 수 있습니다.

인간이란 해를 끼칠 것으로 예상했던 사람으로부터 좋은 대접을 받게 되면 그에게 더욱 애정을 느끼게 되기 마련입니다. 백성들은 단번에 군주가 자신들의 지지로 권력을 잡았을 때보다 더 깊은 호의를 보이게 될 것입니다.

군주가 백성들의 호의를 이끌어내는 방법은 많이 있는데 그것은 상황에 따라 매우 다양하기 때문에 확실한 원칙들을 제시할 수는 없습니다. 그러므로 이 문제는 제쳐놓기로 하겠습니다. 다만, 군주는 필수적으로 백성들과 좋은 관계를 가져야만 한다는 점을 강조하겠습니다. 그렇게 하지 않으면 군주는 곤경에 처했을 때 고립무원에 빠질 것입니다.

## 백성을 권력의 기반으로 삼은 군주

스파르타의 군주 나비스[1]는 그리스의 모든 세력과 가장 뛰어난 로마 군대의 포위 공격을 잘 막아내 국가는 물론 자신의 권력을 지킬 수 있었습니다. 위험이 닥쳐왔을 때 그는 단지 몇몇 신하들의 위협만 제거하는 것으로 족했습니다. 그러나 대다수의 백성들이 그에게 적대적이었다면 그러한 조치만으로는 충분히 위험을 극복할 수 없었을 것입니다.

이러한 저의 견해에 대해 '백성을 권력의 기반으로 삼은 자는 진흙을 밟고 서 있는 것과 같다'는 격언을 이용하며 반론을 제기하면 안 됩니다. 이 격언은 백성을 지지기반으로 삼아 권력을 잡은 일개 시민

1) 나비스(Nabis, 기원전 ?~192, 재위 기원전 207-192) : 스파르타의 전제 군주. 여행자들의 재물을 약취(略取)할 정도로 무도했던 그는 아키이아 인의 침략을 받아 기원전 201년에 스코티타스(Scotitas)에서 대패하였고, 기원전 195년에는 플라미니누스(Flamininus)가 이끄는 로마 군에 대패한 후, 아르고스에 항복하였다가 부장에 의해 피살되었다.

이 적이나 관리들에 의해 궁박한 처지에 몰린 상황에서 백성들이 자신을 구해줄 것이라고 생각할 때 적용됩니다. 이와 같은 경우, 로마의 그라쿠스 형제[2)]나 피렌체의 조르지오 스칼리[3)]가 당했던 것처럼 종종 자신이 기만당했다는 것을 깨닫게 될 것입니다.

그라쿠스 형제의 동상

2) 그라쿠스 형제 : 형 티베리우스 그라쿠스(Tiberius Gracchus, 기원전 169~133)와 아우 가이우스 그라쿠스(Gaius Gracchus, 기원전 153~121). 미천한 출신이었으나 호민관(護民官)으로 선출되었다. 그리하여 토지개혁을 통한 농민보호에 힘썼으나 모두 피살되었다.

3) 조르지오 스칼리(Giorgio Scali, ?~1382) : 피렌체의 정치가. 천민과 수공업자를 도와 메디치 가의 중흥에 동조했으나 오만한 성격으로 인하여 피살되었다.

그러나 백성들을 지지기반으로 삼고 있는 군주가 통치술을 알고 용맹이 뛰어나 역경에 빠져서도 절망하지 않고, 그의 기백과 정책에 의해 백성들의 사기를 유지시킬 수 있는 군주라면 결코 백성들에게 배반당하지 않을 것이며 자신이 건실한 기반을 구축했음을 알게 될 것입니다.

## 현명한 지도자는 위험한 시기에도 충성을 확보한다

통상적으로 시민형 군주국을 절대적인 체제로 변혁시키려 할 때 커다란 어려움에 처하게 됩니다. 왜냐하면 이러한 군주들은 자신이 직접 통치하거나 관직들을 통해 통치하기 때문입니다.

후자의 경우 군주의 지위는, 자신이 관리로 임명한 시민들의 선의에 전적으로 의존하기 때문에 보다 약해지고 매우 위험해질 것입니다. 특히 곤경에 처하게 되었을 때 백성들은 반란을 일으키거나 군주에게 불복하는 방법으로 그를 쉽게 권좌에서 몰아낼 수 있습니다.

더욱이 위급한 상황에 빠졌을 때 군주는 확고한 권위를 장악할 만한 충분한 시간이 없습니다. 왜냐하면 혼란한 상황에서는 관리들의 통제를 받는데 익숙해진 시민들이 군주의 통제에 기꺼이 복종하지 않을 것이기 때문입니다.

그리고 곤란한 처지가 되면 군주는 언제나 자신이 의지할 수 있는 사람들이 항상 부족하게 될 것입니다. 이런 군주는 평화로운 시기에, 즉 시민들이 그의 정부를 필요로 했을 때 보아봤던 시민들에게 의지할 수 없습니다. 왜냐하면 평화로운 시기에는 죽음을 당할 가능성이 없기 때문에 모든 사람들이 몰려와 충성을 약속하고 군주를 위해 목숨을 바치겠다는 맹세를 하기 때문입니다.

그러나 막상 곤경에 처해 정부가 백성들의 봉사를 필요로 할 때 지원자는 거의 찾아볼 수 없습니다. 무엇보다도 그들의 충성도를 시험하는 일은 처음이자 마지막이기 때문에 매우 위험합니다.

따라서 현명한 군주라면 언제든지 또 어떤 상황에 처하게 되든지 시민들이 정부와 자기를 믿고 따르도록 조치를 취해야 합니다. 그렇게 해야만 시민들은 언제나 군주에게 충성할 것입니다.

• • •

Chapter **10**

# 군주국들의 국력은 어떻게 측정되어야 하는가

## 군주가 갖추어야 할 군사력

다양한 군주국들의 성격을 분석할 때 고려해야만 할 점이 또 하나 있습니다. 즉 군주가 필요로 할 때, 스스로를 방어할 만큼 충분한 영토와 권력을 가지고 있는가 아니면, 항상 누군가 다른 세력의 도움을 받아야 하는가 하는 문제입니다.

이 부분을 명확히 하기 위해 다음과 같이 판단할 수 있을 것입니다. 즉 어떤 군주가 자신의 국가를 공격하는 어떠한 세력에도 맞서 전쟁을 수행할 수 있는 군대를 가지고 있다면, 그는 많은 병력을 거느리고 있거나 많은 자금력이 있으므로(용병의 서비스를 살 수 있다) 자신의 국가를 방어할 수 있다고 말하겠습니다. 그러나 전장에서 적과 맞설 수 없어 자신의 성 안으로 도망쳐 수비만 해야 하는 군주라면 늘 다른 세력의 도움이 필요하다고 말할 수 있습니다.

첫 번째 유형은 이미 논의되었으므로 더 필요한 것들이 있다면 나중에 좀 더 상세하게 논의하도록 하겠습니다. 두 번째 유형의 경우, 그러한 군주라면 성 밖의 영토에 대해서는 신경쓰지 말고 오직 그의 도시를 요새화하고 식량을 넉넉히 비축해야 한다는 것 외에는 덧붙여 말해 줄 조언이 없습니다. 앞에서 상세하게 설명한, 그리고 이후로도 자주 언급하게 될 방법으로 도시를 제대로 요새화하고 추종자들과 함께 내정을 잘 관리한다면 쉽사리 공격 받지 않을 것입니다.

왜냐하면 무릇 인간이란 어려움이 많을 것으로 예상되는 전투를 시작하는 것을 꺼리기 때문입니다. 그리고 도시를 제대로 요새화하고 백성들로부터 미움을 받지 않는 군주를 공격하는 것은 결코 만만치 않은 일로 보일 것입니다.

## 독일의 자유도시들

독일의 도시 국가들은 완전히 독립적이고 농촌 지역의 영토가 거의 없으며 자신들이 원할 때에만 황제에게 복종합니다. 그들에게 황제는 물론 인접해 있는 세력들을 두려워하지 않습니다.

그 국가들은 주변의 모든 세력들이 그 곳을 포위, 공격하는 것은 무척 지루하고 어려운 작업이 될 것이라고 생각할 정도로 방비가 잘 되어 있기 때문입니다. 그 국가들은 모두 방어용 도랑과 강력한 성벽으로 둘러싸여 있고 충분한 무기를 갖추고 있으며, 1년을 버티기에 충분한 식량과 식수 및 연료가 항상 비축되어 있습니다.

게다가 백성들이 공적 자금을 소비하지 않고 안정적으로 살아갈 수 있도록 하기 위해서 언제나 1년 정도 사용할 수 있는 원자재를 충분히 비축해 두어 백성들에게 필요한 일거리를 제공합니다. 그것은 곧 도시와 산업을 유지하는 필수 요소가 되며 그것을 통해 백성들은 생계를 유지하는 것입니다. 더욱이 그 국가들은 군대 훈련을 매우 중시하며, 군대를 유지하기 위해 많은 규정을 두고 있습니다.

### 현명한 군주가 포위 공격을 감당하는 방법

그러므로 견고한 도성을 가지고 있으면서 백성들의 미움을 받지 않는 군주는 공격으로부터 안전합니다. 그를 공격하는 자는 수치스러운 퇴각을 감수해야 할 것입니다. 이 세상은 너무나 많은 우발적인 일들로 가득 차 있기 때문에 군대를 1년 동안 하는 일 없이 성을 포위하고 있도록 하는 일은 사실상 불가능하기 때문입니다.

만약 백성들이 성 밖에 있는 자신들의 재산이 파괴되는 것을 보게 되면 인내심을 잃게 될 것이며, 장기간의 포위와 이기심으로 인해 그들은 군주에 대한 충성심이 약해질 것이라고 반박할 수도 있습니다. 그러나 저는 강인하고 기백을 갖춘 군주라면 백성들로 하여금 고난이 오래 지속되지 않을 것이라고 설득하면서 다른 한편으로는 적의 잔혹함에 대한 경각심을 일깨우며 호들갑 떠는 자들을 교묘하게 처리함으로써 그러한 어려움을 극복할 수 있다고 반박할 것입니다.

이러한 점 외에도 적군은 도착하자마자 성 밖의 지역들을 파괴하고 약탈할 것이지만, 그 때까지는 백성들의 사기도 충천해 있을 것이며 버티겠다는 결의도 확고할 무렵이라고 생각합니다. 따라서 며칠이 지나게 되면 백성들의 흥분은 가라앉을 것이며, 피해는 이미 발생했고 희생을 겪은 후여서 그 문제를 해결할 아무런 방법도 없기 때문에 군주는 그들을 두려워할 이유가 적어지게 됩니다.

더욱이 시민들은 군주를 방어하기 위해 자신들의 집이 불타고 재산이 약탈되었으므로 이제 군주가 자신들에게 빚을 지고 있는 것이라고 생각하기 때문에 한데 뭉쳐서 더욱 더 군주를 지지하게 됩니다. 왜냐하면 인간은 본성적으로 받았던 은혜와 베푼 은혜에 의해서도 유대가 강화되는 존재이기 때문입니다.

따라서 이런 모든 문제들을 고려할 때 식량이 풍부하고 방어를 위한 수단들을 갖추고 있기만 한다면 현명한 군주는 어떤 형태의 포위 공격에 처해 있어도 시민들의 사기를 유지하는 일이 어렵지 않을 것입니다.

Chapter 11

# 교회형 군주국

## 교회형 군주의 확실한 안전

이제 교회형 군주국에 대한 논의만이 남아 있는데, 이런 형태의 군주국일 경우 모든 문제들은 국가를 얻기 전에 발생합니다. 왜냐하면 교회형 군주국은 능력을 통해서 또는 운이나 호의를 통해서 얻어지는데, 이를 유지하기 위해서는 이 둘 중 어느 것의 도움도 필요하지 않기 때문입니다.

그 이유는 이러한 국가들은 오랫동안 전해 내려온 종교적 제도들에 의해 유지되며, 그 제도들은 군주들이 어떤 식으로 처신하고 살아가더라도 자신들의 권력을 지닐 수 있을 정도로 강력하기 때문입니다.

군주는 국가를 소유하고 있지만 방어할 필요가 없으며 백성들이 있지만 다스릴 필요도 없습니다. 비록 군주가 국가를 방어하지 않고 내버려둔다고 해도 국가를 빼앗기지 않습니다. 게다가 백성들은 통치를 받지 않더라도 그 일에 별 신경을 쓰지 않습니다. 그들은 군주를 몰아낼 생각도 하지 않으며 그럴 능력도 없습니다. 그러므로 이러한 군주국들이야말로 가장 안정적이며 성공적입니다.

그러나 이러한 국가들은 인간의 정신이 도달할 수 없는 초월적인 권능에 의해 다스려지기 때문에 더 이상 논의하지 않겠습니다. 이 국가들은 신에 의해 이루어지고 유지되기 때문에 그것들에 대해서 논하는 것은 오만하고 경솔한 처사가 될 것입니다.

그럼에도 불구하고 교황 알렉산데르 6세 즉위 이전까지는 이탈리아의 지도적 정치 세력들(단순히 강대국뿐만 아니라 영주나 하급 귀족은 물론 세력이 미약한 영주나 하급 귀족들마저도)은 교회의 세속적 권력을 미미하게 취급했는데, 어떻게 교회의 세속적 권력이 프랑스 왕과 같은 인물마저도 두려워할 만큼 강해졌는가에 대해 의문을 품는 사람들도 있을 것입니다. 왜냐하면 교회 권력이 이탈리아에서 프랑스 왕을 몰아냈을 뿐만 아니라 베네치아 공화국마저도 몰락시켰기 때문입니다. 물론 이 사건들은 널리 알려져 있는 것이지만 다시 한 번 기억 속에서 끄집어 낸다고 해서 잘못될 것은 없습니다.

### 교황 알렉산데르 6세

프랑스 왕 샤를이 침공(1494년)하기 전의 이탈리아는 교황과 베네치아, 나폴리, 밀라노 그리고 피렌체 인의 지배 하에 있었습니다. 각 세력의 권력자들은 두 가지 주요한 문제에 몰두해 있었는데, 그 중 한 가지는 외세가 군대를 이끌고 이탈리아를 침범하면 안 된다는 것이었으며, 다른 한 가지는 자신들 중 어느 누구도 더 많은 영토와 권력을 차지해서는 안 된다는 것이었습니다.

가장 많은 걱정의 대상이 된 것은 교황과 베네치아 공화국이었습니다. 베네치아를 견제하기 위해 그 외의 모든 세력들은 페라라의 방어를 위해 그랬던 것처럼 동맹을 결성했습니다. 그리고 교황을 견제하기 위해서는 로마의 귀족들을 활용했습니다. 로마의 귀족들은 두 개의 파벌 오르시니와 콜론나로 나뉘어져 언제나 대립하고 있었지만 그들은 무기를 든 채로 교황 앞에 설 만큼 교황의 권위를 취약하게 만들었습니다.

간혹 식스투스 4세[1]와 같은 영명한 교황이 등장하기도 했지만 그의 행운이나 능력으로도 이런 난관을 극복할 수는 없었습니다. 교황의 재위 기간이 짧다는 것도 그 이유라고 할 수 있는데, 교황들의 재위 기간은 10년 정도였습니다. 이 정도의 기간 동안 어느 한 파벌을 제거하는 것은 매우 어려운 일이었기 때문입니다.

그리고 예를 들어 어떤 교황이 콜론나 파의 제거에 성공했다 할지라도 그 다음에는 오르시니 파에 적대적인 새로운 교황이 즉위하게 되어 콜론나 파를 재기시키는 결과를 초래하곤 했습니다. 그렇다고 해서 그 교황이 오르시니 파를 제거할 만큼 충분한 시간이 있었던 것

1) 식스투스 4세(Sixtus IV, 1414~1484, 재위 1471~1484) : 이탈리아 출신의 교황. 이탈리아의 내정에 남달리 관심이 많았던 그는 반(反) 메디치 음모를 꾸며 피렌체와 전쟁을 일으켰으며, 테베레 강의 대교와 같은 토목 공사를 시작해 이탈리아의 중흥을 꾀했으나 무거운 세금과 족벌 정치로 인하여 신망을 잃었다.

은 아닙니다.

그 결과 이탈리아에서는 교황의 계속적인 권력이 거의 무시되어 왔습니다. 그런데 알렉산데르 6세는 교황에 즉위하자 이전의 그 어떤 교황보다 탁월하게 돈과 군사력으로 얼마나 많은 것을 성취할 수 있는가를 보여주었습니다.

앞에서 공작의 행적을 논의할 때 살펴보았듯이 발렌티노 공작을 앞세우고 프랑스의 침입에 의해서 제공된 기회를 충분히 활용하여 많은 것을 이루어냈습니다. 비록 그의 목적은 교회의 권력이 아니라 공작의 세력을 확장시키려는 것이었지만, 그럼에도 불구하고 그가 죽고 공작이 몰락한 이후 교회가 그의 노력의 결실을 물려받았기 때문에 교회의 권력이 강화되는 결과가 초래되었습니다.

### 교황 율리우스 2세

그리고 나서 율리우스 교황이 등장했는데, 당시의 상황을 보면 교회가 로마냐의 전 지역을 장악하고 있었고 로마의 귀족들은 무력화되었으며, 교황 알렉산데르 6세의 과감한 조치에 의해 파벌들은 몰락했기 때문에, 율리우스는 이미 강력해진 교회 국가를 물려받았다고 할 수 있습니다.

또한 율리우스 교황은 알렉산데르 6세나 그 이전의 교황들은 시도하지 못했던 방법으로 재산을 축적할 수 있었습니다. 율리우스는 자신이 상속받은 것을 유지했을 뿐만 아니라 그것을 더욱 확대시켜 나갔습니다. 그는 볼로냐를 점령하고 베네치아의 세력을 파괴했으며,

프랑스 군을 이탈리아에서 몰아내고자 했습니다.

그의 이러한 모든 계획들은 성공했으며, 이러한 모든 일을 특정한 개인을 위해서가 아니라 교회의 세력을 신장시키기 위해 성취했기 때문에 이 점에서 그는 특별한 찬사를 받을 만합니다.

교황 율리우스 2세를 위해서 미켈란젤로가 제작한 묘. 로마 빈콜리의 성 베드로 성당

또한 그는 오르시니 파와 콜론나 파를 줄곧 무력한 상태로 남아 있도록 만들었습니다. 비록 그 세력들의 몇몇 지도자가 반란을 꾀하려고 했지만, 두 가지 요인에 의해 뜻을 이를 수 없었습니다.

그 중 한 가지는 그들을 압도해 버린 강력한 교회 세력이었으며, 다른 한 가지는 어느 한 파벌이라도 이끌 수 있는 추기경이 있었다는 것입니다.

추기경은 이들 파벌들의 반목의 원인이었는데, 그들은 추기경을 지도자로 삼게 되면 분규를 일으키곤 했습니다. 추기경들은 로마 내에서나 밖에서 파벌을 형성했으며 귀족들은 자신들이 속한 파벌을 지지할 수밖에 없는 상황에 놓여 있었습니다. 고위 성직자들의 야심이야말로 귀족들 간의 모든 알력과 분쟁의 근원이었던 것입니다.

이런 이유들로 인해 성스러운 교황 레오 10세[2]는 지금과 같은 참으로 강력한 교회 국가를 가지게 되었습니다. 전임 교황들이 무력을 통한 공적으로 위대한 국가를 만들었듯이 레오 10세도 타고난 선량함과 무한한 미덕을 통해 국가를 더욱 위대하고 존경받도록 만들기에 노력했습니다.

---

2) 레오 10세(Leo X, 1475~1521, 재위 1513~1521) : 메디치 대공의 차남. 1488년 13세의 나이로 추기경이 되었으며, 37세 때 교황이 되었다. 지나친 야심으로 인해 교황청의 재정적 결핍을 초래하여 마르틴 루터(Martin Luther)의 종교 개혁의 원인이 되었다. 그러나 문인과 예술을 사랑하여 로마 대학을 설립하는 등 문화 사업에 관심을 쏟았다.

Chapter 12

# 군대의 다양한 종류와 용병

## 국가의 토대는 법률과 군대

처음에 언급했듯이 지금까지 저는 상이한 군주국들의 특성에 대해 자세히 논의했으며 이들의 번영과 쇠퇴의 이유들에 대해서도 많이 다루었습니다. 그리고 많은 사람들이 군주국을 획득하고 유지하기 위해 활용했던 방법들을 검토했습니다.

이제 저는 군주국들이 공격을 하거나 방어를 할 때 적용할 수 있는 일반적인 방법을 설명해 보고자 합니다. 저는 앞에서 군주는 권력의 토대를 확고히 해야 한다고 역설했습니다. 그렇지 못한 군주는 항상 몰락하고 말 것입니다. 오래 된 국가이든 신생국이든 복합 국가이든, 모든 국가의 주요한 토대는 훌륭한 법률과 군대입니다. 훌륭한 군대가 없다면 훌륭한 법률을 가지기란 불가능하고, 훌륭한 군대가 있는 곳에는 훌륭한 법률이 있기 때문에 저는 법률 문제는 제쳐놓고 군대 문제를 논의하겠습니다.

## 용병의 무익함

군주가 자신의 국가를 방어하는데 사용하는 무력은 그 자신의 군대이거나 용병 혹은 외국의 지원부대, 또는 이 세 가지를 혼합한 혼성군이라고 말할 수 있습니다. 용병과 외국의 지원부대는 아무런 쓸모도 없으며 위험합니다. 자신의 영토를 지키기 위해 용병에 의존하는 사람은 누구나 절대 안정되고 안전한 통치를 결코 확립할 수 없습니다. 왜냐하면 그런 군대는 통합되어 있지 않고 야심을 품고 있으며, 기강이 문란하고 신의가 없기 때문입니다. 그들은 아군들과 함께 있을 때는 용감하지만 적들과 마주치면 비겁해집니다. 신을 두려워하지 않으며 사람들과 한 약속도 잘 지키지 않습니다.

그런 군대를 이끌고 있는 군주의 파별은 당신에 대한 적들의 공격이 지연되고 있는 만큼만 연장되고 있는 것에 불과합니다. 따라서 군주는 평화로울 때에는 그들에게 시달리고 전쟁이 벌어지면 적들에게 시달릴 것입니다. 이러한 일이 발생하는 이유는 그들이 군주에 대한 애착을 전혀 느끼지 않으며, 하찮은 보수 외에는 생명을 걸고 군주를 위해 전쟁을 나가 싸울 이유나 동기가 전혀 없기 때문입니다. 군주가 전쟁을 일으키지 않는다면 그들은 기꺼이 그에게 봉사하겠지만, 막상 전쟁이 일어나면 그들은 도망치거나 탈영합니다.

사실 이탈리아가 최근에 겪은 시련은 무엇보다 오랜 세월 동안 용병에 의존해 온 것에 그 원인이 있기 때문에 이 점을 주장하기 위해 많은 시간을 할애할 필요조차 없습니다. 물론 이 용병들의 일부는 무기력하지 않았으며, 다른 용병들과의 전투에서 용맹함을 보이기도 했습니다. 그러나 외국 군대의 침공이 시작되자(1494년 이후) 그들은 단번에 진면목을 드러냈습니다.

그런 이유로 프랑스의 샤를 왕은 백묵 한 개로 이탈리아를 점령할 수 있었습니다.[1)] 우리들의 죄악으로 인해 이런 참변을 겪게 된 것이라고 말했던 사람은 진리를 말한 셈입니다. 그러나 문제는 그 사람이 의미했던 죄악이 문제가 아니라 제가 설명했던 죄악이었습니다. 그리고 그것은 군주들의 죄악이었기 때문에 그들 또한 자신의 죄로 인해 재앙을 겪어야만 했습니다.

## 군주는 자신의 군대를 가져야 한다

저는 이런 형태의 군대가 지니고 있는 결함에 대해 보다 효과적으로 설명하고자 합니다. 용병 대장들은 매우 훌륭한 군인이거나 전혀 그렇지 못한 인물일 수 있습니다. 만약 능력 있는 인물이라면 당신은 그들을 믿어서는 안 되는데 그 이유는 그들이 항상 자신들의 고용주인 군주를 공격하거나 군주의 의사에 반해 타인을 공격하여 높은 지위에 오르기를 열망하기 때문입니다. 반면에 그들이 평범한 인물이

---

1) '백묵 한 개로 정벌이 가능했다'는 말은 프랑스의 왕 루이 12세와 샤를 8세가 이탈리아에 쳐들어 왔을 때, 병사들의 야영지를 도면으로 지시하기 위하여 흑판에 백묵으로 병사(兵舍)의 위치를 그려준 고사에서 유래되었다.

라면 군주는 당연히 몰락하게 될 것입니다.

누구든 군대를 장악하고 있는 자라면 이런 식으로 행동할 것이라고 반론을 제기한다면, 저는 무력이란 군주나 공화국에 의해 통제되어야만 한다는 점을 들어 반박할 것입니다. 전자의 경우라면 군주는 자기 자신이 직접 최고 통수권자로서 군대를 지휘해야만 합니다. 후자의 경우 공화국은 자신들의 백성 중에서 지휘관을 선정하여 파견해야 합니다. 만약 파견된 자가 유능하지 못한 것으로 판명되면 교체해야 하며, 유능하다면 자신의 권한을 넘어서는 일을 못하도록 법적인 통제 수단을 확보해야 할 것입니다.

경험에 의하면 독자적인 군대를 운영했던 군주나 공화국만이 성공을 이루었으며, 용병은 어떤 것도 성취하지 못했고 오히려 손해만 끼칠 뿐이었습니다. 일개 시민이 권력을 탈취하는 일은 외국 군대에 의존하는 국가보다 자신의 군대를 가진 공화국에서 훨씬 더 성공하기 어려웠습니다.

로마와 스파르타는 자력으로 무력을 갖춘 상태에서 수 세기 동안 독립을 유지했습니다. 오늘날에는 스위스가 지극히 잘 조직된 군대를 갖추고 있으며 완전한 독립을 유지하고 있습니다.

### 카르타고와 밀라노의 용병들

고대의 용병제로서 언급할 가치가 있는 예는 카르타고에서 발견됩니다. 카르타고는 용병대장(하밀가르 바르카)을 자국민으로 임명해 두었음에도 불구하고, 로마와의 첫 번째 전쟁(B.C. 346년)이 끝난 후 용병들에게 거의 정복당할 공격을 받았습니다. 테베는 에파미논다스[2])가 사망한 이후 마케도니아의 필리포스를 자국 군대의 장군으로 삼았는데 그는 전쟁에서 승리한 후 테베의 독립을 박탈하고 말았습니다(B.C. 338년에 테베를 정복하고 과두정을 옹립했다).

필리포 공작이 사망한 후 밀라노 인들은 프란체스코 스포르차를 장군으로 고용하여 카라바지오에서 베네치아 인들을 격파했지만, 스포르차는 그들과 연합하여 자신을 고용했던 밀라노를 공격했습니다. 나폴리의 조반나 2세[3])에 의해 장군으로 고용되어 있던 스포르차의 부친은 갑작스럽게 여왕의 무력을 박탈했고, 그로 인해 여왕은 아라곤의 왕에게 도움을 청하지 않을 수 없었습니다.

### 피렌체의 경험

베네치아 인들과 피렌체 인들은 과거 용병을 활용해 영토를 확장했으나 그 용병 대장들이 스스로 군주가 되려 하지 않고 영토를 방어해 주었는데, 이 문제에 관해 피렌체의 운이 매우 좋았다고 저는 말할 수 있습니다. 왜냐하면 위협이 될 만했던 유능한 장군들 중 일부는 승리를 거두지 못했고 다른 일부는 반대에 부딪혔으며 또 다른 사람들은

---

2) 에파미논다스(Epaminondas, 기원전 401?~362) : 테베의 군인이며 정치가. 기원전 371년에 레욱트라(Leuctra)에서 스파르타 군을 격파했으며, 기원전 370~369년에 펠로폰네소스를 침략했고, 기원전 361년에 만티네이아에서 다시 스파르타 군을 격파했지만 중상을 입고 전사했다.

3) 조반나 2세(Giovanna II, 1371~1435, 재위 1414~1435) : 나폴리 왕국의 여왕으로 라디슬라오(Ladislao)의 미망인. 평생동안 세 번 결혼했으며, 아라곤 및 교황과 여러 번 전쟁을 치렀다.

자신들의 야망을 성취하기 위해 목적한 지역으로 갔기 때문입니다.

정복을 하지 못한 장군은 조반니 아쿠토[4]였으며, 그의 충성심은 그가 승리를 거두지 못했기 때문에 확인할 수 없었습니다. 그러나 모든 사람들은 그가 성공했다면 피렌체는 그의 지배 하에 들어갔을 것이라는 데에 의견을 같이 합니다. 스포르차 가문은 항상 브라치오[5] 가문과 경쟁하는 관계에 있었기 때문에 각 파벌은 서로 견제하고 있었습니다. 프란체스코는 자신의 야망을 이루기 위해 롬바르디아로 갔으며 브라치오는 교회와 나폴리 왕국을 목표로 하고 있었습니다.

좀 더 최근에 일어났던 사건을 살펴보자면, 피렌체 인들은 파올로 비텔리를 장군으로 고용했는데(1498년 6월), 그는 미천한 출신에서 시작하여 커다란 명성을 얻었던 매우 유능한 인물입니다. 그가 만약 피사를 점령했었다면 피렌체는 그를 계속 고용하는 것이 당연한 일이었음은 어느 누구도 부인할 수 없을 것입니다. 왜냐하면 그가 적국의 장군으로 고용된다면 피렌체 인들은 달리 방어할 수단이 없어 궁지에 몰렸을 것이기 때문입니다. 하지만 그를 계속 고용하고 있었다면 그는 피렌체 인들 위에 군림하는 지위에 오르게 되었을 것입니다.

---

4) 조반니 아쿠토(Giovanni Acuto, 1320?~1394) : 영국 출신의 용병 대장. 본명은 존 호크우드(Sir John Hawkwood), 영국의 미천한 가정에서 태어나 도제(徒弟) 생활을 하다가 백년 전쟁에 참전하여 대공을 세우고 에드워드 3세(Edward III)로부터 경(卿)의 칭호를 받았다. 그 후 북부 이탈리아에서 백군(White company)을 조직하여 전쟁 청부업자로부터 막대한 돈을 벌어 피렌체의 귀족 비스콘티 가의 딸과 결혼했다. 피렌체에서 사망했다.

5) 브라치오 가 : 브라치오(Andrea Braccio da Monone, 1368~1424)의 가문을 가리킨다. 대대로 용병 대장이 많았다. 안드레아 브라치오 역시 이탈리아의 용병 대장으로서 페루자와 로마를 점령한 바 있으며, 프란체스코 스포르차에 대항하여 싸웠다.

## 용병으로부터 수난을 겪은 베네치아 인들

베네치아 인들이 이루어온 업적을 살펴보면 그들은 이탈리아 내륙에서 전쟁을 치르기 전에는 자국의 군대만으로 능숙하고 용맹하게 전쟁에 임해 나라는 안전했고 영광을 누렸습니다. 그런데 본토에서 전쟁을 치르게 되자 그들은 효과적인 정책을 포기하고 이탈리아의 관례를 따르기 시작했습니다. 그들이 처음에 내륙의 영토를 확장해 나갈 무렵에는 병합한 영토도 그리 많지 않았고 베네치아 인들의 명성이 드높았기 때문에 용병 장군들을 두려워하지 않았습니다. 그러나 그들이 카르마뇰라[6]의 지휘 아래 영토를 확장해 감에 따라 그들의 과오는 명백해졌습니다. 그들은 그의 지휘 아래 밀라노 대공[7]을 무찔렀기 때문에 그가 매우 유능하다는 것을 알게 된 반면 그가 마지못해 전쟁을 수행하고 있다는 점을 깨달았습니다.

그들은 그에게 전쟁에 대한 의욕이 없기 때문에 그를 이용해 정복을 계속할 수 없다고 판단했지만, 그 동안 차지한 영토를 다시 빼앗기지 않기 위해서는 그를 해고할 수도 없었습니다. 따라서 베네치아 인들은 자신들을 안전하게 지키기 위해 그를 암살할 수밖에 없었습니다.

그 후에 베네치아 인들은 베르가모의 바르톨로메오[8], 산세베리노

---

6) 카르마뇰라(Carmagnola, 1390?~1432) : 본명은 프란체스코 부소네(Francesco Bussone). 필리포 대공의 하인 출신으로, 그 후 장군이 되었으나 대공이 의심을 품자 첫 적국이었던 베네치아로 들어가 대군을 이끌고 필리포 대공을 격파했다. 이때 포로인 필리포 대공의 부하들에게 관대했다는 사실로 의심을 받아 처형되었다.

7) 밀라노 대공(Duke of Milano) : 루도비코 일 모로(Ludovico Il Moro, 1451~1508)를 가리킨다. 프란체스코 스포르차의 둘째 아들로서 1481년 정권을 장악한 뒤 1495년 프랑스에 항쟁했다가 패배하여 프랑스로 끌려가 그 곳에서 죽었다.

의 루베르토[9] 세베리노, 피틸리아노 백작[10] 등 다른 인물들을 기용했습니다. 그런데 이 장군들의 경우 베네치아 인들이 우려했던 것은 그들이 승리함으로써 반란을 일으킬 수 있는 위험이 아니라 그들이 패배하는 것이었습니다. 실로 이러한 우려는 단 한 번의 전투로 그들이 800여 년 동안 심혈을 기울여 얻었던 것을 잃게 된 바일라 전투(1509년 5월 4일)에서 나중에 현실화되었습니다. 왜냐하면 용병을 활용했을 때에는 매우 느린 속도로 그다지 중요하지 않은 영토를 얻을 수 있는 반면에 돌발적이고 놀라운 손실을 가져오기 때문입니다.

### 이탈리아에서의 용병의 역사

이러한 사례들은 오랫동안 용병들에게 약탈당했던 이탈리아에서 끌어왔기 때문에 저는 이 용병 제도에 대해 보다 상세하게 논의하고자 합니다. 용병제의 발생과 발전과정을 제대로 파악하게 되면 해결책을 구하기가 쉽기 때문입니다.

그렇다면 근래에 어떤 이유로 이탈리아에서 교황의 세속적 권력이 강해지고 황제의 권한은 박탈되면서 그 토대를 상실하게 되었는가,

8) 바르톨로메오 콜레오니(Bartolomeo Colleoni, 1400~1475) : 1454년 베네치아 군의 사령관으로 취임한 장군으로서 15세기 최고의 전략가로 평가 받는다.

9) 루베르토(Ruberto, ?~1487) : 베네치아의 장군. 페라라 전쟁에서 전공을 세우고 장군이 되었으나 오스트리아 대공인 지기스문트(Sigismund)에 대항하여 베네치아를 위해서 싸우다가 전사했다. 마키아벨리는 '이탈리아에서 가장 탁월한 장군'이었다고 격찬했다.

10) 피틸리아노 백작(Count of Pitigliano, 1442~1510) : 본명은 니콜로 오르시니(Niccolo Orsini). 베네치아의 장군으로서 1509년의 바일라 전투에 참전한 바 있고 독일의 막시밀리안 1세의 침공 때 큰 공을 세운 바 있다.

그리고 어떻게 해서 이탈리아가 많은 국가로 분열되었는가를 알아야 합니다. 왜냐하면 많은 대도시에서 황제의 지원을 받는 귀족들의 통제 하에 있던 많은 백성들이 반란을 일으켰으며, 교회가 세속적인 권력을 확장하기 위해 이러한 반란들을 조장했기 때문입니다. 그리고 그 외의 많은 도시들에서는 시민들이 군주가 되었습니다.

그로 인해 이탈리아는 주로 교회와 몇몇 공화국의 영향력 내에 속하게 되었으며 군대를 지휘해 본 경험이 거의 없는 성직자들과 새 군주들은 외국의 군인들을 고용하여 전투를 치르게 되었습니다.

로마냐 사람인 알베리고 다 코니오[11]가 처음으로 이 용병제의 중요성을 널리 알렸습니다. 그리고 당대의 실력자들인 브라치오와 스포르차의 용병을 포함한 다른 용병 세력들이 전면에 부상하게 되었습니다. 그들의 뒤를 이어 오늘날에 이르기까지 용병을 지휘하는 많은 다른 장군들이 나오게 되었습니다.

그리고 그들이 세운 혁혁한 전공의 결과, 이탈리아는 샤를 왕에게 공략당하고 루이 왕에게 약탈당했으며 페르난도 5세[12]에게 유린당

11) 알베리고 다 코니오(Alberigo da Conio, ?~1409) : 본명은 알베리고 다 바르비아노(Alberigo da Barbiano). 로마냐의 쿠니오 백작(Count of Cunio)을 말한다. 교황 우르바노 6세의 부탁에 따라 이탈리아 인으로만 구성된 성조르조 단(Compagnia di St. Giorgio)을 편성하여 엄격한 훈련을 거친 다음 여러 전투에서 승리하고 1379년에는 교황의 친위 대장이 되었다.

12) 페르난도 5세(Fernando V, 1452~1516) : 스페인의 국왕. 시칠리아(1465-1516)와 아라곤(1479~1516)을 지배할 때는 페르난도 2세라는 칭호를 사용했으며, 나폴리(1504~1516)를 지배할 때는 페르난도 3세라는 칭호를 썼고 본국에서는 페르난도 5세로 호칭된다. 신앙이 돈독하여 '가톨릭(Catholic)'이라는 별명을 얻었다. 베네치아에 대항하여 1508년에는 캉브레 동맹을 체결했으며, 독일, 프랑스, 교황과 베네치아를 분할하고 나폴리를 점령했다.

하고(샤를 8세, 루이 12세, 페르디난도) 스위스 인들에게 수모를 당하게 되었습니다.

## 안이한 전쟁 수행

용병 대장들이 사용한 방법은 다음과 같습니다. 우선 그들은 자신들의 명성을 드높이기 위해 보병을 등한시했습니다. 그들은 자신의 영토가 없으므로 고용되어야만 먹고 살 수 있는데, 소수의 보병은 자신들의 지위를 선양하는데 도움이 되지 않고, 그렇다고 대규모의 보병을 유지할 수도 없었기 때문에 그렇게 했던 것입니다. 그런 이유로 그들은 자신들의 지위를 유지하고 무엇인가 지위를 성취하는 데에 충분한 규모의 기병에 의존했습니다. 그로 인해 2만 명 규모의 군대에서 보병은 2천 명도 되지 않는 사태에 이르게 되었습니다.

더 나아가 그들은 가능한 한 모든 수단을 동원하여 자신과 병사들에게 닥칠 고난과 위험을 줄이려 했습니다. 그들은 전투에서 서로를 죽이지 않고 생포했으며 몸값을 요구하지도 않았습니다. 야간에는 도성을 공격하지 않았으며, 도성을 방어하던 용병들 역시 포위군에 대한 공격을 주저했습니다. 야영을 할 때도 그들은 방책을 쌓거나 외호를 만들어 방비하지 않았으며 겨울에는 전투를 하지 않았습니다.

이미 설명했듯이 이러한 관행들은 자신들의 고통과 위험을 피하기 위한 불문율로 허용되고 채택되었습니다. 따라서 바로 그들이 이탈리아를 노예 상태에 빠트리고 수모를 겪게 만든 것입니다.

Chapter 13

# 원군과 혼성군, 자국군에 대하여

## 원군으로부터 겪은 위험한 사례들

원군이란 군주가 외부의 강력한 통치자에게 도움을 청했을 때 그를 돕고 방어하기 위해 파견된 군대인데, 이것도 또한 용병처럼 쓸모없는 군대라고 말할 수 있습니다. 최근에 교황 율리우스는 자신의 용병 부대가 페라라 전투에서 별다른 성과를 거두지 못하자 스페인의 왕 페르난도로 하여금 자신을 도울 군대를 파견하게 함으로써 원군을 사용했습니다. 이러한 원군은 그 자체로는 유용하고 쓸모가 있겠지만, 원군을 요청하는 자에게 거의 항상 해를 끼치게 됩니다. 원군이 패배하게 되면 군주는 몰락하게 되고 그들이 승리하게 되면 그들의 볼모가 되어야 하기 때문입니다.

고대의 역사 속에서도 수많은 예들을 찾아볼 수 있겠지만, 저는 최근에 있었던 교황 율리우스 2세의 사례를 논하고자 합니다. 그의 결정은 너무나 성급했다고 평가할 수밖에 없습니다. 그는 페라라를 얻기 위해 자신을 외국인의 손아귀에 완전히 내맡겼던 것입니다.

하지만 운이 좋았던 그는 그릇된 선택의 결과를 감당하지 않을 수 없었습니다. 왜냐하면 그의 원군이 라벤나에서 패주했지만(1512년 4월 11일), 율리우스 교황은 물론 모든 사람들의 예상을 뒤엎고, 스위스가 거병하여(1512년 5월 말경) 정복자(프랑스 군대)를 몰아냈던 것입니다. 그로 인해 교황은 패주해 버린 적군의 포로가 되지 않을 수 있었으며, 또한 자신의 원군이 승리한 것이 아니었기 때문에 그들의 손아귀에 놓이는 상황에 빠지지도 않았습니다.

또한 전혀 무장이 되어 있지 않았던 피렌체는 피사를 차지하기 위해 1만 명의 프랑스 병력을 끌어들였습니다. 이 정책으로 인해 피렌체는 역사상 자신들이 겪었던 그 어떤 고난보다 더 위험한 시련을 맞이해야 했습니다.

마찬가지로 콘스탄티노플 황제[1]는 동족인 그리스 세력들과 싸우기 위해 1만 명의 투르크 병력을 유치했는데, 전쟁이 끝난 후에도 투르크 군대는 돌아가려 하지 않았으며, 그것을 발단으로 해서 그리스에 대한 이교도의 지배가 시작되었습니다(콘스탄티노플이 함락된 1453년에 완성되었다).

1) 콘스탄티노플 황제 : 요한네스 6세(Johannes VI Cantacuzenus, 1292~1383, 재위 1347~1355)를 가리킨다. 동로마 제국의 황제. 투르크의 원군으로 참주(僭主)가 되었으나 선왕군의 반격을 받고서는 퇴위, 수도사가 되어 역사 저술에 몰두했다.

### 원군으로는 진정한 승리를 얻을 수 없다

그러므로 정복을 원치 않는 군주만이 원군을 이용해야 합니다. 원군은 용병보다 훨씬 더 위험하기 때문에 지원군을 끌어들이는 것은 파멸하는 것이나 다름없습니다.

원군은 결속된 세력이며 요청한 군주가 아닌 타인의 명령에만 복종합니다. 그러나 용병의  경우에는 승리를 거둔 후에도 군주를 해치는 입장에 처하기까지는 시간이 꽤 걸리고 보다 더 좋은 기회도 필요로 합니다. 용병의 경우 군주에 의해 고용되고 보수를 받기 때문에 결속된 모습을 보이지 못합니다. 또한 군주가 그들의 지도자로 임명한 외부 인물은 군주에게 해를 입힐 정도의 권위를 단시간 내에 구축할 수 없습니다. 간단히 말하자면 용병의 경우에는 그들의 비겁함이나 전투를 기피하는 태도가 위험하고, 원군의 경우에는 그들의 능숙함과 용기가 더 위험합니다.

### 자신의 군대를 완벽하게 장악한 체사레 보르자

현명한 군주는 항상 이런 형태의 군대를 쓰는 것을 피하고 자신의 백성들로 구성된 군대를 양성합니다. 그들은 외국의 군대를 이용해 정복하는 것보다 차라리 자신의 군대로 패하는 것을 택합니다. 왜냐하면 그들은 외국 군대를 이용해 얻은 승리는 진정한 승리가 아니라고 평가하기 때문입니다.

그 좋은 예로써, 저는 주저하지 않고 체사레 보르자의 업적을 추천합니다. 공작은 프랑스 병사만으로 구성된 원군을 끌어들여 로마냐를 침공했으며 그들과 함께 이몰라와 포를리를 점령했습니다(1499년 11월과 1500년 1월 사이에). 그러나 뒤늦게 용병을 기용했습니다. 용병이 덜 위험하다고 판단했기 때문에 오르시니 파와 비텔리 파의 용병들을 고용했던 것입니다. 그러나 그들의 가치나 충성심이 의심스럽다고 판단되자, 그는 그들을 해체한 뒤에 자신의 사람들로 구성된 군대를 편성했습니다.

이 세 종류의 군대의 차이는 공작이 프랑스 군대를 사용했을 때와 오르시니 파 및 비텔리 파의 군대를 사용했을 때, 그리고 자신의 군대를 키워 군사적으로 자립했을 때 그가 누렸던 명성을 비교해 보면 명백히 드러납니다. 그가 자신의 군대를 완벽히 장악하고 있음을 보았을 때 그는 더 높은 명성을 떨치게 되었으며, 그 어느 때보다 존경을 받았습니다. 가장 높게 평가했다는 것을 알 수 있습니다.

### 히에론과 다윗의 사례들

저는 이탈리아에서 최근에 일어났던 사례들만 인용하려 했지만, 그럼에도 불구하고 시라쿠사의 히에론의 경우를 앞에서 이미 언급했기 때문에 그의 일화를 빼놓을 수가 없습니다. 이 인물은 앞서 언급했듯이 시라쿠사 인들이 그를 군대의 장군으로 임명된 후 그는 그 용병들이 우리 이탈리아의 용병과 비슷한 부류의 무용한 부대라는 것을 즉각 깨달았습니다. 그리고 그로서는 그 부대를 유지할 수도 없고 또한 해체할 수도 없었으므로 그들을 모두 참살했습니다. 그리고 나서 그는 외국군의 지원 없이 자기 자신의 병력만으로 전쟁을 수행했습니다.

저는 또한 이러한 문제에 적용할 수 있는 적절한 예를 구약성서(열왕기상)에서 살펴보고자 합니다. 다윗이 팔레스타인의 용사 골리앗과 싸우겠다고 제의했을 때 사울은 용기를 북돋아 주기 위해 다윗에게 자신의 무기와 갑옷을 내주었습니다. 그러나 그것을 한 번 사용해 본 다윗은 제대로 사용할 수 없기에 자신의 투석기와 단검으로 상대하겠다고 말하면서 사양했습니다. 간단히 말하자면, 남이 쓰던 무기와 갑옷은 자신에게 잘 맞지 않거나 부담이 되거나 아니면 움직임을 제약할 뿐입니다.

### 용병을 쓰면서 프랑스가 저지른 어리석음

루이 11[2]세의 부친인 샤를 7세[3]는 자신의 행운과 용맹에 의해서 프랑스를 영국으로부터 해방시킨 후, 자신의 군대를 육성할 필요가 있다는 것을 깨닫게 되어 기병과 보병을 징병하는 법령을 확립했습니다. 훗날 그의 아들 루이 왕은 보병을 폐지하고 스위스 군을 고용하기 시작했습니다.

이 커다란 실수는 이제 와서 명백해진 또 다른 실수들과 결부되어

2) 루이 11세(Louis, 1423~1453, 재위 1461~1483) : 프랑스의 국왕. 1482년에 아라스 조약을 체결하여 부르고뉴, 앙주(Anjou), 멘(Maine), 프로방스(Provence) 등을 병합하여 프랑스의 절대군주체제를 확립했으며, 우편 제도의 창설과 민병 제도의 확충 등 내정에도 획기적인 업적을 남겼다.

3) 샤를 7세(Charles VII, 1403~1461, 재위 1422~1461). 프랑스의 국왕. 백년 전쟁에 승리하여 전승왕(戰勝王, The Victorious)이라는 칭호를 들었다. 칼레(Calais)를 제외한 프랑스의 구강(舊疆)을 회복하고 영국과 화친했으며 노르망디를 탈환했다(1450). 그의 정치적 배후에는 정부(情婦) 소렐(Agries Sorel)의 조언이 크게 작용한 것으로 유명하다.

프랑스 왕국을 현재와 같은 위기 상황으로 몰아넣었습니다. 스위스 군대의 입장을 강화시킴으로써 결과적으로 그는 나머지 군대의 사기를 떨어뜨렸습니다. 왜냐하면 그는 보병을 해체하고 그의 기병을 외국 군대에 의존하도록 만들었기 때문입니다. 스위스 보병과 연합하여 싸우는데 익숙해진 기병들은 그들 없이는 정복도 할 수 없다고 생각하는 지경에 이르렀기 때문입니다. 그 결과 프랑스 군은 스위스 군보다 열등한 지위에 놓이게 되었고, 스위스 군 없이는 적 앞에 허약한 모습으로 나타나는 지경에 처했습니다.

이처럼 프랑스의 군대는 용병과 자국군이 섞여 있는 혼성군이 되었습니다. 그러한 방식으로 구성된 혼성군은 순수한 원군이나 용병 부대보다는 훨씬 낫기는 하지만 순수한 자국군에는 비할 바가 못됩니다. 이러한 예에서 알 수 있듯, 만약 샤를 왕이 제정해 놓은 모병제를 발전시켰거나 적어도 그대로 유지라도 했었다면 프랑스 왕국은 무적이 되었을 것입니다. 그러나 인간은 판단력이나 선견지명이 부족하기 때문에 제가 앞에서 소모성 열병에 대해 언급했던 것처럼 보이는 정책을 그 속에 감추어져 있는 독성(숨겨진 결함)을 구분해 내지 못하고 실행에 옮깁니다.

따라서 독성이 퍼지기 전인 초기 단계에 그것을 간파 못하는 군주는 현명하다고 말할 수 없으며, 이러한 재능은 소수만이 갖추고 있을 뿐입니다.

로마 제국이 쇠퇴하게 된 초기 원인을 검토해 보면, 고트 족을 용병으로 활용하면서 비롯되었음을 알 수 있을 것입니다. 왜냐하면 그 정책이 로마 제국의 힘을 약화시키기 시작했기 때문입니다. 그리고 거기에서 유출된 모든 활력을 고트 족이 흡수했던 것입니다.

### 자신의 군대가 없는 군주는 결코 안전하지 못하다

결론적으로 자기 군대가 없으면 어떤 군주국이든 절대 안전할 수 없습니다. 오히려 위기가 닥쳤을 때 자신을 방어할 힘이 없기 때문에 오직 행운에만 의존해야 합니다. '자신의 힘에 기반을 두지 않는 권력의 명성만큼 취약하고 불안정한 것은 없다'는 것이 현명한 사람들의 판단이며 믿음입니다.

그리고 자신의 군대란 자신이 통치하는 국가의 백성이거나 시민, 혹은 부하들로 구성된 군대를 말하는 것이며, 그 외의 경우는 모두 용병이거나 원군입니다.

자신만의 무력을 조직하는 올바른 방법은 앞서 인용했던 네 사람(체사레 보르자, 히레론, 샤를 7세 및 다윗)의 경우를 검토하고, 알렉산드로스 대왕의 부친인 필리포스를 비롯한 다른 많은 통치자들과 공화국들이 자신들의 국가를 무장하고 조직한 방법을 이해하면 쉽게 포착할 수 있습니다. 그들이 사용한 방법은 전적으로 믿을 만합니다.

Chapter 14

# 군주는 군사에 관해 어떻게 처신해야 하는가

## 전쟁은 군주의 직업이다

군주는 전쟁과 관련된 전술 및 군사 훈련 외에는 그 밖의 어떤 일이든 목표로 삼거나 관심을 가져서는 안 되며 또 몰두해서도 안 됩니다. 전쟁과 관련된 것이야말로 통치자에게 어울리는 유일한 예입니다. 이러한 예는 세습 군주로 하여금 그 지위를 보존할 수 있도록 해 줄 뿐만 아니라 종종 일개 시민을 군주로 만들 만큼 효과적인 것입니다.

반면에 군주가 군대와 관련된 일보다 사치스러운 일에 더 몰두하게 되면 그 지위를 잃게 되는 것은 명백한 일입니다. 그렇게 되는 가장 주요한 원인은 군사를 소홀히 한 탓이며, 권력을 얻는 이유는 군사에 정통해 있는 덕분입니다.

프란체스코 스포르차는 무력을 가졌기 때문에 일개 시민에서 밀라노의 군주가 되었습니다. 반면에 그의 아들들[1]은 군사를 소홀히 했기 때문에 군주의 지위에서 일개 시민으로 전락했습니다.

**프란체스코 스포르차**(Francesco Sforza 1401-1466)

군주는 다른 어떤 나쁜 요인들보다 무력을 제대로 갖추지 못했을 때 경멸당하게 됩니다.

앞으로 언급하게 되겠지만, 이러한 상황은 군주 스스로 경계해야만 할 수치스러운 일 중의 하나입니다. 무력을 갖춘 자와 그렇지 못한

---

1) 프란체스코 스포르차에게는 두 아들이 있었는데, 큰아들 갈레아초 마리아는 1476년에 살해당했으며, 둘째 아들 루도비코는 프랑스의 루이 12세에게 패한 후 프랑스에 인질로 잡혀가 그곳에서 죽었다.

자 사이에는 엄청난 차이가 존재하기 때문입니다. 무력을 갖추고 있는 자가 그렇지 못한 자에게 기꺼이 복종하거나, 무력을 갖추지 못한 자가 무력을 갖춘 하인들(군인들) 사이에서 안전하기를 기대할 수는 없습니다. 무력이 없는 자는 줄곧 의심을 품고 두려워할 것이며, 무력을 갖춘 자는 줄곧 경멸할 것이기 때문에 그들이 함께 어떤 일을 잘 해 나갈 수는 없습니다.

따라서 이미 언급했던 다른 불리한 점 외에도 군사 업무에 정통하지 못한 군주는 자신의 병사들로부터 존경받지 못하게 될 것이며, 그도 또한 그들을 신뢰하지 못하게 됩니다.

### 평화로운 시기에 준비해야 할 일들

그러므로 군주는 항상 군사에 관심을 가져야 하며 평화시에도 전시보다 더 관심을 가져야 합니다. 이러한 준비에는 두 가지 방법이 있는데, 그 하나는 실제 훈련을 하는 것이고 다른 하나는 연구를 하는 것입니다. 훈련에 관해서 말하자면 군대의 기강을 잡고 훈련시키는 것 외에도 군주는 평소에 자주 사냥을 떠나 신체를 단련하고 동시에 지형을 익혀야 합니다. 즉 강과 늪의 특징은 물론이고 산은 어떻게 솟아 있고 계곡은 어떻게 전개되며 평원은 어떻게 펼쳐져 있는가를 알고 있어야만 합니다. 군주는 이러한 사안에 많은 관심을 가져야 합니다.

이러한 실제적인 지식들은 두 가지 면에서 매우 유용합니다. 첫째, 자신이 다스리고 있는 국가에 대해 잘 알게 되므로 어떻게 방어해야 할 것인지를 더욱 확연히 알 수 있으며, 둘째, 지형에 대한 지식과 경험을 바탕으로 군주는 처음으로 마주치게 되는 지역의 지형에 대해서도 쉽게 파악할 수 있게 됩니다.

예를 들어, 토스카나에 있는 언덕과 골짜기, 평원, 강 그리고 늪지는 여러 가지 면에서 다른 지역에서 발견되는 것들과 비슷하기 때문입니다. 그러므로 어느 지역의 지형을 잘 알고 있으면 다른 지역의 지형에 친숙할 수 있습니다. 이러한 전문지식을 결여한 군주는 장군이 갖추어야 자질을 갖추지 못한 것입니다. 왜냐하면 군주는 그러한 지식을 전쟁에 유리한 방법으로 사용하여 적을 추적하고 적절한 주둔지를 물색하고 군대를 이끌고 나아가 진격시키고, 전투를 준비하며, 요새나 요새화된 도시를 포위할 수 있기 때문입니다.

역사가들이 아카이아의 군주였던 필로포이멘[2]에게 찬사를 보냈던 이유 중 한 가지는 그가 평화로운 시기에도 언제나 전쟁 수행 방법에 대해 생각했다는 점입니다. 그는 측근들과 야외에 나갔을 때도 종종 발걸음을 멈추고 다음과 같은 질문을 던지곤 했습니다.

“적군이 저 언덕 위에 있고 우리 군대는 이 곳에 있다면 누가 더 유리할 것인가? 우리가 대형을 흐트러뜨리지 않으면서 공격할 수 있을까? 만약 우리 군이 퇴각하려면 어떻게 해야 하는가? 만약 적군이 퇴각한다면 어떻게 추격해야 하는가?”

---

2) 필로포이멘(Philopoimen, 기원전 253?~182) : 아키이아 연맹을 영도한 그리스의 명장으로서 ‘마지막 그리스 인’이란 평을 듣는다. 셀라시아 전투(기원전 222~221)에서 큰 공을 세우고 대장군이 된 후에는 연맹군의 군장(軍裝)과 군기(軍紀)를 크게 진작시켰으며, 스파르타의 독재자 나비스를 격파했으나 메시나 전투에서 포로가 되어 처형되었다.

그는 그들에게 자신의 군대가 처할 수 있는 모든 상황을 제시하곤 했습니다. 그들의 의견을 듣고 나름대로의 이유를 제시하며 자신의 의견을 밝혔습니다. 이러한 지속적인 토론이 있었기 때문에 그는 자신의 군대를 이끌 때, 어떤 시련도 극복할 수 있었습니다.

## 과거의 위대한 인물을 모방한 군주들

지적인 훈련으로 군주는 역사서를 읽어야 하며, 그 중에서도 위대한 인물들의 행적을 연구하기 위해서 노력해야 합니다. 그들이 전쟁을 수행한 방법을 터득하고 실패를 피하고 성공을 이루기 위해 그들의 승리와 실패의 원인을 검토하며, 무엇보다도 우선 위대한 인물들을 모방해야 합니다. 과거의 위대한 인물들도 역시 찬양과 영광을 받을 가치가 있다고 생각되는 그들의 선임자들을 모방하고자 했습니다. 이미 알려져 있듯이 알렉산드로스 대왕은 아킬레우스[3]를 모방했으며, 카이사르[4]는 알렉산드로스 대왕을 모방했으며, 스키피오[5]는 키루스[6]를

3) 아킬레우스(Achilleus) : 그리스 신화의 영웅. 호메로스의 일리아드(Illiad)에 나오는 가장 중요한 인물로 트로이 전쟁에서 대승을 거두었다. 불사신이었지만, 오직 발뒤꿈치에 치명적인 급소가 있었다.

4) 카이사르(Julius Caesar, 기원전 100~44) : 로마의 군인이며 정치가. 기원전 60년에 삼두정치를 이룩하고 기원전 48년에 종신집정관(終身執政官)이 되었으나 원로원의 시기를 받아 피살되었다.

5) 스키피오(Scipio, 기원전 236~183) : 로마의 군인이며 정치가. 새로운 전술을 개발하고 무기를 개량하여 기원전 202년에 자마 전투에서 카르타고의 한니발을 섬멸하여 국민적 영웅으로 추앙을 받았다.

6) 소(小)키루스(Cyrus the Younger, 기원전 423~401) : 페르시아 아케메네스 왕조의 왕자로서 펠로폰네소스 전쟁에서 활약했으며, 형 아르타크세르크세스와 왕위를 다투다가 패배했다.

모방했습니다. 크세노폰[7]이 기록한 아나바시스(Anabasis)를 읽어 본 사람이라면 누구나 스키피오가 그러한 모방으로 인해 영광된 삶을 맞이했음을 알 수 있을 것입니다. 그리고 스키피오의 성적인 절제, 선의 인간미, 관대함이 얼마나 많이 키루스의 성품을 모방함으로써 얻게 된 것인지를 알아차릴 수 있을 것입니다.

현명한 군주는 언제나 이와 같이 행동하며 평화로운 시기라 해도 게으름을 피우지 않고 그러한 활동을 부지런히 계속해 자신의 역량을 확대시켜 역경에 처했을 때에 대비합니다. 그렇게 하면 운명이 변하게 될지라도 그는 운명을 견딜 수 있게 될 것입니다.

7) 크세노폰(Xenophon, 기원전 431~350) : 그리스의 역사가이자 수필가이며 전사(戰士). 청년 시절에는 소크라테스와 사귀다가 후에는 페르시아의 소(小)키루스를 섬겼다.

• • •

Chapter **15**

# 인간, 특히 군주가 칭송이나 비난받게 되는 일들

## 윤리적인 공상과 엄연한 현실

이제 군주가 자신의 백성들과 동맹 관계에 있는 사람들에게 어떤 식으로 행동해야 마땅한 지에 대해 논의하겠습니다. 저는 많은 사람들이 이 문제에 관한 글들을 남겼다는 것을 잘 알고 있는데, 제가 말하고자 하는 바가 그들이 제안한 원칙과 크게 다르기 때문에 혹시 건방지다고 여기시지 않을까 하는 걱정이 앞서기도 합니다.

하지만 이 문제를 적절히 이해할 수 있는 모든 사람들에게 도움이 될 수 있도록 하자는 것이 저의 의도이기 때문에, 이론이나 사변보다는 사물의 실체적인 진실을 추구하는 것이 낫다고 생각합니다.

왜냐하면 그 동안 많은 사람들이 현실에서는 결코 존재한 것으로 알려지거나 목격된 적이 없는 공화국이나 군주국을 상상해 왔기 때문입니다(플라톤의 「국가」 및 지배자의 이상과 의무를 강조한 고대의 저술가들을 지칭하고 있다.).

그러나 '인간이 어떻게 사는가'와 '인간이 어떻게 살아야만 하는가'는 분명히 다른 문제이기 때문에, 일반적으로 해야만 되는 일을 등한히 하는 군주는 권력을 보존하기보다는 잃게 되기가 십상입니다. 언제나 선하게 행동해야 한다고 주장하는 사람이 많은 무자비한 사람들에게 둘러싸여 있다면 그의 몰락은 불가피합니다. 따라서 자신의 지위를 유지하고자 하는 군주는 필요하다면 부도덕하게 행동할 태세가 되어 있어야 합니다.

## 군주가 추구해야 할 성품과 피해야 할 평판

그러므로 저는 군주의 처신에 있어 일어날 수 있는 것을 제쳐두고 현실에서 일어나는 일들에 대해 논의하도록 하겠습니다. 사람들은, 특히 보다 높은 지위에 있는 군주들을 논할 때 그들은 다음과 같은 성품이 있다고 칭송받거나 비난받게 된다고 말할 수 있습니다. 즉 어떤 사람은 인심이 후하고 다른 어떤 사람은 인색하다는 평을 받습니다.

즉, 잘 베푸는 사람과 탐욕적인 사람, 잔인한 사람과 자비로운 사람, 신의가 없는 사람과 충직한 사람, 여성적이고 나약한 사람과 단호하고 기백이 있는 사람, 친절한 사람과 오만한 사람, 음탕한 사람과 정결한 사람, 강직한 사람과 교활한 사람, 까다로운 사람과 편안한 사람, 진지한 사람과 경솔한 사람, 신앙심이 있는 사람과 믿음이 없는 사람 등과 같은 평가를 받게 되는 것입니다.

군주가 앞에서 언급한 것들 중에서 좋다고 여겨지는 성품들을 모두 갖추고 있다면 그야말로 가장 바람직한 일이라고 모든 사람들이 그것을 기꺼이 인정할 것이라는 점을 저는 잘 알고 있습니다. 그러나 인간이 지니고 있는 조건으로 이러한 성품을 모두 갖춘다는 것은 가능하지도 않고 상황이라는 것이 전적으로 유덕한 삶을 영위하는 것을 용납하지 않기 때문에 신중한 사람이라면 자신의 권력 기반을 파괴할 법한 악덕으로 악명을 떨치는 것을 피하고, 또 정치적으로 위험을 초래하지 않는 악덕들까지도 가급적이면 피하도록 노력해야 할 것입니다.

그러나 만약 그렇게 할 수 없다면, 그러한 악덕에 대해 과도하게 걱정할 필요는 없습니다. 그리고 더 나아가 그러한 악덕 없이 자신의 지위를 유지할 수 없다면 그로 인해 발생하는 나쁜 평판에 대해 개의치 말아야 할 것입니다.

왜냐하면 모든 것을 신중히 따져볼 때, 얼핏 미덕으로 보이는 어떤 일을 실행하면 파멸을 도래하게 되는 반면, 악덕으로 보이는 다른 일을 하는 것이 결과적으로 자신의 입장을 강화시키고 번영을 가져오는 경우가 있기 때문입니다.

• • •

Chapter 16

# 관대함과 인색함에 대하여

## 관대하다는 평판을 추구하는 데에 따르는 위험

앞에서 언급한 성품들 중에서 첫 번째 것에 대해 논한다면 저는 관대하다고 생각되는 것이 바람직한 일이지만, 그럼에도 불구하고 관대한 처신을 통해 좋은 평판이 생기지 않는다면 그것은 오히려 군주에게 해롭다고 주장하겠습니다. 왜냐하면 당신이 만약 그 덕을 있는 그대로 실천한다면 그것은 알려지지 않을 것이며, 도리어 악덕(인색함)을 실천한다는 비난을 면치 못할 것이기 때문입니다.

반대로 관대하다는 평판을 얻고자 한다면 사치스럽고 과시적으로 돈을 써야 할 것입니다. 그러나 군주는 그렇게 함으로써 불가피하게 자신이 지니고 있는 모든 자원을 자기 과시를 위해 다 소모해 버리게 될 것입니다. 따라서 계속해서 관대하다는 명성을 유지하고 싶어하는 군주는 결국 과도한 세금과 자금 축적을 위한 모든 수단을 다 동원하여 백성들에게 부담을 주게 될 것입니다. 또한 이러한 일들로 인해 군주는 백성들에게 미움을 받게 되는데 그렇다고 해서 군주가 가난해지면 어느 누구 하나도 그를 거들떠보지 않을 것입니다.

따라서 자신의 관대함으로 인해 피해를 입는 사람은 많고, 이익을 얻는 사람은 거의 없기 때문에 군주는 사소한 곤경을 당해도 흔들리게 되며 작은 위험만으로도 위기를 겪게 될 것입니다. 또한 이 점을 깨달은 군주가 처신을 바꾸어 버린다면, 즉시 인색하다는 비난을 받게 될 것입니다.

### 적을 방어할 수 있다면 인색하다는 평판을 두려워하지 마라

그러므로 군주는 자신에게 해를 끼치지 않으면서 관대함이라는 미덕을 정직하게 실천하는 것은 불가능하므로, 그가 사려 깊은 사람이라면 인색하다는 평판을 얻어도 괘념하지 않을 것입니다.

시간이 흐름에 따라 그는 점점 더 관대하다는 인상을 받을 것입니다. 왜냐하면 군주가 그 동안 근검절약한 덕분에 그의 수입만으로도 자조하기에 충분하고, 도전해 오는 무리들로부터 자신을 보호할 수 있을 뿐만 아니라 백성들에게 과도한 부담을 안기지 않고서도 자신의 과업을 수행할 수 있다는 사실을 백성들이 알아주게 될 것이기 때문입니다. 그로 인해 군주는 재산을 보존하게 된 수많은 사람들로부터 관대하다는 평판을 듣게 되는 것이고, 아무것도 베풀어 주지 않았던 소수의 사람들로부터는 인색하다는 평을 듣게 되는 것입니다.

우리 시대에 이처럼 위대한 업적을 남긴 사람들은 모두 인색하다는 평판을 들었습니다. 그렇지 않은 사람들은 실패했습니다.

교황 율리우스 2세는 교황의 자리에 오르기 위해 관대하다는 평판을 키웠습니다. 그러나 교황이 된 후에 그는 전쟁을 준비하기 위해 더 이상 그러한 평판을 유지하려고 애쓰지 않았습니다. 지금의 프랑스 왕(루이 12세)은 오랫동안 검소한 생활을 통해 추가되는 전쟁 경비를 충당할 수 있었으므로 백성들에게 특별세를 부과하지 않고 많은 전쟁을 수행했습니다. 만약 지금의 스페인 왕이 관대하다는 평을 받고 있었다면 그토록 많은 전투를 성공적으로 수행하지 못했을 것입니다.

루이 12세(Louis XII, 1462-1515)

## 관대함을 드러내는 현명한 방법

그러므로 현명한 군주는 백성들의 재산을 빼앗지 않기 위해서, 자신을 지킬 수 있기 위해서, 가난해져 멸시당하지 않기 위해서, 그리고 탐욕적이 되지 않기 위해서, 인색하다는 평판을 듣는 것을 대수롭지 않게 생각합니다. 인색함이야말로 그로 하여금 통치를 할 수 있게 하는 악덕들 중의 한 가지이기 때문입니다.

카이사르는 관대함을 통해 권력을 얻었고, 그 외의 많은 다른 사람들 역시 관대했거나 관대하다는 평판을 받았기 때문에 높은 지위에 올랐다고 반박하는 사람이 있을 수 있습니다. 그것에 대해서 저는 이미 군주가 된 경우와 군주가 되려고 노력하는 과정에 있는 경우에 따라 다르다고 대답할 것입니다.

전자의 경우에 관대한 것은 해로우며, 후자의 경우엔 관대하다는 평을 받는 것이 매우 필요합니다.

카이사르는 로마에서 권력을 추구하던 사람들 중의 하나였습니다. 그러나 군주가 된 이후에 그가 생존했어도 씀씀이를 절제하지 않았다면 권력을 잃고 말았을 것입니다.

그리고 만약 관대하다는 평을 받았던 군주들이 자신의 군대를 거느리면서 위대한 업적을 남긴 경우가 많았다고 다시 반박하는 사람이 있다면, 저는 군주가 백성들의 재산을 쓰는 경우와 타인의 재산을 쓰는 경우와는 서로 다르다고 대답할 것입니다.

자신과 백성들의 재산을 쓰는 경우라면 인색해야 하며, 타인의 재산을 쓰는 경우라면 자신의 관대함을 드러내는 데에 주저함이 없어야 합니다. 군주는 전리품과 약탈품, 그리고 포로의 배상금 등 타인의 재물을 통해 자신의 군대를 이끌어가고 유지하므로 넉넉한 씀씀이가 필요합니다. 그렇지 않으면, 병사들이 따르지 않을 것이기 때문입니다.

군주는 키루스, 카이사르 그리고 알렉산드로스가 그랬던 것처럼 자신이나 백성들의 것이 아닌 재물로는 마음껏 베풀어도 됩니다. 왜냐하면 타인에게 속하는 것을 후하게 주는 것은 결코 군주의 평판을 떨어뜨리는 것이 아니라, 오히려 드높이는 것이기 때문입니다. 자신의 재산을 함부로 주는 경우만이 군주에게 해악을 끼치는 것입니다.

### 관대함은 자기 소모적이다

관대함만큼 자기 소모적인 것은 없습니다. 관대함을 실천함에 따라서 그것을 실행할 능력을 잃게 됩니다. 그것을 실천하게 되면 군주는 가난해지거나 경멸당하게 될 것이며, 혹은 가난을 피하기 위해 탐욕적이 되고 미움을 받게 될 것입니다.

군주는 다른 그 무엇보다 경멸이나 미움을 받게 되는 것을 경계해야 하는데, 관대함은 군주를 이 두 가지 길로 이끌어갈 것입니다. 따라서 비난은 받겠지만 미움이 섞이지 않은 인색하다는 평판을 얻는 것이 더욱 현명한 방책입니다. 그것이 관대하다고 생각되기 위해서 결국 비난은 물론 미움까지 받게 되는, 탐욕스럽다는 평판을 얻게 되는 입장에 봉착하는 것보다는 더 낫습니다.

• • •

Chapter 17

# 잔인함과 인자함, 사랑받는 것과 두려움의 대상이 되는 것 중 어느 편이 더 나은가

## 현명한 잔인함은 진정한 자비이다

앞에서 언급되었던 다른 성품들에 대해 논의하자면, 저는 모든 군주들은 누구나 잔인하다기보다는 인자하다고 생각되기를 더 원해야 한다고 주장합니다. 그럼에도 불구하고 이러한 인자함이 오용되지 않도록 주의해야 합니다.

체사레 보르자는 잔인하다는 평을 들었지만, 그의 혹독함에 의해 로마냐의 질서는 회복되고 통일됐으며, 평화롭고 충성받는 위치로 바꾸었습니다.

이러한 면을 꼼꼼히 살펴본다면, 가혹하다는 평판을 피하기 위해 피스토이아[1]의 붕괴를 방치해 둔 피렌체 인들보다 그가 훨씬 더 자비로웠다는 사실을 알 수 있을 것입니다.

그러므로 군주는 자신의 백성들을 통일시키고 그들이 충성을 바치도록 하는 과정에서 잔혹하다는 비난이 일더라도 마음이 흔들려서는 안 됩니다. 도에 넘친 인자함을 보임으로써 끝없는 혼란한 상태가 지속되어 백성들로 하여금 약탈과 파괴를 야기하는 군주보다는 가끔 가혹한 행위를 하는 군주가 훨씬 더 진정한 의미로서의 자비로운 군주가 될 수 있기 때문입니다. 도에 넘친 인자함은 모든 사람들에게 해를 끼치지만, 군주의 명령에 의한 처형은 특정한 개인에게만 해를 끼칠 뿐입니다. 신생국의 군주는 잔인하다는 평판을 듣는 것이 불가피합니다. 왜냐하면 신생국에는 위험이 가득차 있기 때문입니다. 그러므로 베르길리우스[2]는 디도의 입을 빌어 자신의 통치가 가혹했던 것에 대해 변명했습니다.

> 나의 뜻, 나의 운명과는 어긋나게도
> 왕관을 불안하고 창업은 일천(日淺)하구나.
> 내 나라의 어려운 환경과 생소함은
> 나로 하여금 그런 일을 하게 하네.
> 내 방토(邦土)의 곳곳을 살필지니라.

---

1) 피스토이아(Pistoia) : 피렌체 북서쪽에 있는 도시. 이 도시는 칸첼리에리 가와 판키아티치 가의 이권 쟁탈지였으며, 두 가문은 1502~1503년의 폭동으로 파괴되었다.

2) 베르길리우스(Publius Bergilius Maro, 기원전 70~19) : 로마의 시민. 만토바에서 태어나 로마에서 생활하면서 옥타비아누스(Octavianus, 기원전 63~14)의 후의를 받았다.

베르길리우스(Publius Vergilius Maro, BC 70-BC 19)

## 사랑받는 것보다 두려움의 대상이 되어야 한다

동시에 군주는 믿음을 갖고 실천하는 것에 주의를 기울여야 하며 자신을 두려운 존재로 만들어서도 안 됩니다. 군주는 신중함과 자비가 적절히 안배된 태도로 처신해야만 합니다. 그렇게 하면서 지나친 확신으로 인해 경솔해지거나 지나친 의심으로 인해 자신을 감당할 수 없도록 만들어서도 안 됩니다.

바로 여기에서 한 가지 의문이 제기됩니다. '사랑받는 것과 두려움의 대상이 되는 것 중 어느 것이 더 좋은가, 아니면 그 반대인가'라는 것입니다.

군주는 사랑도 받고 두려움의 대상도 되는 것이 바람직하다고 생각합니다. 하지만, 두 가지를 조화시키는 것은 어려운 일이기 때문에 하나를 선택해야 한다면, 사랑을 받는 것보다 두려움의 대상이 되는 것이 더 군주를 편하게 해 준다는 점을 강조하는 바입니다. 왜냐하면 일반적으로 인간은 은혜를 모르는 변덕스럽고 위선적이며 비겁하고 탐욕스럽기 때문에 군주가 자신들에게 이익이 되는 한 그들은 모두 전하의 편입니다. 앞서 말한 것처럼 그들은 위험이 닥치지 않았을 때는 군주를 위해 피 흘리고 재산과 생명을 내놓으며 자식마저도 바칠 것입니다.

그러나 그것은 군주에게 그런 것들이 필요치 않게 보일 때만 그렇지 막상 군주에게 위험이 닥치면 그들은 배신하게 됩니다. 그러므로 전적으로 그들의 약속을 권력의 기반으로 삼고 다른 방비책을 마련해 두지 않은 군주는 멸망합니다.

왜냐하면 위대하고 고결한 정신에 의한 것이 아니라 돈으로 얻게 된 우정은 가졌다고 뽐낼 만한 것이 못되며 막상 그 우정이 필요할 때는 그것을 얻을 수 없기 때문입니다.

### 두려움의 대상이 되어야 하는 이유

인간은 사랑하는 자를 해칠 때보다 두려워하는 자를 해칠 때 더 주저합니다. 왜냐하면 사랑이란 일종의 의무감에 의해 유지되는 것인데 인간은 지나치게 이해 타산적이어서 자신들의 이익을 위해서라면 언제라도 자기를 사랑한 자를 저버리기 때문입니다. 그러나 두려움은 처벌에 대한 공포에 의해 유지되므로 항상 효과가 있습니다.

따라서 군주는 자신을 사랑받지는 못한다 해도 미움을 받지 않으면서 두려워하도록 만들어야 합니다. 미움을 받지 않고 두려움의 대상이 되는 것은 전적으로 가능하기 때문입니다.

군주가 백성과 신하들의 재산과 부녀자들에게 손을 대지 않는다면 항상 그런 상태를 유지할 수 있습니다. 만약 누군가를 처형해야 한다면 적절한 명분과 명백한 이유가 있을 때에만 그렇게 해야 합니다.

그리고 무엇보다 타인의 재산에 손을 대서는 안 됩니다. 인간은 부모를 죽인 원수는 쉽게 잊어도 물려받은 유산을 빼앗아간 사람은 좀처럼 잊지 못하기 때문입니다. 게다가 남의 재산을 빼앗을 명분은 무궁무진합니다. 약탈을 일삼는 사람은 언제라도 타인의 재산을 빼앗기 위한 핑계를 찾아낼 수 있습니다. 그 반면에 목숨을 빼앗아야 할 이유는 훨씬 더 드물고 덧없는 것입니다.

## 장군은 잔인해야 한다

그러나 군주는 자신의 군대와 함께 있거나 많은 병력들을 지휘하고 있을 때 잔혹하다는 세평에 괘념하면 안 됩니다. 왜냐하면 잔혹하다는 세평을 듣지 않고는 군대를 통합할 수 없으며 전투에 대한 준비도 시킬 수 없을 것이기 때문입니다.

한니발[3]의 뛰어난 공적들 중 특히 주목할 만한 사실은 그가 비록

3) 한니발(Hannibal. 기원전 247~183) : 카르타고의 영웅. 하밀카르 바르카의 아들이다. 제2차 포에니 전쟁 때에는 알프스를 넘어 로마 군과 싸워 대승을 했으나 파비우스 막시무스 쿵크타토르의 소모전을 견디지 못하고 귀국한 후 정적(政敵)으로부터 배신을 당하여 시리아에 망명했다가 음독 자살했다.

여러 나라에서 선발된 대군을 거느리고 외국 땅에서 전투를 치렀지만 전황이 유리할 때나 불리할 때나 상관없이 군 내부에서는 물론 장군들 사이에서도 사소한 분란조차 일어나지 않았다는 점입니다. 그런 사실은 그의 많은 훌륭한 능력들과 더불어 그의 부하들로 하여금 항상 존경하고 두려워하도록 만든 비인간적인 잔혹함에 의해서만 설명될 수 있습니다. 그리고 그에게 그런 잔혹함이 없었다면, 그가 지닌 다른 능력들만으로는 그러한 성과를 거두지 못했을 것입니다.

이러한 면모를 간과한 근시안적인 역사 저술가들은 그의 공적들에 대해 찬사를 늘어놓으면서도 한편으론 그러한 공적들의 주요한 원인을 비난하는 어리석은 짓을 범하고 있습니다.

### 인자했던 스키피오가 주는 교훈

한니발이 잔혹함 이외의 다른 능력들만으로는 훌륭한 공적들을 이루지 못했을 것이라는 점은 스키피오가 겪은 예를 통해 입증됩니다. 그는 당대에는 물론 후대에도 매우 훌륭한 인물로 평가받았지만 그가 이끌던 군대는 스페인에서 그에게 반란을 일으켰습니다. 스피키오가 자신의 병사들에게 군사적 규율을 유지하는데 필요한 것보다도 많은 자유를 허용했던 것이 원인이었습니다.

이로 인해 그는 원로원에서 파비우스 막시무스[4]로부터 로마 군을

4) 파비우스 막시무스 쿵크타토르(Fabius Maximus Cunctator, ?~203) : 로마의 군인이며 정치가. 제2차 포에니 전쟁 때 지구전(持久戰)으로써 한니발을 격퇴했다. 평생동안 다섯 번이나 통령(統領)을 지냈고, 군사령관과 집정관(執政官, 콘술)을 지냈다.

타락시킨 장본인이라는 비난을 받았습니다. 그리고 그가 임명한 지방 장관에 의해 로크리 지방이 약탈당했을 때, 그는 그 곳 백성들의 원성을 들어주지 않았으며 게다가 그 지방 장관의 오만방자함에도 불구하고 그를 처벌하지 않았습니다.

파비우스 막시무스 쿵크타토르(Fabius Maximus Cunctator, ?~203)

이러한 모든 일은 스키피오가 너무 관대했기 때문이었습니다. 원로원에서 그를 사면하자고 발언한 인물은, 남의 비행을 처벌하는 것보다 자신이 그러한 비행을 저지르지 않는데 탁월한 사람들이었는데 스키피오가 바로 그런 유형의 인물이라고 말했습니다. 그러한 그의 군대 지휘방식이 견제 받지 않고 방임되었다면 그의 성격으로 인해 스키피오의 명성과 영광은 빛이 바랬을 것입니다. 그러나 원로원의 명령에 의해서 통제를 받았기 때문에 자신에게 해가 되는 이러한 성품이 드러나지 않았을 뿐만 아니라 영광을 얻을 수 있었습니다.

### 군주는 자신의 뜻대로 행동해야 한다

그러므로 사랑받는 것과 두려움의 대상이 되는 것의 문제로 되돌아가서, 그렇다면 저는 인간이란 자신의 선택에 여하에 따라 사랑하지만, 군주의 선택 여하에 따라 두려움을 품게 되므로 현명한 군주라면 타인의 선택보다는 자신의 여하에 선택에 더 의존해야 한다고 결론짓겠습니다. 다만 앞에서 언급했던 것처럼 미움받는 일만큼은 피하도록 해야 합니다.

• • •

Chapter **18**

# 군주는 어떻게 약속을 지켜야 하는가

### 술책이 진실을 이긴다

군주가 자신이 했던 약속을 지키며 남을 속이지 않고 정직하게 행동하는 것이야말로 찬양받을 일임은 모든 사람들이 다 알고 있습니다. 그런데도 불구하고 경험에 의하면 우리 시대에 위대한 업적을 이룬 군주들은 약속을 그다지 중요하게 여기지 않았으며, 기만을 통해 사람들의 혼을 빼놓는데 능숙한 인물이었습니다. 그들은 결국 신의를 지키는 사람들을 제압했던 것입니다.

### 짐승과 인간의 성품을 함께 갖춰야만 한다

그러므로 싸움을 하는 데에는 두 가지 방도가 있음을 알고 있어야만 합니다. 그 중 한 가지는 법률에 의거한 것이며 다른 한 가지는 힘에 의거한 것입니다.

첫 번째 방법은 인간에게 합당한 것이고, 두 번째 방법은 짐승에게 합당한 것입니다. 그러나 첫 번째 방법만으로는 다양한 상황을 감당하기에 충분하지 않기 때문에 두 번째 방법에 의존할 줄도 알아야 합니다. 따라서 군주는 짐승을 모방하는 방법도 알고 있어야만 합니다.

고대의 저술가들은 이러한 정략을 군주들에게 비유적으로 가르쳤습니다. 그들은 아킬레스를 비롯한 고대의 많은 군주들이 반인반수(半人半獸)인 카이론에게 맡겨져 양육되고 교육받았음을 지적하고 있습니다. 반인반수를 스승으로 모셨다는 것은 군주가 이러한 두 가지 성품을 갖춰야만 하며, 그 중 어느 한 가지를 갖추지 못하게 되면 그 지위를 오래 보전할 수 없다는 것을 의미합니다.

### 여우와 사자

그러므로 군주는 짐승처럼 행동하는 법을 알아야 하며 짐승들 중에서도 여우와 사자의 성품을 모방해야 합니다. 왜냐하면 사자는 함정에 빠지기 쉽고 여우는 늑대를 물리칠 수 없기 때문입니다. 따라서 함정을 알아차리기 위해서는 여우가 될 필요가 있고 늑대를 혼내 주려면 사자가 될 필요가 있는 것입니다. 단순히 사자의 힘에만 의지하는 군주는 모든 일의 본질을 제대로 이해하지 못합니다.

따라서 현명한 통치자는 약속을 지키는 것이 자신에게 불리해지거나 약속하도록 만들었던 이유가 사라졌을 때 약속을 지킬 수도 없으며 지켜서도 안 됩니다. 만약 모든 인간이 선하다면 이 교훈은 온당하지 않을 것입니다. 그러나 인간이란 신의가 없고 군주에게 했던 약속들을 지키려고 하지 않기 때문에 군주 역시 그들과 했던 약속들을 지킬 필요가 없는 것입니다.

또한 군주는 약속을 지키지 못하는 것에 대한 그럴듯한 이유를 언제나 만들어 낼 수 있습니다. 얼마나 많은 협정과 평화 조약이 신의 없는 군주들로 인해 파기되고 무효화되었는지에 대한 최근의 예들은 수없이 많이 제시할 수 있습니다. 그들 중 여우의 기질을 잘 활용한 군주들이 가장 확실한 성공을 거두었습니다.

그러나 여우다운 기질을 교묘하게 감추는 방법을 알고 있어야 하며 가장 위선적이어야 하며 거짓말을 능숙하게 할 필요가 있습니다. 인간은 매우 단순하여 눈앞에 나타나는 필요에 따라 쉽게 움직이기 때문에 능란한 기만자는 언제라도 속을 수 있는 사람을 찾아낼 수 있습니다.

최근의 사례들 중 하나를 인용하겠습니다. 교황 알렉산데르 6세는 사람을 속이는 일만을 생각했으며 사람들이 항상 속는다는 것을 발견했습니다. 그 사람만큼 모든 일을 강력하게 그리고 확고한 서약으로 약속했으면서 그 약속을 지키지 않았던 사람은 없습니다. 그럼에도 불구하고 그는 인간의 단순한 성품을 잘 활용했기 때문에 그의 기만은 항상 성공을 거두었습니다.

### 필요하면 군주는 전통적인 윤리를 포기해야 한다

따라서 군주는 앞에서 언급한 모든 성품을 실제로 구비할 필요는 없겠지만 구비한 것처럼 보이는 것은 꼭 필요합니다. 더 나아가 군주가 그러한 성품을 모두 갖추고 늘 가꾸는 것은 해롭지만 갖추고 있는 것처럼 보이는 것은 이롭다고 감히 말할 수 있습니다.

예를 들어, 자비롭고 신의가 있으며 인간적이고 정직하며 근엄한(종교적인) 것처럼 보이는 것이 좋으며 또한 실제로 그런 것이 좋습니다. 그러나 그러한 성품을 보이지 말아야 할 필요가 있을 때는 정반대의 행동을 취할 수 있는 태세가 되어 있어야 하며, 실제로 그렇게 할 수 있어야 합니다.

그리고 군주는, 특히 신생 군주는 사람들이 좋다고 생각하는 방법으로 처신할 수 없다는 점을 분명히 이해해야 합니다. 왜냐하면 자신의 지위를 유지하기 위해 그는 종종 신의 없이 약속을 어겨야 하고, 비인도적으로 행동하고 종교의 계율을 무시하도록 강요당하기 때문입니다.

그러므로 군주는 운명의 방향과 자신에게 닥쳐오는 상황의 변화에 맞추어 자신의 행동을 그것에 맞추어 자유자재로 바꿀 수 있는 태세가 되어 있어야 합니다. 제가 앞에서 언급했듯이 가능하다면 올바른 행동으로부터 벗어나지 말아야 하겠지만 필요하다면 비행을 저지를 수 있어야 합니다.

### 다수의 사람들은 길 모양으로 판단한다

현명한 군주는 자신의 입을 통해 나오는 모든 말들이 앞서 언급한 다섯 가지 성품들로 가득 차 있도록 조심해야 합니다. 군주를 바라보고 이야기를 듣는 사람들에게 그는 지극히 자비롭고 신의가 있으며 정직하고 인간적이며 신앙심이 깊은 것처럼 보여야 합니다.[1] 또한 이러한 성품들 중에서도 특히, 신앙심이 깊은 것처럼 보이는 것이 가장 필요합니다.

사람들은 대부분 손으로 만져 보고 판단하기보다는 눈으로 보고 판단하려고 합니다. 사람들은 군주를 바로 볼 수 있을 뿐이지 직접 만져 볼 수 있는 사람은 매우 드물기 때문입니다. 대다수의 사람들은 군주를 보이는 대로 볼 수 있을 뿐이며, 진면모에 대해서 직접 경험할 수 있는 사람은 소수입니다. 그리고 그러한 소수의 사람들은 군주의 위엄에 의해서 유지되는 대다수의 견해에 감히 반대할 수 없습니다. 사람들은 공정한 중개인이 없을 경우, 인간의 모든 행동 특히 군주의 행동에 대해서 결과에만 주목합니다.

때문에 군주가 전쟁을 수행하고 국가를 보존할 수 있게 되면, 그가 활용한 수단은 모든 사람에 의해서 항상 명예롭고 찬양받을 만한 것으로 판단될 것입니다. 왜냐하면 보통 사람들은 언제나 일의 겉모습과 결과에 현혹되기 때문입니다. 그리고 이 세상에는 보통 사람들이 압도적인 다수이고, 그러한 다수가 군주와 의천을 같이 할 때 소수는 고립되어 있기 마련입니다.

이름을 굳이 밝히지는 않겠지만 우리 시대의 군주 한 사람[2]은 언제

---

1) 그 당시 이탈리아에서 유행하던 속담 중에 "아비는 말한 것을 결코 지키지 않았고 자식은 한 일을 결코 말하지 않았다."는 것이 있었는데, 여기에서 아비는 교황 알렉산데르 6세, 자식은 그의 아들인 체사레 보르자를 의미한다.

2) 스페인의 왕 페르난도 5세를 가리킨다. 당시의 마키아벨리는 공개적으로 그를 비난할 수 있는 지위에 있지 않았다.

나 평화와 신뢰에 적대적이지만 입으로는 항상 그것을 부르짖고 있습니다. 만약 그가 그것을 말 그대로 실천에 옮겼다면 그는 자신의 명망이나 국가를 여러 번 잃었을 것입니다.

• • •

Chapter **19**

# 경멸과 미움은 어떻게 피해야 하는가

## 미움을 초래하는 것

군주가 갖추어야 할 중요한 자질에 대해서는 앞에서 이미 논의했기 때문에 그 외의 일반적인 내용을 간략히 다루고자 합니다. 앞에서 부분적으로 이야기했듯이 군주는 미움받거나 경멸당할 만한 일들은 그 어떤 것이든 삼가야 한다는 것입니다. 이런 것들을 피했다면 군주는 자신의 의무를 다한 것이며 그 외의 어떤 비난받을 결점들 중 그 어느 것도 그를 위험으로 몰아넣지 않을 것입니다.

이미 언급했듯이 다른 무엇보다도 군주를 미워하게 만드는 것은 탐욕스러워서 백성들의 재산과 부녀자를 강탈하는 일입니다. 대부분의 경우 백성들은 재산과 명예를 빼앗기지 않으면 만족해 하며 살게 마련입니다. 그러므로 군주는 야심 있는 소수의 사람들만 잘 다루면 되고, 그러한 사람들은 다양한 방법으로 쉽게 제압할 수 있습니다.

군주가 경멸받게 되는 것은 그가 변덕스럽고 경박하며 여성적이고 소심하며 우유부단하다고 여겨지기 때문입니다. 군주는 마치 암초를 피하듯 경멸당하게 될 것들을 경계해야 합니다. 군주는 자신의 행동이 당당함과 용맹함 진지함과 강건함을 과시하도록 하며 백성들이 사사로운 분쟁에 대해 자신이 내린 결정을 뒤집는 일이 없도록 해야만 합니다. 또한 이러한 평판을 스스로 유지하여 어느 누구도 군주를 속이거나 술책을 꾸밀 생각도 품지 못하도록 해야 합니다.

### 명성은 안전을 가져온다

그러한 이미지를 창출하는 데 성공한 군주는 탁월한 명성을 누릴 것이며, 그러한 군주에게 음모를 꾸미거나 그를 공격하는 것은 어려운 일이므로 숭고한 성품을 지닌 군주로 인정받고 백성들의 존경을 받을 것입니다.

군주에게는 두 가지 주된 걱정이 있는데, 그 중 한 가지는 대내적인 것으로 백성과 관계한 것이며, 다른 한 가지는 대외적인 것으로 외세에 관한 것입니다. 외세의 위협에 대해서는 훌륭한 군대와 믿을 만한 동맹이 효과적인 방어책입니다. 그리고 훌륭한 군대를 가지는 것은 항상 믿을 만한 동맹을 가지는 것으로 귀결됩니다. 대외적인 문제가 굳건하게 안정되어 있을 때 대내적인 문제는 그 국가가 어떤 음모에 의해 혼란을 겪고 있지만 않다면, 언제나 안정될 수 있습니다. 설사 대외적인 위협이 존재하더라도 군주가 제가 추천한 대로 살고 사태를 처리하며 용기를 잃지 않는다면, 그는 스파르타의 나비스가 그랬듯이 어떤 공격이라도 항상 격퇴할 수 있을 것입니다.

## 음모를 저지하기 위한 강력한 대비책

그러나 만약 외부의 위협이 없다면 자신의 백성에 관한 군주의 유일한 두려움은 그들이 비밀스럽게 음모를 꾸미는 일입니다. 군주는 백성들로부터 미움과 경멸을 받지 않도록 하는 것으로 자신의 지위를 확고히 보호할 수 있습니다. 그리고 앞에서 길게 언급했던 것처럼 군주의 통치에 백성들이 만족한다는 것은 필수적입니다.

음모에 대해 군주가 갖출 수 있는 최선의 대비책은 백성에게 미움을 받지 않는 것입니다. 왜냐하면 음모를 꾸미는 자들은 언제나 군주를 암살하는 것으로 백성들을 만족시킬 수 있다고 믿고 일을 저지르기 때문입니다. 그러나 자신들의 소행이 백성들의 노여움을 불러일으킬 것이라고 생각하면 실천할 용기를 가질 수 없을 것입니다. 음모를 꾸미는 데는 항상 무수히 많은 어려움과 위험이 따르기 때문입니다.

역사상 수많은 음모가 있었지만 성공한 경우는 거의 없습니다. 음모를 꾸미는 자는 독자적으로 행동할 수 없으며 불만을 품고 있을 것이라 여겨지는 자들로부터 도움을 구하지 않을 수 없기 때문입니다. 그러나 어떤 불평분자에게 자신의 속마음을 털어놓는 순간, 그에게 불만을 해소할 수 있는 기회를 제공하게 되는 것입니다. 이제 그 불평분자는 음모를 폭로하는 것만으로도 자신이 원하는 보상을 확실히 기대할 수 있기 때문입니다. 만일 그가 폭로하면 확실한 이득을 얻을 수 있는데도, 또 성공 여부가 불확실하며 많은 위험이 도사리고 있다는 것을 알고 있으면서도 음모에 가담하고 신의를 지키는 자라면 그는 보기 드문 진정한 동지이거나 철두철미한 군주의 적임이 분명합니다.

문제를 간단히 설명하자면, 음모를 꾸미는 자에게는 오직 발각이나 배신의 공포와 끔찍한 처벌의 전망만 있지만, 군주에게는 지위에 걸맞는 명성과 위엄과 법률, 그리고 동맹국들의 원조는 물론 자신을 지켜줄 국가가 있습니다. 게다가 이런 모든 이점에 백성들의 호의가 더해진다면 군주에게 음모를 꾸밀 정도로 경솔한 사람은 없을 것이라는 결론이 나옵니다.

이처럼 음모를 꾸미는 자는 통상적으로 범죄를 실행하기 전에 두려워해야 할 많은 이유를 갖게 되는데, 그것 못지않게 두려워해야 할 것은 범죄를 실행한 후에도 백성들이 적대적일 수 없으며 나아가 그런 백성들로부터 도망칠 어떤 도피처도 발견할 수 없다는 점입니다.

## 벤티볼리오의 사례

이러한 예들은 무수히 나열할 수 있을 것입니다. 그러나 저는 우리의 조상대에 발생했던 사건 하나만을 예시하는 것으로 그치겠습니다. 현재의 안니발레[1] 영주의 조부로서 볼로냐의 군주였던 안니발레 벤티볼리오는 칸네스키 가문의 음모에 의해 암살되었습니다(1445년

---

1) 메세르 안니발레 벤티볼리오(Messer Annibale Bentivoglio, ?~1540) : 조반니 벤티볼리오의 아들로 아버지가 밀라노에서 죽은 후 볼로냐로 돌아와 2년 동안 그 곳을 다스렸으나 라벤나 전투에서 패배하여 퇴위하고 각지를 떠돌다가 죽었다.

6월 24일). 그의 후계자로는 당시에 갓난아기였던 메저 조반니 밖에 없었습니다. 그 암살 사건 후에 즉각적으로 백성들이 봉기했으며 칸네스키 가문의 사람들을 참살했습니다.

그 이유는 당시에 벤티볼리오 가문은 백성들로부터 두터운 신망을 얻고 있었기 때문이었는데 그 신망은 정말 대단한 것이었습니다. 안니발레가 죽고난 후 그 가문에는 볼로냐를 다스릴 만한 사람이 아무도 남아 있지 않았습니다. 볼로냐의 시민들은 당시까지는 대장장이의 아들로 알려진 벤티볼리오 가문의 누군가가 피렌체에 살아 있다는 풍문을 듣자 피렌체로 그를 찾아가 그에게 도시의 통치를 맡겼습니다. 볼로냐는 현재의 메저 조반니가 성년이 될 때까지 그가 통치했습니다.

따라서 군주는 백성들이 호감을 품고 있다면 음모에 대해 걱정할 필요가 별로 없지만, 백성들이 적대감을 품고 미워하는 대상으로 삼는다면 군주가 매사에 모든 사람들을 두려워하는 것은 당연한 일이라고 결론짓겠습니다.

### 귀족과 백성 모두를 만족시킨 프랑스의 정치 질서

질서가 잡힌 국가와 현명한 군주들은 귀족들을 거스르지 않고 백성들이 만족할 수 있도록 항상 세심한 주의를 기울여 왔습니다. 이것이야말로 모든 군주가 행해야 할 가장 중요한 일 중 하나입니다.

우리 시대의 여러 왕국들 중 가장 질서가 잘 잡히고 통치가 잘 되고 있는 나라 중 하나는 프랑스입니다. 그리고 그 나라에는 왕의 자유와 안정성의 기초가 되는 좋은 제도들이 수없이 많이 있습니다.

그것들 중에서 가장 훌륭한 것은 엄청난 권위를 누리고 있는 고등법원입니다. 그 왕국을 개혁한 사람(루이 9세)은 귀족들이 품고 있는 야심과 거만함에 대해 잘 알고 있었으며, 그들을 통제하기 위해 입에 재갈을 물릴 필요가 있다고 생각했습니다. 반면에 그는 백성들이 귀족들을 두려워하며 미워하고 있다는 것을 알고 있었기 때문에 그들을 보호하기를 원했지만, 왕이 이러한 역할에 관심이 있다는 것이 드러나는 것을 꺼렸습니다. 왜냐하면 백성들을 더 좋아한다는 이유로 귀족들에게 미움을 사거나 귀족들을 더 좋아한다는 이유로 백성들로부터 미움을 사기를 원치 않았기 때문이었습니다.

그 결과 그는 왕에 대한 직접적인 비난을 불러일으키지 않을 중립적인 기관(파리의 고등법원)을 내세워 귀족들을 견제하고 백성들을 보호하도록 했습니다. 군주제와 왕국을 강화하는 데 있어 이보다 더 신중한 조치나 적절한 제도는 있을 수 없었습니다.

이러한 예로부터 중요한 교훈을 한 가지 더 배울 수 있습니다. 즉, 군주는 비난받을 만한 일들은 남에게 미루고 자비를 보일 수 있는 일은 자신이 직접 해야 한다는 것입니다. 더 나아가 군주는 귀족들을 자기 편으로 끌어안아야 하지만 그로 인해 백성들로부터 미움을 받아서는 안 된다는 점을 강조하고 싶습니다.

## 로마 황제들의 사례

로마 황제들의 생애와 행적 및 죽음을 살펴본 사람들은 지금까지 제가 제시한 견해와 전혀 다른 증거를 얻을 수 있다고 반박할 수 있을 것입니다. 왜냐하면 줄곧 고귀하게 처신하고 위대한 성품을 보여 주었던 몇몇 황제들이 군인들이나 대신들의 음모로 권력을 잃거나 살해되었기 때문입니다.

이러한 반론들에 대해서 저는 그 황제들의 성품을 살펴보고, 그들이 실패하게 된 원인이 제 주장과 모순되지 않는다는 것을 생각해 보라고 대꾸하겠습니다. 동시에 그 시대의 행적을 연구하는 사람에게 중요한 요소들을 강조하겠습니다.

저는 철학자 마르쿠스 아우렐리우스[2] 황제로부터 막시미누스[3] 황제에 이르기까지 간단하게 검토하겠습니다. 그들은 마르쿠스와 그의 아들인 콤모두스[4], 페르티낙스[5], 율리아누스[6], 세베루스[7]와 그

---

2) 마르쿠스 아우렐리우스(Marcus Aurelius, 121-180) : 로마 황제 오현제(五賢帝) 중의 한 사람. 정치인이라기보다는 위대한 스토아 철학가였던 그는 재위 동안 내우외환이 심했으나 남부의 만족(蠻族)을 평정하고 포로 석방과 황무지 개척, 변경 방비에 공을 세웠다. 그의 〈명상록〉은 스토아 철학의 최고 저술로 평가받고 있다.

3) 막시미누스(Gaius Julius Versus Maximinus, 173~238, 재위 235-238) : 로마의 황제. 세베루스 알렉산데르가 죽은 후 황제에 올랐으나 포악무도하여 부하들에게 참살당했다.

4) 콤모두스(Lucius Aelius Aurelius Commodus, 161~192, 재위 180~192) : 마르쿠스 아우렐리우스의 아들이며, 로마의 황제. 아버지의 후광(後光)으로 황제에 즉위함으로써 황제의 장자상속제(長子相續制)의 선례를 남겼으나 포악하고 경륜이 없었기 때문에 모살(謀殺)되었다.

5) 페르티낙스(Publius Helvius Pertinax, 126~193) : 미천한 광부의 아들로 태어나 마르쿠스 아우렐리우스의 휘하에서 부장으로 있다가 콤모두스가 죽은 후 자신의 의사와는 달리 193년에 황제가 되었으나 즉위 3개월 만에 친위대의 반란으로 피살되었다.

6) 디디우스 율리아누스(Marcus Didius Julianus, 135~193) : 콤모두스가 친위대의 반란으로 피살된 직후의 혼란을 틈타 군대를 매수하여 황제에 즉위했으나 민중이 그의 황권을 인정하지 않자 세베루스의 공격을 받아 재위 2개월 만에 원로원에 의하여 처형되었다.

7) 세베루스(Lucius Septimius Severus, 146~211, 재위 193~211) : 카르타고 출신의 로마 황제. 마르쿠스 아우렐리우스의 부장을 지냈고 판노니아와 일리리아의 사령관으로 있던 중 193년 율리아누스가 황제를 참칭(僭稱)하자 로마에 입성하여 그를 타

의 아들 안토니우스 카라칼라[8], 마크리누스[9], 엘라가발루스[10], 알렉산데르[11] 그리고 막시미누스를 말합니다.

## 군인들의 환심을 사도록 강요당한 로마 황제들

첫째로 주목해야 할 것은, 다른 군주국에서는 귀족들의 야심과 백성들의 무례함을 통제하는 것만으로 충분했지만, 로마의 황제들은 세 번째 문제에 직면해 있었다는 것입니다.

즉 그들은 군인들의 잔혹함과 탐욕스러움에 대처해야 했습니다. 그것은 매우 해결하기 어려운 문제로, 많은 황제들의 몰락을 초래했습니다. 군인들과 백성들을 동시에 만족시키는 것은 매우 어려운 일

---

도하고 자신의 군대에 의하여 황제로 추대되었다. 아프리카와 중동 일대를 정벌하고 세제(稅制)를 통한 경제 부흥을 이룩했으나 대체로 군사 독재에 흘렀다.

8) 카라칼라(Marcus Aurelius Antoninus Caracalla, 188~217, 제위 211~217) : 로마의 황제. 아버지 셉티미우스 세베루스가 죽은 후 아우 게타(Geta, 189~212)와 함께 공동 황제가 되었으나 이듬해 게타와 그의 혈족 동지 2만 명을 죽이고 단독 황제로 즉위, 포악하고 음탕하기가 이를 데 없던 로마 최대의 폭군이었다. 로마의 지사인 마크리누스에 의하여 에데사에서 암살되었다.

9) 마크리누스(Marcus Opellius Macrinus, 164~218) : 로마의 황제. 미천한 가정에서 태어나 카라칼라 황제 밑에서 지사를 지내다가 황제를 처형하고 즉위했다. 가혹한 훈련과 감봉으로 신망을 잃고 안티오크 전투에서 엘라가발루스에게 패하고 처형되었다.

10) 엘라가발루스(Elagabalus, 204~222, 재위 218-222) : 로마 황제 정식 이름은 Caesar Marcus Aurelius Antoninus Augustus이며, 헬리오가발루스라고도 한다. 세베루스의 처조카. 카라칼라의 서자이다. 에메사에서 태양신 바알을 섬기던 엘라 가발(이름은 여기에서 유래) 가문의 제사장 출신이다. 황제를 자칭하고 로마에 입성하여 마크리누스를 처부수고 즉위했다. 실정(失政)과 낭비가 심했기 때문에 근위대에서 암살되었다.

11) 세베루스 알렉산데르(Marcus Aurelius Severus Alexander, 208?-235, 재위 222-235) : 로마의 황제. 엘라가발루스의 조카로서 선황(先皇)이 암살된 후 황제 자리에 올랐다. 현명하고 방정한 군주로서 페니키아의 이교도였으나 기독교를 존중했으며, 군대의 반란으로 모후와 함께 피살되었다.

이었기 때문입니다. 그 이유는 백성들은 평화로운 삶을 좋아하기 때문에 온건한 군주를 선호하지만, 군인들은 고집 세고 잔인하며 탐욕스러운 호전적인 군주를 원하기 때문이었습니다. 군인들은 군주가 백성들을 다루어서, 그 결과 그들의 급료가 올라가고 탐욕스럽고 잔혹한 자신들의 욕심을 만족시킬 배출구를 원했습니다.

그래서 타고난 자질이나 경험이 부족하여 군인들과 백성들을 동시에 통제할 수 있는 명성을 얻지 못한 황제들은 항상 몰락했습니다. 그리고 대부분의 황제들, 특히 새로 제위에 오른 황제들은 대립하고 있는 두 세력을 만족시키기 어렵다는 것을 깨닫게 되면 군인들을 만족시키려 했지 백성들의 박해를 당하는 일에 대해서는 그다지 신경을 쓰지 않았습니다.

그러한 과정은 어쩔 수 없는 것이었습니다. 군주는 어느 한 세력으로부터 미움받는 것을 피할 수는 없기 때문에 일단 모든 세력들로부터 미움을 받는 일만큼은 피하게 됩니다. 만약 그러한 상황을 만들지 못할 경우, 온 힘을 다해 가장 강력한 집단으로부터 미움받는 일을 피하고자 하는 것입니다.

그러므로 지지가 절실히 필요한 미숙한 황제들은 백성들보다는 군인들의 비위를 맞추려고 했습니다. 그러나 이러한 정책이 그들에게 유익한 것이었는지는 그들이 군인들의 존경을 유지할 수 있었느냐에 달려 있었습니다.

## 정의를 사랑하고 인자했던 황제들

마르쿠스와 페르티낙스, 그리고 알렉산데르는 모두 온후한 삶을 살면서 정의를 사랑하고 잔혹함을 미워했으며 인도적이고 인자했지만, 마르쿠스 외에는 모두 비참하게 최후를 맞았습니다. 오직 마르쿠스만이 명예롭게 살다 죽었는데 그는 황제의 지위를 세습 받았으며, 자신의 권력에 관해 군인들이나 백성들에게 진 빚이 있었기 때문이었습니다. 게다가 그는 많은 미덕의 소유자로 존경을 받았으며 재위 기간 동안 군인과 백성들을 통제할 수 있어 미움받거나 경멸당하는 일을 피할 수 있었습니다.

반면에 페르티낙스는 콤모두스 시대에 방탕하게 사는 데 익숙해진 군인들의 뜻에 반해 황제가 되었습니다. 군인들은 페르티낙스가 부과한 새로운 규율에 따라 절제 있게 사는 것을 견딜 수 없었습니다. 그로 인해 페르티낙스는 미움을 받았으며, 더욱이 나이가 많아 경멸까지 받았기 때문에 결국 제위에 오른 지 얼마 지나지 않아 피살되었습니다.

여기에서 주목해야 할 것은 악행은 물론 선행도 미움을 초래할 수 있다는 것입니다. 앞서 언급했듯이 군주가 자기의 권력을 유지하고 한다면 종종 부도덕하게 행동하도록 강요받습니다. 그러나 군주가 권력을 유지하기 위해 도움이 필요하다고 인정되는 어떤 집단, 즉 백성들이나 군인들이 부패되어 있다면 그들을 만족시키기 위해 그들의 성향에 비위를 맞추어야 합니다. 그런 상황에서의 선행은 군주에게 해롭습니다.

알렉산데르의 경우를 보면 그는 무척이나 선량한 인물이어서 찬양을 받았습니다. 대표적인 사례의 하나로 그는 14년 통치 기간 동안 재판 없이는 단 한 명도 처형하지 않았습니다. 그럼에도 불구하고 그는 나약하며 자기 어머니의 통제를 받는 인물로 생각되었기 때문에 경멸당했고 군대가 모반을 일으켰으며 결국 피살되었습니다.

그와는 대조적이었던 콤모두스, 세베루스, 안토니우스 카라칼라 그리고 막시무누스의 성품에 대해 살펴보겠습니다. 그들은 모두 지극히 잔인하고 탐욕스러웠습니다. 군인들을 만족시키기 위해 백성들에게 온갖 피해를 입히는 데 주저하지 않았던 그들은 세베루스를 제외하고는 모두 비참한 최후를 맞았습니다.

## 잔인한 세베루스는 존경받았다

세베루스의 경우, 비록 백성들을 억압했지만 다양한 능력이 있었기 때문에 제가 군주에게 필연적으로 요구된다고 말한 바 있는 여우와 사자의 기질을 그가 얼마나 탁월하게 모방할 수 있었는지에 대해서 간략히 검토해 보겠습니다.

율리아누스의 무능함을 알아차린 세베루스는 스클라보니아(현재의 오스트리아, 헝가리, 유고슬라비아 일대)에서 친위부대에 의해 살해당한 페르티낙스의 복수를 위해, 로마로 진군하는 것이 옳다고 자신이 지휘하고 있던 군대를 설득했습니다. 이러한 구실 아래 그는 황제가 되고 싶은 진심을 숨긴 채 군대를 이끌고 로마로 진군했으며 그가 슬라보니아를 떠났다는 소문이 나기 전에 이탈리아에 도착했습니다. 공포에 휩싸인 원로원은 로마에 도착한 그를 황제로 선출하고 율리아누스를 처형했습니다.

그 후 세베루스는 제국 전체를 지배하기 위해 두 가지 난관을 극복해야 했습니다. 그 중 한 가지는 아시아 지역 군대의 지도자인 니게르[12]가 스스로 황제임을 선포한 일이었으며, 다른 한 가지는 서방의 알비누스[13] 역시 제위를 넘보고 있다는 것이었습니다. 동시에 이들 두 사람에게 적의를 보이는 것은 위험하다고 생각한 세베루스는 우선 니게리누스를 공격하고 알비누스는 속이기로 결심했습니다.

따라서 그는 알비누스에게 보낸 서한을 통해, 원로원이 그를 황제로 추대했으며, 자신은 그 지위를 공유하기를 원한다고 했습니다. 그리고 알비누스에게 카이사르(부황제, 副皇帝)의 칭호를 수여하고 원로원의 결정에 의해 공동 황제로 삼는다고 했습니다. 알비누스는 이러한 일들을 진실로 믿었습니다.

그러는 동안 세베루스는 니게리누스를 격파하고 처형한 후 제국 동부 지역을 평정했습니다. 그 후 로마에 돌아온 후 그는 원로원을 향해 알비누스가 은혜에 대해 전혀 감사하는 마음이 없고 음모를 꾸며 자신을 살해하려 했다며 탄핵하고, 그의 배은망덕을 벌주기 위해 어쩔 수 없이 출병해야 한다고 주장했습니다. 그 후 세베루스는 프랑스에

---

12) 니게르(Pescennius Niger, ?~194, 재위 193~194) : 로마의 황제. 시리아의 안티오크에 주둔하던 로마의 장군으로 있다가 193년 페르티낙스가 죽자 황제를 참칭하다가 세베루스에 의해 유프라데스 강에서 죽음을 당했다.

13) 알비누스(Decimus Clodius Septimius Albinus, ?~197) : 골(Gaul)에 주둔하던 로마의 장군으로 193년에 페르티낙스가 죽자 황제를 참칭하다가 리옹에서 세베루스에게 피살되었다.

있던 알비누스를 공격하여 그의 지위와 생명을 박탈했습니다.

그러므로 세베루스의 행적을 면밀히 살펴본 사람이라면 그가 매우 사나운 사자이면서 동시에 교활한 여우였음을 알아차릴 수 있을 것입니다. 그는 모든 사람들에게 두려움의 대상이자 존경의 대상이었으며, 군대로부터 미움을 받지 않았다고 결론지을 수 있습니다. 신생 군주로서 그토록 거대한 제국을 지배할 수 있었다는 것도 그다지 놀라운 일이 아닙니다. 그가 지닌 탁월한 명성이 그가 저지른 약탈로 인해 품게 되었을지도 모를 백성들의 미움 앞에서 그를 보호했기 때문입니다.

### 카라칼라는 살해되었다

그의 아들인 안토니우스 카라칼라 역시 탁월한 능력을 지닌 인물로서 백성들의 찬양과 군인들의 호감을 얻었습니다. 그는 천부적인 군인으로서 사치스러운 음식과 나약한 삶을 경멸했기 때문입니다. 이러한 성품 때문에 그는 모든 군인들에게 사랑을 받았습니다.

그럼에도 불구하고 그는 전례가 없을 정도로 포학하고 잔인한 행동을 저질렀으며 수많은 로마 주민들과 알렉산드리아의 모든 사람들이 죽음을 당했습니다. 그로 인해 그는 모든 사람들로부터 미움을 사게 되었습니다. 측근들조차 그를 두려워하게 되었고, 어느 날 자기 군대의 백인대장(百人隊長)에 의해 살해되고 말았습니다.

여기에서 알 수 있듯이 원한에 사무친 적의 단호한 결심에 의해 자행된 이러한 암살은 군주라고 해도 피할 수 없다는 점을 주목해야 합니다. 누구든 죽음을 두려워하지 않는 자는 군주를 죽일 수 있기 때문입니다. 그러나 이런 일은 매우 드물기 때문에 군주는 그것을 너무 두려워할 필요는 없습니다.

다만 군주는 안토니누스의 경우에서 알 수 있듯이 자신에게 충성하는 측근이나 각료들에게 심각한 모욕을 주지 않도록 조심해야 합니다. 안토니누스는 매우 악독한 방법으로 그 백인대장의 형제를 살해했으며, 지속적으로 그를 위협했으면서도 계속 경호원으로 삼았던 것입니다. 그것은 매우 경솔한 결정이었으며, 그 결과가 보여주는 것처럼 자신의 파멸을 초래했던 것입니다.

## 콤모두스는 경멸을 초래했다

그러면 이제 콤모두스 황제에 대해 살펴보겠습니다. 그는 마르쿠스의 아들로서 황제의 자리를 세습 받았기 때문에 권력을 매우 수월하게 유지할 수 있었을 것입니다. 그는 단지 아버지가 이루어 놓은 업적을 따르는 것만으로도 족했을 것이며 그랬더라면 백성들과 군인들을 만족시킬 수 있었을 것입니다.

그러나 천성적으로 잔인하고 야수적이었던 그는 자신의 탐욕을 만족시키기 위해 군인들의 비위를 맞추면서 백성들을 제물로 삼아 그들이 제멋대로 행동하도록 방치했습니다.

또한 황제로서의 위엄을 지키지 않고 직접 투기장에 내려가 검투사들과 싸우기도 하는 등, 황제의 품위를 손상시키는 일들을 많이 저질러 군인들로부터 경멸을 받게 되었습니다. 백성들의 미움을 받고 군인의 경멸을 받았던 그는 결국 음모에 의해 살해되었습니다.

## 막시미누스는 조롱을 받았다

이제 마지막으로 막시미누스의 성품에 대해 논해 보겠습니다. 그는 지극히 호전적인 인물이었습니다. 앞에서 언급한 것처럼 군인들은 알렉산데르의 나약함을 매우 싫어했기 때문에 그가 피살당한 후 막시미누스를 황제로 추대했습니다.

그러나 그는 두 자기 일로 인해 미움과 경멸의 대상이 되어 황제의 지위를 그다지 오래 유지하지 못했습니다. 그 중 한 가지는 그가 매우 미천한 신분으로 본래 트라키아 지방의 목동이었다는 점이었으며(이 사실은 모든 사람들에게 알려졌으며 그로 인해 크게 경멸받았다.) 다른 한 가지는 통치 초기에 로마로 가서 황제의 자리에 오르는 것을 연기했다는 점입니다. 또한 그는 자신의 지방장관들을 통해 로마와 제국의 여러 곳에서 잔인한 악행들을 저질러 무척 잔혹하다는 평판을 얻었습니다.

그 결과 모두들 그의 미천한 태생에 대해서 분노하고 증오심으로 가득 차게 되었으며, 그의 잔인함에 대한 두려움을 느끼게 되었습니다. 때문에 먼저 아프리카에서 반란이 일어났고 로마의 원로원과 백성들이 봉기했으며 결국 이탈리아 전역에서도 반란이 일어났습니다. 마지막으로 그 자신의 군대도 반란을 일으켰습니다.

아퀼레이아(이탈리아 동북부에 있는 도시)를 포위하고 공격 중이던 그의 군대는 매우 어려운 작전이라 지쳐 있었습니다. 게다가 황제의 잔혹함에 분노하여 별달리 무서운 것이 없었던 그들은 많은 사람들이 황제에게 반기를 들었다는 사실을 알게 되자 그를 살해해 버렸습니다.

헬리모가발루스나 마크리누스 그리고 율리아누스는 철저하게 경멸 받았으며 그로 인해 황제의 자리에 오르자마자 살해됐으므로 이들에 대해서는 거론하지 않을 것이며 군주에 대한 멸시와 미움에 관해 결론을 내리고자 합니다.

## 군인들의 중요성이 낮아진 이유

오늘날의 군주들은 지난날의 제왕에 대해서 군인들을 만족시키기 위해 터무니 없는 방법을 동원해야 할 필요가 훨씬 적어졌다고 생각합니다. 비록 어느 정도까지는 군인들을 배려해 주어야 하지만, 그러한 문제는 쉽게 해결할 수 있습니다.

우리 시대의 군주들은 아무도 로마 제국의 군대처럼 어느 한 지역에 오랫동안 주둔하면서 통치하는 군대를 운영하지 않기 때문입니다. 로마 제국에서는 군인들의 영향력이 더 컸기 때문에 백성들보다는 군인들을 더 만족시킬 필요가 있었습니다.

그러나 오늘날의 경우를 살펴볼 때 투르크와 이집트를 제외한 현재의 모든 군주들은 백성들의 영향력이 군대보다 더 커졌으므로 군인들보다 백성들을 만족시켜야 합니다. 여기서 제가 투르크를 예외로 한 것은 1만2천의 보병과 1만5천의 기병(터키의 옛날 근위대)에게 자신의 국력과 안전을 의존하고 있기 때문입니다.

그러므로 투르크 국왕으로서는 다른 그 어떤 세력보다 군대를 자신의 우호 세력으로 견지해야만 할 필요가 있습니다. 이와 마찬가지로 이집트의 술탄 왕국도 군인들이 완벽하게 장악하고 있으므로 그 역시 백성들의 뜻과는 상관없이 군대와의 관계를 친밀하게 해 둘 필요가 있습니다.

### 예외적인 술탄의 지배 체제

또한 술탄의 국가는 많은 점에서 다른 군주국들과 다르다는 것을 주목해야 합니다. 그 국가는 교황 제도와 비슷하여 세습 군주국이나 신생 군주국으로 부를 수도 없습니다. 세습 받은 전임 군주의 아들들이 군주의 자리를 승계하는 것이 아니라, 선거권을 가진 자들에 의해 군주로 선출되기 때문입니다.

이러한 제도는 오래 전부터 내려오는 것이고 신생 군주국들이 부닥치게 되는 문제들을 가지고 있기 않기 때문에 신생 군주국이라고 부를 수도 없습니다. 비록 군주는 새로운 인물이지만 국가의 제도는 오래 되었으며, 선출된 군주를 마치 세습 군주인 것처럼 받아들이기 때문입니다.

### 로마 황제들을 모방하고자 하는 신생 군주는 신중하게 선택해야 한다

본론으로 되돌아가고자 합니다. 지금까지 다룬 문제들을 종합해보면 한결같이 미움이나 경멸이, 앞에서 검토된 황제들의 몰락 원인이 되었다는 것을 깨달을 수 있습니다. 또한 다음과 같은 사실도 알 수 있을 것입니다. 즉, 그들 중 일부는 이런 식으로 행동했으며, 일부는 그와 전혀 다른 방식으로 처신했는데, 각 그룹에서 한 황제만이 성공적인 결말을 맞았을 뿐 나머지 황제들은 모두 비참한 최후를 맞았습니다.

페르티낙스와 알렉산데르는 신생 군주였으므로, 세습 군주인 마르쿠스처럼 행동한 것이 역효과를 내 위험에 빠지게 되었던 것입니다. 이와 마찬가지로 카라칼라, 콤모두스, 막시미누스의 경우에는 세베루스를 모방하려 했지만, 그가 이룩한 업적을 따라 할 만한 능력이 없었기 때문에 비참한 꼴을 당하고 말았습니다.

그러므로 신생 군주는 마르쿠스의 행적을 모방할 수 없고 그렇다고 세베루스의 행적을 모방할 필요도 없습니다. 오히려 그는 권력 장악을 위해 필요한 조처를 취할 때는 세베루스를 모방해야 할 것이고, 일단 권력을 장악한 후 안정적인 국가를 유지해야 할 때는 마르쿠스를 모방하여 영광을 누려야 할 것입니다.

• • •

Chapter 20

# 요새 구축과 같은 군주들이 하는 일은 과연 유용한가, 무용한가

## 군주가 채택하는 다양한 정책들

권력을 보다 안정적으로 유지하기 위해 어떤 군주들은 신민들의 무장을 해제시키고, 다른 군주들은 복속된 도성에서의 파벌을 조장하며, 또 어떤 군주들은 자신들에 대한 적개심을 부추기고, 또 다른 군주들은 정권 초기에 믿을 수 없었던 자들을 자기 편으로 회유했습니다. 어떤 군주는 요새를 구축하고 다른 군주들은 파괴했습니다.

이러한 결정들을 내려야 했던 당시의 각 국가가 처해 있던 특수한 상황을 일일이 검토하지 않은 채, 그 결정에 대해 확정적인 판단을 내릴 수는 없겠지만 일반적인 관점에서 이 주제를 논의하겠습니다.

## 신생 군주의 군사력

우선 신생 군주들이 신민들의 무장을 해제했던 경우는 한 번도 없었습니다. 오히려 신민들이 무장을 갖추지 않았을 경우 그들에게 무기를 제공했습니다. 신하들을 무장시키게 되면 그 무력은 군주의 것이 되기 때문입니다. 군주를 불신하던 신하들은 충성스럽게 되고, 본래 충성스러웠던 자들은 계속 충성을 바칠 것이며, 그들은 확고한 지지자로 변모하게 될 것입니다.

신민들을 모두 무장시키는 것이 가능하지 않을 때는 무장시킨 자들에게 혜택을 베풀게 되면 나머지 신하들은 편하게 다룰 수 있게 됩니다. 왜냐하면 무장을 한 자들은 군주에게 더욱 충성하게 될 것이며, 무장을 하지 못한 자들은 보다 위험한 임무를 수행하는 자들이 우대받는 것이 당연하다고 여겨 군주의 조치를 용납하게 될 것입니다.

그러나 군주가 신하들의 무장을 해제시키게 되면 그들의 감정을 상하게 하는 것이 됩니다. 그러한 조치는 자신의 비겁함이나 의심 때문에 신하들을 믿지 않고 있다는 것을 드러내는 것이 되기 때문입니다. 그러한 이유로 신하들로부터 미움을 받게 됩니다.

군사력 없이는 권력을 유지할 수 없기 때문에 앞에서 그 특성에 대해 논한 바 있는 그런 종류의 용병을 고용해야만 하게 될 것입니다. 하지만 아무리 용병이 효과적이라고 할지라도 강력한 적들이나 격노에 찬 백성들로부터 군주를 지켜 줄 만큼 효과적일 수는 없습니다. 그러므로 이미 언급했듯이 신생 군주국의 새 군주는 언제나 군대를 무장시켰으며, 역사는 그러한 사례로 가득 차 있습니다.

## 병합된 지역의 신인들은 무장을 해제시켜야 한다

그러나 군주가 기존의 국가에 새로운 국가를 일원으로 합병시켰다면, 그는 합병에 도움을 준 자들 외에는 모두 무장을 해제시켜야 합니다. 그리고 병합을 도운 자들도 또한 기회를 보아 적절한 시기에 그 세력을 약화시켜 힘을 쓰지 못하도록 해야 하며 군주가 지배하는 전체 국가의 군사력은 본래 지배하고 있던 국가의 군대에 집중시키는 조치를 취해야만 합니다.

우리 선조들과 현명하다고 평가 받았던 사람들은, 피스토이아는 파벌로 나누어 다스리고 피사는 성곽을 지어 다스려야 한다고 말했습니다. 이러한 생각에 따라 그들은 어떤 속국에서는 분쟁을 조장하여 보다 더 쉽게 통치할 수 있었습니다. 이 정책은 이탈리아가 어느 정도 평화의 균형을 이루고 있던 시대에는 효과적이었지만 오늘날에는 어떤 법칙으로서 제시될 수는 없다고 생각합니다. 그러한 분열 정책은 어느 누구에게도 도움이 되지 않기 때문입니다. 오히려 파벌로 나뉜 도시들은 적군이 침략해 오면 쉽게 무너집니다. 그 이유는 세력이 미약한 파멸은 언제나 외부의 세력과 결탁하는 데에 반해 그 외의 파벌들은 저항할 힘이 없기 때문입니다.

베네치아 인들은 자신들의 속국에 겔프 파와 기델린 파라는 두 개의 파벌이 생겨나도록 했습니다. 비록 두 파벌 사이에 유혈 사태가 일어나는 것은 용납하지 않았지만 줄곧 그들 사이에 교묘하게 불화를 조장함으로써 그들이 파벌 다툼에 몰두해 단합하여 반기를 들 수 없도록 했습니다. 하지만 이 정책은 결과적으로 베네치아 인들의 이익으로 돌아오지 않았습니다. 그들이 바일라에서 패배한 것을 목격한 일부 도시들은 즉각적으로 반란을 일으켜 베네치아 인들로부터 본토에 있는 모든 영토를 박탈했습니다.

따라서 강력한 군주국이라면 이러한 분열 정책을 결코 용납하지 않기 때문에 이러한 통치 방식은 군주의 나약함을 의미하는 것일 뿐입니다. 왜냐하면 그러한 분열 정책은 평화로운 시기에는 신하들을 보다 더 쉽게 통제할 수 있게 해 주지만, 전쟁이 일어나면 명백하게 어리석음을 드러낼 수밖에 없기 때문입니다.

자신 앞에 닥쳐온 시련과 장애물들을 극복할 때 군주가 위대해진다는 것은 의문의 여지가 없는 일입니다. 그렇기 때문에 운명의 여신은 세습 군주에 비해 명망이 절실히 필요한 신생 군주를 위대하게 만들기 위해 적의 성장을 조장하고 군주를 상대로 음모를 꾸미게 합니다.

그 결과 신생 군주는 적을 격파하고 마치 그의 적들이 그에게 사다리를 제공한 것처럼 더욱 높은 곳으로 오르게 됩니다. 따라서 현명한 군주라면 기회가 있을 때마다 교묘한 솜씨로 적대적인 세력을 부추기며 그가 그 세력들의 진압을 통해 자신의 명망을 더욱 높이는 것이라고 많은 사람들이 생각합니다.

### 예전의 적으로부터의 충성

군주는, 그 중에서도 특히 신생 군주는 통치 초기에 믿었던 사람들보다 믿지 않았던 사람들이 더 믿을 만하고 많은 도움을 준다는 것을 알아차리게 됩니다. 시에나의 군주였던 판돌포 페트루치[1]는 그가 미심쩍게 본 사람들의 도움으로 나라를 잘 다스릴 수 있었습니다.

그러나 인간과 상황의 변화는 다양할 것이므로 이러한 것을 일반화할 수는 없으며 다만, 이렇게 말할 수는 있습니다. 즉, 정권 초기에는 군주에게 적대적이었지만 자신들의 힘만으로 세력을 유지할 수 있는 사람들은 자기 편으로 끌어들이기가 매우 쉽다는 것입니다.

그들은 군주가 자신들에 대해 품고 있는 부정적인 인식을 지우기 위해서는 행동을 통해 보여주는 것이 절실하게 필요하다는 것을 익히 알고 있기 때문에 군주에게 한층 더 충직하게 복종하게 됩니다. 그러므로 군주는 자기의 일에 등한시하는 경향이 있는 자들보다 그러한 자들로부터 항상 더욱 많은 도움을 이끌어낼 수 있는 것입니다.

게다가 신생 군주라면 누구에게나 상기시킬 필요가 있는 중요한 문제가 있습니다. 즉 현지에 있는 인물들의 도움을 받아 권력을 차지한 지 얼마 되지 않는 신생 군주라면, 그들이 어떤 이유로 자신을 도와주게 되었는지를 잘 생각해 보아야 한다는 것입니다.

만약 순수하게 군주를 좋아해서가 아니라 단순히 이전의 국가에 불만이 있어 도와준 것이라면, 그들을 우호 세력으로 유지하는 것이 무척 힘들고 수많은 어려움을 겪어야 합니다. 왜냐하면 신생 군주 역시 그들을 만족시키기는 매우 어렵고 힘들 것이기 때문입니다.

과거와 최근의 사건들에서 찾아 낸 사례들을 검토해 보면, 이전의

---

1) 판돌포 페트루치(Pandolfu Petrucci, 1450~1512) : 시에나의 군주. 청년 시절에는 고향에서 추방당하여 유랑하다가 형 자코모(Jacomo)가 죽은 뒤 1497년에 귀향하여 1500년에 계부를 죽이고 시에나의 지배자가 되었다.

정권에 만족했기 때문에 신생 군주의 적이 된 사람들을, 이전 정권에 불만이 있었기 때문에 신생 군주에게 도움을 주었던 사람들보다 훨씬 더 쉽게 우호 세력으로 만들 수 있다는 점은 명백합니다.

### 상황에 따라 이롭기도 하고 해롭기도 한 요새 구축

군주들은 자신의 권력을 한층 더 강화시킬 목적으로 흔히 요새를 구축해 왔습니다. 요새는 음모를 꾸미는 자들에게 방어벽으로 사용될 수 있으며 갑작스러운 공격을 받을 때는 안전한 피신처를 제공하기 위해 고안되었습니다. 이러한 관행은 아주 오래 전부터 이루어져 온 것이기 때문에 아주 좋은 수단이라는 것을 인정할 수 있습니다.

하지만 우리 시대의 니콜로 비텔리[2]는 자신의 통치를 유지하기 위해  치타 디 카스텔로에 있는 두 개의 요새를 허물어 버렸습니다. 또한 우르비노의 공작 구이도발도[3]는 체사레 보르자에게 빼앗겼던 영지를 되찾았을 때 그 지역에 있던 요새들을 모두 파괴해 버렸습니다. 요새들이 없다면 나라를 다시 빼앗길 가능성이 줄어드는 것이라고 생각했기 때문입니다.

벤티놀리오 가문도 역시 볼로냐를 되찾게 되었을 때 같은 결정을 내렸습니다. 요새는 경우에 따라 이롭기도 하고 해롭기도 한 것입니다. 어느 면에서는 요새가 유용하기도 하지만 어떤 경우에는 해를 입

---

2) 니콜로 비텔리(Niccolo Vitelli, ?~?) 치타 디 카스텔로의 성주. 교황 식스투스 4세에 의하여 일시 추방되었으나 교황이 죽은 후 피렌체 군의 원조를 얻어 복위했다.

3) 구이도발도(Guidolado, 1472~1508) : 우르비노 대공 1세의 아들. 그의 통치기에는 예술과 문학이 전성기를 누렸다.

히기도 하는 것입니다.

이 문제는 다음과 같이 정리할 수 있습니다. 만약 군주가 외부의 세력보다 백성을 더 두려워하는 경우라면 요새를 구축해야만 합니다. 그러나 백성보다 외부의 세력을 더 두려워하는 경우라면 요새를 구축해서는 안 됩니다. 프란체스코 스포르차가 건설한 빌라노의 성벽(1450년에 그가 지배자가 되자마자 세웠다.)은 그 나라에서 발생한 다른 어떤 혼란보다 스포르차 가문에게 더 많은 분쟁의 근원이 되었고 또 앞으로도 그럴 것입니다.

## 군주에게 가장 훌륭한 요새는 백성이다

따라서 군주에게 있어 가질 수 있는 최선의 방법은 미움을 받지 않는 것입니다. 요새가 있다 해도 백성들이 군주를 미워하게 되면 요새가 군주를 구출하지는 못할 것이기 때문입니다. 왜냐하면 백성들이 무기를 들고 봉기하게 되면 그들을 지원할 태세가 되어 있는 외세가 반드시 나타날 것이기 때문입니다.

근래의 예들에서 볼 수 있듯이 포를리 백작부인 외에는 요새의 도움을 받았던 군주는 아무도 없었습니다. 남편인 지롤라모 백작이 암살된 후(1488년 4월 14일) 포를리 백작부인은 성 안으로 들어가 백성들의 공격을 피할 수 있었으며 밀라노로부터 원군이 올 때까지 버틸 수 있었으므로 다시 권력을 되찾을 수 있었습니다.

그 당시의 상황은 백성들을 도울 수 있는 외부 세력이 전혀 없었습니다. 그러나 훗날 체사레 보르자가 진격하고 적개심에 찬 백성들이 그 침략군에 합세하자 그 요새는 그녀에게 아무런 도움도 되지 않았습니다. 따라서 두 경우 모두에서 볼 수 있듯이 요새에 의지하는 것보다 백성들에게 미움받지 않는 것이 그녀를 보다 더 안전하게 보호했을 것입니다.

그러므로 이런 모든 일들을 고려해 볼 때 저는 요새를 구축하는 군주만큼이나 요새를 구축하지 않는 군주에게도 찬사를 보내고 싶습니다. 그러나 요새를 믿고 백성들의 미움을 사는 것을 두려워하지 않는 군주들은 비난을 받아 마땅합니다.

• • •

Chapter **21**

# 명성을 얻기 위해 군주는 어떻게 처신해야 하는가

## 위대한 업적으로 명성을 얻은 군주 페르디난도

대규모의 전쟁을 수행하고 비범한 업적을 세우는 것보다 군주에게 높은 명성을 가져다주는 것은 없습니다. 우리 시대에는 스페인의 왕인 아라곤 가의 페르디난도가 그 탁월한 예를 보여 줍니다.

그는 약소국의 군주(아라곤의 왕)에서 출발하여 명성과 영광을 품에 안은 그리스도교 세계의 가장 유명한 왕이 되었으므로 거의 신생 군주라고 불러도 무난할 것입니다. 그가 이룬 업적들을 살펴보면 모든 업적이 매우 주목할 만하고, 몇몇 업적은 상상할 수 없을 정도입니다. 그는 통치 초기(1480년. 정복은 1492년 3월에 완료되었다.)에 그라나다(스페인 남부에 있던 회교도 왕국)를 공격했으며, 그 전쟁을 통해 국가의 탄탄한 토대를 만들었습니다.

그는 무엇보다도 우선 내정이 안정되고 반대를 무릅쓰지 않아도 될 시기에 전쟁을 시작했습니다. 그는 카스티야의 제후들이 전쟁에만 온 신경을 집중하게 하여 국내에서 어떠한 반란도 모의할 수 없게 만들었습니다. 그러한 방법을 통해 제후들이 알아차리지 못하는 동안에 명성을 쌓으면서 부지불식간에 그들에 대한 지배력을 확고히 했습니다.

그는 교회와 백성들이 제공하는 돈으로 군대를 유지할 수 있었으며 그 군대는 그 긴 전쟁을 통해 훗날 그가 대단한 업적을 성취하여 드높은 명성을 떨치게 했습니다.

게다가 더 큰 전쟁을 수행하려는 자신의 목표를 위해서 그는 종교를 명분으로 하여 잔인하지만 경건한 정책을 통해 성스러운 잔혹함을 명분 삼아 왕국 내의 무어 인[1]들을 색출하여 죽이고 몰아내는 등 유례없이 참혹한 짓을 저질렀습니다.

똑같은 명분을 내세워 그는 아프리카를 공격했으며 이탈리아를 침략했고, 최근에는 프랑스마저 공략했습니다.

이런 식으로 그는 항상 위대한 일을 계획하고 성취했는데 이로 인해서 , 그의 백성들은 항상 사태의 귀추를 주목했으며 긴장 속에 경이로워했으며 언제나 그 결과에 매료되었습니다. 그리고 그의 이러한 행동은 끊임없이 계속되었으므로 그에 대한 반란을 시도할 수 있는 사람은 아무도 없었습니다.

---

1) 무어 인(Moors) : 아프리카 서북부 모로코 지방에 사는 회교 인종으로서, 베르베르 인과 아라비아 인의 혼혈종이다.

## 비법한 행동을 통한 평판

또한 군주가 국내의 문제를 다룸에 있어서도, 밀라노의 군주인 베르나보[2] 공작이 그랬던 것처럼 비범한 재능을 보이는 것은 매우 유익합니다. 그는 백성들 중의 누군가가 어떤 특별한 일(군사적이지 않은 모든 활동)을 했을 경우, 그것이 좋은 일이건 나쁜 일이건 그 사람을 꼭 찾아내 상을 내리거나 벌을 주어 사람들 사이에 화제가 되도록 만들었습니다. 군주는 무엇보다도 먼저 자신의 모든 행동을 통해 비범한 능력을 지닌 위대한 인물이라는 평판을 얻도록 노력해야만 합니다.

## 중립은 적을 만든다

군주는 자신이 진정한 동맹인지 아니면, 철두철미한 적인지를 밝히면 높은 존경을 받습니다. 이러한 정책은 중립을 지키는 것보다 항상 더 낫습니다.

만약 인접해 있는 두 강대국이 전쟁을 하게 됐을 경우, 어느 한쪽이 이기게 되면 그는 군주에게 위협이 될 수도 있고 그렇지 않을 수도 있습니다. 이러한 두 가지 상황 중 어느 경우에나 군주의 입장을 명확히 밝히고 강력하게 싸우는 것이 언제나 보다 더 현명한 정책이 됩니다. 왜냐하면 서로 싸우는 군주들이 당신에게 위협적인 존재인 경우 만약 당신이 자신의 입장을 밝히지 않았을 경우, 승리한 자의 기쁨과 만족

---

2) 데르나보 비스콘티(Bemabo Visconti, 1323~1385) : 밀라노의 실력자인 조반니 비스콘티(Giovanni Visconti, 1290?~1354)의 조카로, 조반니가 죽자 그의 대권(大權)을 인수하여 파비아에 조가(朝家)를 세우고 폭정을 하다가 조카인 갈레아초 비스콘티(Galeazzo Visconti, 1351~1402)에 의해 투옥되었으며, 처형되었다.

감을 충족시키기 위한 먹이가 될 것이기 때문입니다.

또한 명분이 없으므로 도와주기 위해 달려올 세력도 전혀 없을 것인데 그것은 자업자득이라고 할 수 있습니다. 왜냐하면 승리를 거둔 자들은 누구나 자신이 곤경에 빠졌을 때 도와주지도 않을 신뢰하기 어려운 자를 동맹으로 원치 않기 때문입니다. 그리고 패자는 당신이 그를 지원해 주는 위험을 기꺼이 감수하지 않았기 때문에 어떠한 호의도 베풀지 않을 것입니다.

고대 아이톨리아 인들의 요청에 따라 로마 인들을 몰아내기 위해 안티오코스가 그리스를 침범한 적이 있었습니다. 안티오코스는 사절을 보내 로마에 우호적인 아카이아 인들에게 중립을 지켜줄 것을 제의했습니다. 반면에 로마는 그들에게 자신들의 편에 서서 싸울 것을 권유했습니다. 중립을 지켜 달라는 안티오코스 사절의 권유에 대해 아카이아 인들은 토론을 벌였습니다. 로마의 사절은 이 문제에 대해 이렇게 대답했습니다.

"전쟁에 개입하지 말아 달라는 그들의 제안은 철저히 당신들의 이익에 반하는 일이 될 것이다. 전쟁에 참여하지 않는다면 당신들은 일고의 가치도 없이 승자의 제물이 되고 말 것이다."

### 확실한 동맹이 친선을 획득한다

우호 세력이 아닌 군주는 언제나 중립으로 남아 있기를 원하는 반면에 우호 세력인 군주는 항상 무기를 들고 함께 싸울 것을 원합니다. 우유부단한 군주들은 언제나 당장의 위험을 피하기 위해 중립으로 남으려 하지만, 그것은 번번이 파멸의 원인이 되고 맙니다.

만약 확실하게 지원했던 군주가 승리를 거두었을 경우, 비록 그가 강력한 세력을 갖추게 되었고 그의 처분만을 기다리게 되겠지만, 그는 당신에게 신세를 졌기 때문에 우호관계가 성립되었습니다. 인간이란 결코 그런 상황에서 상대를 공격할 정도로 파렴치하지는 않습니다.

또한 특히 정의와 관련되었을 때, 승자가 방자하게 행동해도 무방할 만큼 완벽한 승리는 없습니다. 그러나 도움을 주었던 군주가 패했다 해도, 힘이 남아 있는 한 당신을 도와 줄 것입니다. 그리하여 당신은 다시 재기할 수도 있는 운명을 함께 개척해 갈 동맹이 되는 것입니다.

서로 전쟁 중인 두 나라의 세력이 미약하여 누가 이기든지 위협이 되지 않을 것 같은 상황에서도 그 전쟁에 가담하는 것이 더욱 현명한 정책입니다. 왜냐하면 다른 군주의 도움으로 또 다른 군주를 몰락시키는 셈이 될 것이기 때문입니다. 만약 그 군주가 현명한 인물이라면 자신의 적을 살려둘 것입니다. 다른 군주의 도움 없이는 이길 수 없었으므로 승자가 된 그는 이제 그 당신의 처분에 맡겨지는 것입니다.

## 강력한 세력과는 결코 자발적인 동맹을 맺지 말라

그러나 앞에서 이미 말한 것처럼 피치못할 상황이 아니라면 다른 국가를 공격하기 위해 자신보다 강력한 군주와 동맹을 맺어서는 안 된다는 것을 명심해야만 합니다. 만약 그와 함께 승리를 거두게 되면 당신은 그의 수중에 들어갈 것이기 때문입니다.

군주란 모든 노력을 다해 다른 군주의 처분에 자신이 맡겨지는 일은 피해야만 합니다. 베네치아 인들은 밀라노 공작을 공격하기 위해 스스로 프랑스와 동맹을 맺었습니다. 그들은 이 동맹을 피할 수도 있었지만, 결국 그로 인해 몰락하게 되었습니다.

그러나 교황과 스페인 왕이 롬바르디아를 공격해 왔을 때(1512년)의 피렌체가 처했던 상황처럼 동맹을 맺을 수밖에 없는 상황이라면 앞서 말한 이유로 군주는 동맹을 맺어야 합니다.

어떤 국가든 안전한 정책을 따르는 것이라고 항상 믿어서는 안 됩니다. 오히려 모든 정책은 위험을 수반한다는 점을 깨달아야 할 것입니다. 사물의 도리상 하나의 위험을 피하고자 하면 으레 다른 위험에 직면하기 때문입니다. 따라서 신중하게 어려움의 정체를 파악하고 피해가 최소화될 수 있는 대안을 선택해야 합니다.

## 산업과 상업의 장려

군주는 또한 자신이 능력이 있는 자들을 아끼고 어떤 모든 기술 분야에서 뛰어난 능력을 보이는 자를 우대한다는 것을 널리 과시해야만 합니다.

더 나아가 백성과 신하들이 상업과 농업 및 그 외의 분야에서 평화롭게 안정적으로 종사할 수 있도록 해야 합니다. 그들이 빼앗길 것을 두려워해 재산 늘리는 것을 주저하거나, 세금이 두려워 상업에 종사하지 않으려는 일이 없도록 해야 합니다. 오히려 그는 어떤 방법으로든 그의 도시와 국가를 명예롭게 하려는 자들에게는 보상을 내려야만 합니다.

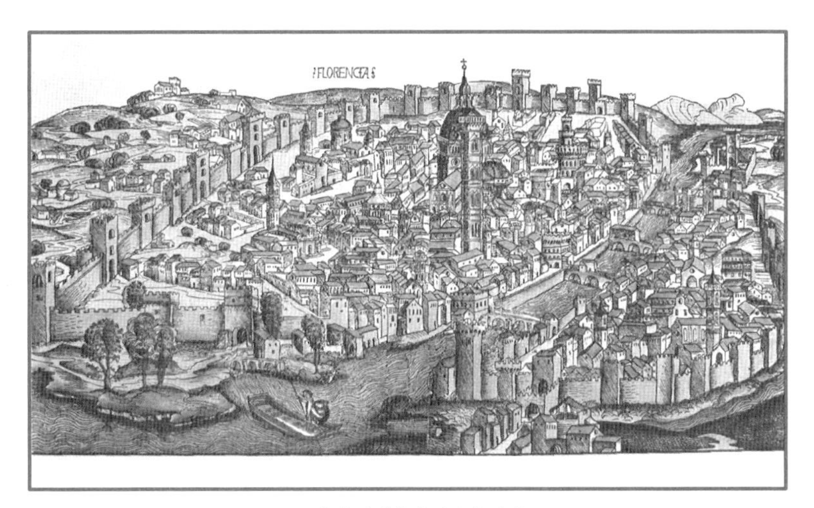


15세기 피렌체의 시가지 전경

이러한 것들 외에도 일 년 중 적절한 시기에 축제나 볼거리를 만들어 사람들을 즐겁게 만들어야 합니다. 각각의 도시는 길드나 씨족 단위로 나뉘어 있기 때문에 군주는 그러한 집단에게 적절한 호의를 베풀어, 가끔씩 그들과 어울리면서 자비로움과 넉넉한 씀씀이를 보여주어야 할 것입니다. 하지만 어떤 경우라도 결코 군주로서의 위엄을 훼손되어서는 안 되므로 그것을 보존하기 위해 항상 신경을 써야 합니다.

• • •

Chapter 22

# 군주의 측근 신하들에 관하여

## 군주의 지혜는 측근 선택에서 나타난다

조언을 해 줄 측근을 선택하는 일은 군주에게 무척 중요한 문제입니다. 그들이 훌륭한 재능을 갖추었는지 혹은 그 반대인지는 군주의 지혜에 달려 있습니다. 통치자의 지적 능력을 알고 싶다면 우선 그 주변에 있는 인물들을 살펴볼 필요가 있습니다.

그들이 유능하고 충성스럽다면 군주는 항상 지혜롭다고 판단하면 됩니다. 왜냐하면 군주에게 그들의 재능을 파악하고 충성을 바치도록 만드는 능력이 있기 때문입니다. 만약 그 반대의 경우라면 군주를 낮게 평가할 수밖에 없습니다. 그 군주가 저지른 가장 큰 실수가 그러한 측근들을 선택한 것이기 때문입니다.

시에나의 군주 판돌포 페트루치의 측근인 안토니오 다 베나프로[1)]

를 알고 있는 사람이라면, 그를 측근으로 삼고 있다는 이유만으로 판돌포를 매우 유능한 인물이라고 판단할 것입니다.

인간은 지적 능력에 따라 세 가지 부류가 있습니다. 첫 번째는 사물을 스스로 이해하는 것이며, 두 번째는 남들의 설명을 들은 후 판단하는 것, 세 번째는 남의 이야기를 듣고서도 결코 이해하지 못하는 것입니다. 첫 번째 부류는 매우 우수하고, 두 번째는 우수하며, 세 번째는 쓸모 없는 경우라 할 수 있습니다.

그러므로 비록 판돌포의 지적 능력이 첫 번째 부류에 속하지 못한다고는 해도, 그는 분명히 두 번째 부류에는 속한다고 할 수 있습니다. 왜냐하면 만약 군주가 스스로 독창적인 생각을 할 수 없다 해도 다른 사람의 말과 행동을 통해 옳고 그름을 가려낼 수 있다면, 측근의 현명한 행동과 나쁜 행동을 판단하여 전자의 행동에는 상을 내리고 후자는 교정시킬 수 있기 때문입니다. 그리고 측근의 입장에서는 그가 군주를 속일 수 없다는 것을 알기 때문에 좋게 처신하려고 노력할 것입니다.

## 충성스런 측근을 판단하는 방법과 신뢰 유지법

군주가 측근의 사람됨을 판단할 수 있도록 해 주는 확실한 방법이 있습니다. 만약 군주의 일보다 자신의 일에 대해 더 많이 생각하고 모

1) 안토니오 다 베나프로(Antonio da Venafro, 1459~1530) : 본명은 안토니오 조르다니(Antonio Giordani). 시에나 대학의 법률학 교수였으나 판돌포 페트루치가 그의 인물됨을 알아보고 재상(宰相)으로 기용했다.

든 행동에서 자신의 이익을 추구한다면, 그는 결코 좋은 측근이 될 수 없으며 군주는 결코 그를 신뢰할 수 없습니다.

군주를 대신하여 국가를 다스리는 사람은 절대 자신을 돌보아서는 안 되며, 언제나 군주에 대해서만 생각해야 하기 때문입니다.

반면에 군주는 측근의 충성심을 유지시키기 위해 그를 잘 관찰하여 우대하고 부유하게 만들며 친숙하게 대함으로써 명예와 관직을 수여하는 등 그를 잘 보살펴 주어야 합니다. 그렇게 하면 그 측근은 군주 없이는 자신이 존재할 수 없다는 것을 알게 되며, 이미 얻은 풍부한 재산이 있으므로 더 많은 재산을 탐하지 않게 되며, 자신에게 부여된 많은 관직들을 잃을까 염려하여 변화를 두려워하게 되는 것입니다.

그러므로 측근과 군주가 그러한 관계를 유지한다면 서로 계속해서 신뢰할 수 있을 것입니다. 반대로 그렇지 못한다면, 항상 그 두 사람 중 어느 한 편이 불행한 결과를 맞게 될 것입니다.

Chapter 23

# 아첨꾼을 피하는 방법

## 현명한 사람들은 신중한 군주에게 진실을 말한다

군주가 지극히 현명하지 못하거나 아니면 인선에 실패할 경우, 자신을 보호하면서 어려움을 겪게 되는 하나의 실수를 중요하게 취급하지 않을 수 없습니다. 바로 조정에 널리 퍼져 있는 아첨꾼들에 관한 문제입니다.

인간들은 자신과 관련된 문제에 있어 자만심이 강하고 스스로 속는 존재이기 때문에 자기기만이라는 질병으로부터 벗어난다는 것은 매우 어려운 일입니다. 또한 아첨꾼들로부터 자신을 보호하기 위한 모종의 방법들은 멸시를 받게 되는 위험을 수반합니다.

그러므로 아첨에 빠져들지 않도록 하는 유일한 방법은, 자신이 진실한 이야기를 듣더라도 결코 화내지 않는다는 것을 사람들이 알게 하는 것입니다. 하지만 개별적으로 모든 사람들이 군주에게 진실을 말할 수 있다면 군주에 대한 존경심은 사라지고 말 것입니다.

따라서 현명한 군주라면 제3의 방법을 택해야만 합니다. 현명한 사람들을 선별하여 그들에게만 진실을 자유롭게 이야기할 수 있도록 하는 것입니다. 그러나 오직 군주가 요청할 경우에만 진실을 이야기해야 하며 아무 때나 허용해서는 안 됩니다.

그러나 군주는 모든 일에 있어 그들의 의견을 묻고 그 후에 자신만의 방식으로 심사숙고해야 합니다. 그리고 조언자들의 충고가 솔직하면 할수록 더욱 더 그들의 말이 받아들여진다고 믿도록 행동해야만 합니다.

군주는 그들 외에는 다른 누구의 말에도 귀를 기울여서는 안 되며, 한 번 결정된 정책은 철저히 추구하며 자신의 결정에 관해서 동요해서도 안 됩니다. 이와 같이 행동하지 않는 군주는 아첨꾼들 사이에서 몰락하거나 그가 받는 여러 의견들에 따라 자주 결정을 바꾸게 될 것입니다. 또한 그러한 처신으로 인해 존경받지 못하게 됩니다.

### 혼자 생각하고 결정하는 막시밀리안의 사례

이 문제와 관련하여 최근의 예를 들어보겠습니다. 지금의 황제 막시밀리안 1세[1]의 조언자인 루카 신부[2]가 황제께서는 지금까지 어느

---

1) 막시밀리안 1세(Maximilian I, 1459~1519) : 독일의 왕(1486~1519)이며, 신성 로마제국의 황제(1493~1519). 밀라노와 나폴리의 이권(利權)문제로 1494년에 프랑스와 개전하고 1508년에는 베네치아에 대항하여 캉브레 동맹에 가담하고, 1513년에는 프랑스에 대항하여 신성 동맹을 체결했다. 재사(才士)였으나 정치적으로는 크게 성공하

누구와도 상의하지 않고 그렇다고 자신의 방식대로 행동한 적도 없다고 말한 적이 있었습니다. 이러한 일은 앞서 제가 충고한 대로 그가 행동하지 않은 데에서 비롯된 결과입니다.

황제는 항상 은밀한 인물로서 자신의 계획들을 아무에게도 알리지 않으며 타인의 조언을 구하지도 않습니다. 그러나 황제의 계획을 수행함에 따라 궁정에 있는 사람들이 그것에 대해서 알게 되고 서서히 알려지면서 달리 행동하라고 조언하기 시작합니다. 그러면 귀가 얇은 황제는 설득을 당해 자신의 계획을 거두어들이기도 합니다. 그 결과 황제가 어느 날 계획한 것들은 그 다음 날 취소되고 그가 이루기를 원하거나 하고자 하는 것이 알려진 적이 결코 없으며, 어느 누구도 그의 결정을 신뢰할 수 없게 됩니다.

그러므로 군주는 언제나 조언을 들어야 하지만 남이 아닌 자신이 원할 때 들어야 합니다. 요구하지도 않았는데 아무나 조언을 하는 일은 없도록 해야 합니다. 그러나 군주는 조언을 구하고 자신의 요청에 관한 솔직한 조언들에 대해서는 참을성 있게 귀를 기울일 태세가 되어 있어야 합니다. 더 나아가 어떤 이유에서건 자신에게 침묵을 지킨다는 것을 알게 되면 노여움을 표시해야 합니다.

---

지 못했다. 첫째 부인 메리(Mary)가 죽고 비안카 스포르차(Bianca Sforza)를 재취로 맞아들임으로써 이탈리아의 정국에 말려들기 시작했다.

2) 프레 루카(Pre Luca) : 마키아벨리 시대에 오스트리아에 주차(駐箚)하던 독일의 사신. 마키아벨리는 두 번에 걸쳐 그를 만난 적이 있다.

## 현명한 군주만이 현명한 정책을 따른다

어떤 군주가 현명하다는 평을 듣는 이유는 그가 지혜롭기 때문이 아니라 그의 조언자들이 훌륭하기 때문이라고 말하는 사람들이 많지만, 그것은 분명 잘못된 견해입니다. 왜냐하면 현명하지 못한 군주가 적절하게 조언을 받아들일 수 없다는 것은 너무나도 뻔한 일이기 때문입니다. 군주가 우연히 어느 한 인물에게 전적으로 의존했는데, 그 인물이 매우 유능하고 매사를 대신해 잘 처리하고, 또한 무척 신중한 경우를 제외하고는 그럴 수 없습니다.

하지만 그런 경우, 군주는 확실히 적절한 조언을 들을 수는 있겠지만, 그러한 인물이 쉽게 군주에게서 국가를 빼앗을 수 있기 때문에 그의 권력은 오래 지속될 수 없습니다.

현명하지 못한 군주가 한 사람 이상의 조언을 듣게 되면 그는 항상 서로 다른 조언을 들을 수밖에 없을 것이며, 그러한 의견들을 잘 조정할 수도 없을 것입니다. 왜냐하면 조언자들은 한결같이 각자의 이해관계를 앞세울 것이기 때문입니다. 군주는 그러한 경향을 이해하지도 못하고 통제할 수도 없을 것입니다.

그리고 인간이란 어떤 필요에 의해 선한 행동을 해야만 하는 경우가 아니라면, 당신에게 악행을 저지르기 때문에 자신의 이익을 따지지 않는 조언자를 구할 수 없습니다. 따라서 훌륭한 조언이란 누가 제시하든 간에 상관없이 근본적으로 군주의 현명함에서 비롯되는 것이며, 훌륭한 조언에 의해 군주의 현명함이 생기는 것이 아니라는 결론을 내립니다.

Chapter 24

# 이탈리아 군주들이 나라를 잃은 이유

## 신생 군주가 누리는 이점

만약 지금까지 논의한 조치들을 능숙하게 실천한다면 신생 군주는 오래 된 군주처럼 확고하게 보이게 될 것이며, 그가 세습 군주였을 때보다 단시일 내에 그 권력을 확고하게 정립할 수 있을 것입니다.

신생 군주의 행동은 세습 군주보다 훨씬 더 많은 주목을 받게 마련입니다. 만약 그의 업적이 훌륭하다고 인정되면 세습 군주보다 더욱 많은 인재들을 끌어모을 수 있으며 그들을 보다 더 강하게 결속시킬 수 있습니다. 왜냐하면 인간은 과거보다는 현재의 문제에 훨씬 더 많은 관심을 갖게 되며, 현재가 만족스럽다는 것을 알게 되기 위해 모든 노력을 기울일 것입니다.

그리하여 신생 군주는 이중의 영광을 누리게 될 것입니다. 왜냐하면 그는 첫째 새로운 군주국을 창건했고, 둘째 훌륭한 법률과 강력한 군대, 믿을 만한 동맹과 모범적인 행동을 통해 국가를 잘 정비하고 부강하게 만들었기 때문입니다. 그러나 국가를 물려받았으나 통찰력과 통치력이 부족하여 나라를 잃는 자는 이중의 수모를 겪습니다.

### 국가를 잃은 군주들의 공통적 결함

나폴리의 왕(페르난도 5세), 밀라노의 공작 등과 같이 최근에 국가를 잃게 된 이탈리아의 군주들을 살펴보면, 이미 장황하게 논의했던 것처럼 우선 군사와 관련된 문제에 있어 공통적인 취약성을 발견할 수 있습니다. 그 외에는 백성들이 군주에게 적대적이거나, 백성들은 호의적이었지만 귀족들을 통제할 수 없었던 경우도 발견할 수 있습니다. 왜냐하면 이러한 결함들이 없었다면 전쟁에 나설 군대를 유지할 정도의 힘만 있어도 군주는 국가를 잃지 않을 것이기 때문입니다.

마케도니아의 필리포스 5세[1](알렉산드로스 대왕의 아버지가 아니라 티투스 퀸투스[2]에게 패한 인물)가 차지하고 있던 영토는 자신을 공격한 로마와 그리스에 비해 비교할 수 없을 정도였습니다. 그럼에도 불구하고 진정한 용사였던 그는 백성들을 끌어모으고 귀족들을 확실히 다루는 방법을 알고 있었기 때문에 그들에 대한 전쟁을 오랫동

1) 필리포스 5세(Philippos V. 기원전 237~179, 재위 220-179) : 마케도니아의 왕. 기원전 214~205년과 200~197년 로마와의 전쟁에서 대패하고 그리스에서의 주도권을 상실했다.
2) 티투스 퀸투스(Flamininus, Titus Quintus, 기원전 227?~174) : 로마의 정치가. 이상주의적인 그리스 예찬론자이며 탁월한 외교 수완으로 그리스의 총독이 되었으며 제2차 포에니 전쟁 때 공을 세었다.

안 지속할 수 있었습니다. 그는 결국 자신이 다스리던 몇몇 도시를 잃기는 했지만 자신의 왕국을 유지했던 것입니다.

### 군주는 자신의 능력에 의지해야 한다

따라서 오랫동안 국가를 다스리다가 잃어버린 우리 시대의 군주들은 자신의 운을 탓해서는 안 되며, 오히려 자신의 무능함을 책망해야 합니다. 왜냐하면 평화롭던 시절에 그들은 사태가 변할 것이라고는 결코 생각하지 않았기 때문입니다. 날씨가 좋을 때는 폭풍이 올 수도 있다는 것을 생각하지 않는 것은 인간의 공통적인 약점입니다. 그러다가 곤경에 처하게 되면 그들은 자신들을 지켜낼 생각은 하지도 않고 오직 도망갈 궁리만 했습니다. 그러면서도 승리자들의 오만방자함에 분노한 나머지 백성들이 결국 자신들을 다시 권좌로 불러줄 것이라고 기대했습니다.

이러한 정책은 다른 모든 정책이 가능하지 않다면 시도할 수도 있겠지만, 그 외의 다른 대안들을 고려하지 않은 채 이것에만 의존하는 것은 옳지 않습니다. 누군가 자신을 일으켜 세워 줄 것을 기대하면서 넘어져서는 안 됩니다. 그러한 일이 일어나지 않을 수도 있으며, 설사 백성이 당신을 일으켜 세워준다 해도 확고해졌다고 할 수 없기 때문입니다.

스스로의 힘으로 일어서지 못한다면 그러한 방어는 당신의 능력 밖에 있기 때문에 유약하고 비겁한 것입니다. 당신의 주도 하에 있고 자신의 능력에 입각한 방어만이 효과적이고 영구적입니다.

• • •

Chapter 25

# 인간사에 행사하는 운명의 힘과 운명에 대처하는 방법

## 운명은 행동의 반 이상을 통제한다

저는 원래 이 세상에서 벌어지는 일들이 운명과 신에 의해 좌우되기 때문에 인간의 능력은 그것을 통제할 수 없다고 많은 사람들이 생각해 왔고 여전히 그렇게 생각한다는 것을 잘 알고 있습니다. 인간의 지혜로는 운명과 신을 어찌해 볼 수 없으며, 아무런 대책도 없기 때문에 운명이나 신과 관련된 문제는 매사에 땀을 흘리며 노력을 기울일 필요도 없고 그저 운명이 지배하도록 내버려 두는 것이 좋다고 결론지을 수도 있습니다.

이러한 견해는 지금까지 일어났던 그리고 앞으로 일어날 인간의 판단을 넘어선 엄청난 변화들 때문에 우리 시대에 더욱 더 확고히 믿어지고 있습니다. 가끔씩 이러한 일들에 대해 생각해 볼 때 저도 간혹 어느 정도까지는 공감하게 됩니다.

그러나 운명이 인간의 행동 중 반을 관장한다는 것이 진실이기는 하지만 자유 의지가 영원히 사라지지 않도록 하기 위해서라도, 적어도 나머지 반만큼은 우리 인간들에게 맡겨져 있다고 생각합니다.

### 운명의 범람은 통제할 수 있다

저는 운명의 여신을 격렬하게 넘실대는 강물에 비유하고자 합니다. 그 거친 물결이 넘치게 되면 평원을 뒤덮고 나무와 건물들을 파괴해 버리며, 이쪽의 땅을 휩쓸어 다른 곳에 옮겨 놓기도 합니다. 모든 사람이 그 물결 앞에서 도망가 버리고, 그 어떤 방법으로도 맞설 수가 없어서 굴복하고 맙니다.

그러나 비록 강물이 그러한 본성을 지녔다 해도, 강이 평온해졌을 때 인간이 제방과 둑을 쌓아 예방 조치를 취함으로써, 강물이 다시 불어 넘치더라도 수로를 따라 흐르게 하거나 그 세력을 약화시켜 위험하지 않도록 만들 수는 있습니다.

운명의 경우도 이와 마찬가지입니다. 운명은 맞서서 견뎌 내기 위한 준비가 되어 있지 않은 곳에서 그 위력을 드러내며 운명을 막기 위한 제방이나 둑이 만들어져 있지 않은 곳을 덮칩니다.

이러한 격변의 무대이자 변화가 진행 중인 이탈리아를 살펴보면 이 나라가 단 하나의 방어 시설도 없는 들판인 것을 알 수 있습니다. 만약 이 나라가 독일이나 스페인 그리고 프랑스처럼 적절한 수단으로 방어벽을 만들었다면 홍수로 인한 대변혁을 초래하지 않았거나 홍수 자체가 전혀 일어나지 않았을 것입니다. 이 정도면 운명에 맞서는 일반적인 방법에 대해서 충분히 말한 셈입니다.

그러나 이 문제를 좀 더 특별한 경우에 한정해 살펴보면 재능이나 성품이 전혀 변하지 않았음에도 오늘은 흥했다가 내일은 망하는 군주를 볼 수 있습니다. 저는 이러한 변고는 무엇보다 앞에서 충분히 논의했던 원인들에 의해 발생한다고 믿고 있습니다. 말하자면 전적으로 운명에 의지하던 군주는 그 운명이 변화하면 몰락해 버린다는 것입니다.

또한 우리의 대처 방식이 시대와 상황에 적합할 때 성공할 것이며, 자신의 행동 방식을 시대와 조화롭게 이끌지 못한 사람은 실패한다고 생각합니다. 왜냐하면 모든 사람들이 궁극적으로 추구하는 목표, 곧 영광과 재산을 얻기 위해 모두 다른 방식으로 접근하기 때문입니다. 신중하게 접근하는 사람이 있는 반면 격렬하게 접근하는 사람이 있으며, 힘으로 얻으려는 사람도 있지만 교묘하게 얻는 사람도 있으며, 참을성 있게 기다리는 사람이 있는 반면 그 정반대인 사람도 있습니다. 각각의 개인들은 이처럼 다양한 방법을 통해 자신의 목표를 이룰 수 있습니다.

한편, 신중하게 접근하는 두 사람 중에서 한 사람은 자신의 목표를 달성하지만 다른 한 사람은 실패합니다. 또한 한 사람은 신중하게, 다른 한 사람은 성급하게 처신했지만, 전혀 다른 방법을 택한 두 사람 모두 성공하는 경우도 있습니다. 이러한 상이한 결과에 대한 이유는 그들의 행동 양식이 그들이 활동하는 상황에 부합하는가에서 찾을 수 있습니다.

지금까지 열거한 결과들에 비추어 봤을 때 상이하게 행동한 두 사람이 똑같은 성과를 얻을 수 있습니다. 그리고 똑같은 방식으로 행동한 두 사람 중 한 사람은 자신의 목적을 달성하지만 다른 한 사람은 목적을 달성하지 못할 수도 있습니다.

이것으로부터 번영과 쇠퇴가 거듭됩니다. 왜냐하면 어떤 사람이 신중하고 참을성 있게 행동했는데 시대와 상황이 그가 택한 방법에 어울리는 방향으로 변화한다면 그는 성공할 것입니다. 그러나 시대와 상황이 다시 변하면 그는 자신의 행동 방식을 변화시키지 않았기 때문에 실패할 것입니다.

그리고 이러한 변화에 기민하게 충분히 대응할 수 있을 만큼 용의주도한 사람은 그다지 많지 않습니다. 우리의 타고난 천성과 기질로부터 벗어날 수 없거나, 항상 성공을 거두어 왔던 일정한 방법을 바꾸려 하지 않기 때문입니다.

따라서 신중한 사람이 급하게 행동해야 할 상황이 되면, 어떻게 해야 할지를 모르기 때문에 실패하게 됩니다. 그러나 시대의 흐름에 맞게 자신의 성격을 변화시킬 수 있다면 그러한 사람은 성공할 것입니다.

### 운명은 교황 율리우스 2세를 선호했다

교황 율리우스 2세는 모든 일들을 항상 과감하게 처리했는데 그의 행동 방식이 시대와 상황에 적절히 맞아떨어졌기 때문에 그는 항상 성공적인 결과를 얻을 수 있었습니다. 조반니 벤티볼리오가 살아 있었을 때, 그가 볼로냐를 상대로 펼쳤던 첫 번째 원정에 대해 생각해 보겠습니다.

베네치아 인들은 그 계획에 반대했고, 스페인 왕도 마찬가지였습니다. 그 작전에 관해서 율리우스는 프랑스 왕(루이 12세)과 협상을 한 적도 있었습니다. 그럼에도 불구하고 교황은 특유의 결단력과 과감성으로 그 원징을 친히 지휘했습니다. 그의 진격은 스페인 왕과 베네치아 인들의 허를 찔렀고 아무런 대책을 마련하지 못하고 수동적인 태도를 취하게 했습니다. 베네치아 인들은 두려움 때문에, 스페인 인들은 나폴리 왕국 전체를 다시 탈환하고 싶은 욕망 때문에 그렇게 했던 것입니다.

한편 교황 율리우스는 프랑스 왕을 참전하도록 만들었습니다. 프랑스 왕은 베네치아의 영향력을 축소시키려고 교황과의 동맹을 원하고 있었는데, 교황이 이미 진격했음을 알고 있으면서도 자신의 군대를 파견하지 않는다면 분명히 교황의 기분을 거스르게 될 것이라 판단했기 때문입니다.

율리우스는 이처럼 신속한 진격을 통해 사려 깊은 그 어떤 교황도 성취할 수 없었던 업적을 이루어 냈습니다. 그가 만약 다른 교황이 그럴 법했던 것처럼 모든 조건들을 합의하고 계획이 완벽해질 때까지 로마에서 기다렸다가 비로소 출발했다면 결코 성공하지 못했을 것입니다. 왜냐하면 프랑스 왕은 어떻게 해서든지 수많은 변명거리를 만들어냈을 것이고, 다른 나라들은 수천 가지의 우려되는 문제들을 제기했을 것이기 때문입니다.

그가 이룬 다른 업적들에 대해서는 거론하지 않겠습니다. 그것들은 모두 다 비슷했으며 모두 다 성공적이었습니다. 짧았던 생애로 인해 그는 그 반대의 경우를 겪어 보지 못했습니다. 그러나 신중한 행동이 요구되는 상황과 마주치게 되었다면 그는 몰락하고 말았을 것입니다. 그는 결코 자신의 타고난 성품을 버리고 행동하지 않았을 것이기 때문입니다.

따라서 저는 운명은 변하지만 사람들은 유연성을 결여하고 있기 때문에, 자신들의 처신 방법이 운명과 조화를 이루게 되면 성공할 것이지만 그렇지 못할 경우에는 실패한다고 결론짓겠습니다.

저의 경우, 신중한 행동보다는 과감한 행동이 더 낫다고 확신하고 있습니다. 왜냐하면 운명의 신은 여신이고 만약 당신이 그녀를 손아귀에 넣어 두고 싶다면 그녀를 거칠게 다루는 것이 필요하기 때문입니다. 그리고 그녀가 냉철한 태도로 접근하는 사람보다 과감한 사람에게 더욱 많이 이끌린다는 점은 명백합니다. 또한 운명의 여신은 항상 젊은이들에게 이끌립니다. 젊은이들은 덜 신중하고 매우 공격적이며 보다 더 대담하게 그녀를 다루기 때문입니다.

Chapter 26

# 이민족의 지배로부터 이탈리아를 해방시키기 위한 권고

## 이탈리아를 통일시키고 구출할 영웅이 출현하기에 적절한 상황

지금까지 논의했던 모든 것들을 고려하면서 저는 지금 이탈리아의 상황이 신생 군주에게 영광을 가져다 줄 만큼 무르익었는가에 대해서 곰곰이 생각해 보고 있습니다. 신중하고 유능한 신생 군주에게는 영광을, 그리고 백성들에게는 행복을 가져다 줄 새로운 형태로 빚어질 기회가 될 만한 요소가 있는지 따져 보고 있습니다. 제게는 신생 군주에게 상서로운 요소가 대단히 많은 것으로 보이며 과거에 지금보다 더 적합했던 시기는 한 번도 없었던 것처럼 보입니다.

제가 이미 주장했던 것처럼 모세의 출중한 능력을 보여 주기 위해서는 이스라엘 민족이 이집트에 예속되는 것이 필요했으며, 키루스의 위대한 정신을 드러내기 위해 페르시아 인들은 메디아 인들에게 억압받았어야 했으며, 테세우스의 뛰어난 능력을 이해하기 위해 아테네 인들은 지리멸렬한 상태에 처해야 했습니다.

마찬가지로 이탈리아 인들이 지니고 있는 용맹과 진가를 인정받기 위해서 이탈리아는 현재와 같은 조건 속에 갇혀 있을 필요가 있습니다. 이탈리아 인들은 이스라엘 인들보다 더 예속되어 있고, 페르시아 인들보다 더 억압받고 있으며, 아테네 인들보다 더 지리멸렬해 있습니다. 지도자도 규율도 안정도 없이 짓밟히고 약탈당하고 갈기갈기 찢기고 유린당해, 이른바 완전히 황폐한 상황에 처해 있습니다.

### 누가 지도자가 될 것인가

그런데 최근에 한 줄기 빛이 한 인물을 통해 나타나기도 했으며, 사람들은 그가 이탈리아의 구원을 성취하기 위해 신께서 임명한 인물이 아닐까 하고 생각하기도 했습니다. 하지만 그 인물은 생의 정점에서 운명으로부터 배척당해 일격에 쓰러져 버렸습니다.

그로 인해 거의 활기를 잃은 이탈리아는 롬바르디아에서 자행되고 있는 약탈과 나폴리와 토스카나 왕국에서의 착취에 종지부를 찍어 줄, 국가의 아픔을 달래 주고 오랫동안 곪아온 상처를 치유해 줄 수 있는 누군가를 애타게 기다리고 있습니다.

지금 이탈리아는 외세의 잔혹하고 오만한 지배로부터 자신을 구해 줄 누군가를 보내 달라고 신께 간절히 기도하고 있습니다. 또한 이탈리아는 누군가가 깃발을 들고 앞서 주기만 한다면 기꺼이 따를 만반의 준비가 되어 있습니다.

이제 이탈리아가 희망을 걸 만한 대상은 오로지 영광스러운 전하의 가문밖에 없습니다. 전하의 가문이야말로 행운과 능력을 겸비하고 있으며 신과 교회의 가호 아래 구원의 선봉장이 되실 수 있습니다.

만약 전하께서 앞에서 언급된 위인들의 행적과 삶을 살겠다고 명심하신다면 그 일은 대단히 어렵지는 않을 것입니다. 비록 그들이 평범하지 않은 뛰어난 인물들이기는 했지만, 그들 역시 인간이었으며 그들 모두가 지금과 같은 호기를 갖지는 못했습니다. 왜냐하면 그들의 과업이 전하께 주어진 것보다 더 정의롭거나, 용이하거나, 신의 가호를 받은 것이 아니기 때문입니다. 이것이야말로 정말로 정의로운 과업입니다.

"꼭 필요한 전쟁은 정의로우며, 아무런 희망이 없을 때의 무력은 신성한 것이다."

전하께서는 실로 놓칠 수 없는 호기를 맞이하셨으니 앞서 제가 모범으로 제시해 드린 위인들의 방법을 따르기만 하시면 커다란 어려움이란 없을 것입니다.

이러한 것들 외에도 신께서 전하에게 전하는 특별한 전조들이 나타나고 있습니다. 즉 바다가 갈라지고, 구름이 전하의 앞길을 제시하며, 바위에서 물이 솟아나며, 하늘에서 만나(옛날 이스라엘 사람들이 광야를 헤맬 때 신이 내려준 음식)가 떨어지는 등, 모든 것들이 전하의 영광을 위해 모여들고 있습니다. 그러나 신은 인간의 자유 의지를 빼앗지 않기 위해 그리고 영광의 한 부분은 인간의 몫이므로, 신께서 모든 것을 다 이루어 주시지는 않기 때문에 전하도 역시 자기 몫의 임무를 수행해야 합니다.

## 이탈리아가 필요로 하는 것은 지도자뿐이다

앞에서 언급한 이탈리아의 지도자들(체사레 보르자와 프란체스코 스포르자) 중에서 어느 누구도 전하의 가문이 이를 것으로 예상되는 업적을 성취하지 못했다거나, 이탈리아에서 나타났던 모든 혁명이나 전쟁에서 이탈리아 인의 군사적 능력이 모두 사라진 것처럼 보였던 것은 놀라운 일이 아닙니다. 그 이유는 이탈리아의 오래 된 제도들이 부실했으며 새로운 제도를 만들 수 있는 사람이 아무도 없었기 때문이었습니다.

신생 군주에게 스스로의 힘으로 새로운 법률과 제도를 만들어 내는 것처럼 커다란 명예를 가져오는 일도 없습니다. 이러한 제도들이 짜임새 있게 구축되고 위업을 성취하는 데 기여하게 되면 군주는 존경받게 되고 경탄의 대상이 됩니다. 그리고 지금 이탈리아에는 그러한 형태들을 만들어 내기 위한 요소들이 풍부합니다.

이 곳 이탈리아에는 탁월한 능력과 용맹을 지닌 인재들이 많지만 지도자들은 그렇지 못합니다. 결투나 적은 사람들이 싸울 때 보여주는 이탈리아 사람들의 힘과 기술 그리고 재주는 대단합니다. 그러나 일단 군대라는 형태가 되면 결코 두각을 나타내지 못합니다. 이런 모든 것은 지도자들의 나약함으로부터 비롯됩니다.

유능한 사람들은 쉽사리 복종하지 않으며, 현재까지 재능과 행운으로 남들을 이끌 수 있는 지도자로 자신을 부각시킬 수 있는 사람은 아무도 없다는 것을 서로 잘 알고 있습니다. 그 결과 지난 20년이라는 아주 오랜 시간 동안 벌여졌던 전쟁에서 이탈리아 병사들만으로 구성된 군대는 언제나 전공이 보잘것없었습니다. 타로 전투가 있으며, 알렉산드라이, 카푸아, 제노바, 바일라, 볼로냐 및 메스트리의 전투들이 모두 이 판단의 타당성을 인정합니다.

## 자국의 군대만이 나라를 구원한다

만약 영광스러운 전하의 가문이 나라를 구원한 뛰어난 인물들을 본받고자 한다면 무엇보다도 먼저 모든 군사 행동의 탄탄한 기반이 될 전하 자신의 사람들로 구성된 군대를 조직해야 합니다. 그보다 더 믿을 만하고, 충성스러우며 훌륭한 군대는 없을 것이기 때문입니다.

그들은 개별적인 병사들로서도 용감하겠지만 자신들이 모시는 군주가 직접 지휘하고, 존중해 주고 우대해 준다는 것을 알게 되면 훨씬 더 강력한 의지를 갖게 될 것입니다. 따라서 이탈리아의 힘만으로 외세로부터 스스로를 보호하기 위해서는 전하 자신의 사람들로 구성된 군대를 양성하는 것이 필수적입니다.

비록 스위스와 스페인의 보병부대가 가공할 만한 전력을 지니고 있다고 하지만, 둘 다 약점이 있으므로 제3의 보병 형태로 그들을 능히 대적할 수 있을 뿐만 아니라 격파할 수도 있다고 확신합니다. 왜냐하면 스페인 보병부대는 기병에 약하고 스위스 군은 자신들처럼 강력하게 싸우는 보병에게는 두려움을 품고 있기 때문입니다.

그래서 우리가 익히 알고 있는 것처럼, 스페인 보병부대는 프랑스 기병을 이겨내지 못했으며 스위스 보병부대는 스페인 보병에 대해서 치명적인 약점을 가지고 있습니다. 물론 후자의 약점에 관한 직접적인 증거는 없지만 라벤나 전투에서 그러한 면모를 엿볼 수 있었습니다. 그 전투에서 스페인 보병부대는 스위스 군과 똑같은 전투 대형을 갖춘 독일군과 싸웠는데, 기민하게 움직이면서 손에 쥔 작은 방패를 활용해 독일군의 긴 창 밑을 들고 들어가 심각한 타격을 입혔습니다. 독일군은 그들을 격퇴할 수 없었으며, 만약 기병들이 도와주지 않았다면 모두 몰살당하고 말았을 것입니다.

그러므로 우선 이러한 두 부대의 약점을 찾아낸다면 기병대를 이겨내고 보병부대를 두려워하지 않을 새로운 형태의 보병 편제를 조직할 수 있을 것입니다. 그리고 적절한 무기를 선택하고 전투 대형을 바꿈으로써 이룰 수 있을 것입니다. 이러한 조치는 다른 어떤 것보다 새로운 제도로서, 신생 군주에게 명성과 위대함을 가져다 줄 것입니다.

## 영광스러운 가문이 지녀야 할 용기와 희망

이탈리아가 그토록 오랫동안 고대해 온 구세주를 만나기 위해 이러한 기회를 그냥 흘려보낼 수는 없습니다. 이탈리아의 모든 지역에서 이방인들의 등살에 고통받고 있는 사람들이 얼마나 많은 정을 가지고 구세주를 맞이할 것인가. 그 때 어느 누가 문을 닫고 있겠습니까? 어떤 백성이 복종하기를 거부하겠습니까? 어떤 시기심이 그를 질투하겠습니까? 어느 이탈리아 사람이 그를 따르는 것을 거절하겠습니까?

야만족의 폭정으로 인한 악취가 우리들 모두의 코를 찌릅니다. 그러므로 이제 영광스러운 전하의 가문이 이러한 정당한 사명을 용기와 희망을 품고 떠맡아야만 합니다. 그리하여 전하의 깃발 아래에서 우리 조국은 승고해질 것이며, 전하의 지도 아래 페트라르카[1]의 시가 현실로 실현될 수 있기를 바랍니다.

분노보다는 재능으로
무기를 들 것이다. 전투는 짧게 끝날 것이다.
이탈리아 인의 가슴에
고대의 용맹이 아직 살아 있으므로…

**프란체스코 페트라르카(Francesco Petrarca, 1304~1374)**

1) 프란체스코 페트라르카(Francesco Petrarca, 1304~1374) : 이탈리아 문예 부흥 시대의 서사 시인. 이탈리아의 역사와 전통에 뿌리를 둔 애국시를 많이 썼다.

• • •

부록 01

# 마키아벨리의 편지

이 편지는 당시 교황청 대사로 주재하던 프란체스코 베토리가 1513년 11월 23일에 보낸 편지에 대한 마키아벨리의 답신으로 그 해 12월 10일에 쓰여졌다. 마키아벨리는 이 편지를 통해 자신이 산 카스치아노에서 가까운 포도농장에서 아침에는 작은 숲으로 가서 벌목 작업을 살펴보기도 하며 벌목꾼들과 어울리다가 단테와 페트라르카, 티불루스, 오비디우스와 같은 시인들의 시집을 읽으면서 시간을 보내고 오후에는 가까운 선술집에서 술을 마시고 카드놀이를 하면서 소일하고 밤에는 저술에 몰두하는 자신의 생활에 대해서 말하고 있다.

밤이 되면 난 집에 돌아와 서재로 들어갑니다. 들어가기 전에 나는 온종일 입었던 흙과 먼지가 묻은 옷을 벗고 궁정에서 입는 옷으로 갈아입습니다. 그렇게 적절히 단장을 한 후 선조들의 궁정으로 들어가면 그들이 나를 반깁니다. 그리고 거기에서 나를 새로이 태어나게 할 음식물을 먹습니다. 그리고 나는 그들과 이야기하는 것을 주저하지 않으며, 그들의 행위에 대해서 궁금한 것이 있으면 이유를 물어 보곤 합니다. 그들은 아주 친절하게 대답해 줍니다.

그렇게 보내는 네 시간 동안 나는 전혀 지루함을 느끼지 않으며 모든 근심과 가난도 잊게 됩니다. 죽음도 더 이상 두려워하지 않게 됩니다. 나 자신을 완전히 선조들에게 맡기기 때문입니다.

단테는 "우리가 읽은 것을 기록해 놓지 않으면 지식이란 있을 수 없다."고 말했습니다. 그래서 난 그들과의 대화를 통해 얻은 성과를 정리하여 『군주론』이라는 책자를 썼습니다. 그리고 더욱 깊이 있게 이 주제를 탐구해 보았습니다.

> '군주국이란 무엇인가? 어떤 유형들이 있으며, 어떻게 군주국을 얻을 수 있고 유지할 수 있는가? 그리고 왜 잃게 되는가.'

내가 쓴 글들 중에서 어느 것 하나 당신의 마음에 드는 것이 없었을 테지만, 이 글은 당신의 구미에 맞을 것임이 틀림없습니다. 그리고 이 책은 군주들, 특히 신생 군주들은 환영할 것입니다. 나는 이것을 위대한 줄리아노 전하께 바치려고 합니다. 필리포 카사베키아도 그 책을 보았는데 나로서는 아직도 수정하고 보완하고 있지만 그것에 대해 나와 그가 논의한 바를 무언가 당신에게 말할 것입니다.

존경하는 대사여, 당신은 내가 이런 생활을 청산하고 당신과 함께 공직 생활에 참여하기를 원합니다. 나도 분명히 장차 그런 생활을 하려고 하지만, 지금 당장은 할 일이 있습니다. 6주 정도 지나면 그 일이 해결될 것입니다. 나로 하여금 망설이게 만드는 것은 소데리니(마키아벨리가 봉직했던 피렌체 공화정의 우두머리) 형제도 그 곳에 있다는 사실입니다. 내가 그 곳에 가면 당연히 그들의 집을 방문하고 이야기를 나누어야 합니다.

돌아오는 길에 나는 집에 돌아오지 못하고 바르기엘로의 감옥에 투옥되지 않을까 두렵습니다. 왜냐하면 이 정권은 매우 견고한 기반을 구축하고 안정되어 있지만, 아직까지도 새 정권이라 의심이 많기 때문이지요. 게다가 거기에는 좌골로 베르티니처럼 잘난 척하는 사람들이 많이 있는데, 그들이 영리한 척하느라고 나를 골탕먹일지도 모릅니다. 당신이 이러한 두려움을 완화시켜 줄 수 있게 되기를 바랍니다. 그러면 나는 분명히 앞에서 말한 시기에 당신을 찾아볼 수 있을 것입니다.

나는 나의 이 작은 책에 대해 필리포와 상의했습니다. 이 책을 헌정하는 것이 좋은 생각인지 만약 헌정을 하게 되면, 직접 바치는 것이 좋을지 아니면 다른 사람에게 바치게 하는 게 나을지를 의논했습니다. 바치는 것을 꺼리는 이유 중의 하나는 줄리아노가 읽지 않을지도 모르며 그렇게 되면 아르딩헬리가 내가 최근에 심사숙고하여 쓴 이 작품에 대한 공을 가로채지 않을까 걱정되기 때문입니다.

이 책을 바치려는 이유는 나의 곤궁한 처지 때문입니다. 나는 어려운 처지에 놓여 있으며, 현재의 상황이 오래 계속되면 나는 빈궁함으로 인해서 경멸당하게 될 처지에 놓이게 되겠지요. 돌을 굴리는 일이라 할지라도 메디치의 군주들이 나를 유용하게 써 주기를 바랍니다.

그리고 나서도 내가 그들의 신임을 얻지 못한다면 나 스스로를 탓할 수밖에 없습니다. 이 작품은 만약 그들이 읽기만 하면 내가 국가 통치술에 관해서 연구한 지난 15년 동안 무위도식한 것이 아니라는 것을 알게 될 것입니다.

어느 누구라 할지라도 풍부한 경험을 통해서 얻은 해박한 지식을 가진 사람에 의해서 봉사받고 싶어하는 것은 당연하지요. 더욱이 나라는 사람은 언제나 최선을 다했고 지금에 와서 못믿을 사람이 될 수 없으니 나의 진솔함에 추호도 의심을 품어서는 안 될 것입니다. 43년 동안 진솔했고 무사 공평했던 사람이라면 그 본성이 변하지 않기 때문입니다. 그리고 바로 나의 가난함이 나의 정직하고 무사 공평함을 보증하겠지요. 이 문제에 대해 어떻게 생각하는지 답장을 보내 주시면 매우 고맙겠습니다. 잘 부탁합니다.

니콜로 마키아벨리

부록 2

# 『군주론』 속의 인물과 사건

## 현사

### 메디치 가문_Medici family

메디치 가문은 원래 토스카나 지방의 농민이었으나 13세기 피렌체의 동북부 무젤로 지방에서 상업으로 성장하기 시작하여 14~16세기에 걸쳐 유럽 최대의 금융 자본가가 되었다. 이를 바탕으로 피렌체의 정치계에 발을 디딘 메디치 가는 1434년부터 1737년까지 두 차례의 공백기간(1494~1512, 1527~1530)을 제외하고 피렌체 공화국과 토스카나 공국을 지배했다. 또한 르네상스의 문화를 꽃피우게 한 결정적인 공로자로서 이탈리아 내에서 정치적 영향력이 막강했던 가문이다.

조반니 디 비키 데 메디치_Giovanni di Bicci de' Medici(1360~1429)

13세기경부터 약제업 또는 고리대금업으로 돈을 벌기 시작한 메디치 가는 대규모 사업을 하는 부유한 가문들만이 정부의 요직에 들어갈 수 있는 피렌체에서 일류 가문은 아니었지만 부유한 명문가로 일찌감치 자리를 잡고 정치에 영향력을 발휘하기 시작했다. 1378년 촘피 반란(모직업 중 최하층 계급, 세척실에서 나막신을 신고 일했기 때문에 '촘피_ciompi'라 불린 사람들이 일으킨 난)에서 빈민층 편을 들어줌으로써 평민들에게는 우호적이라는 인상을 주었다. 반면에 지배계층으로부터는 경계의 시선을 받아야 했다.

조반니 디 비키는 메디치 가의 영광을 이룩한 최초의 인물로 평가된다. 선조들의 가업이었던 직물과 실크 제조업으로 돈을 벌기 시작했으나 결정적으로는 금융업과 함께 교황청의 재정을 담당하며 막대한 부를 쌓았고 이와 동시에 지배계층의 의혹도 사라지게 했다. 교황 요한 23세를 위해 막대한 자금을 동원하여 교황직을 사게 했다는 설이 있을 정도로 교황과 밀접한 관계를 유지하여 피렌체의 유력한 정치인사로 자리잡았다. 또한 피렌체 시민들에게 항상 친절하고 이해심이 많은 사람, 인정이 많고 검소한 사람이라는 인상을 심어줌으로써 조반니 대에 메디치 가는 이탈리아에서 가장 큰 은행가이며 부유한 가문으로서의 위치를 확고히 할 수 있었다.

## 고시모 데 메디치_Cosimo de' Medici(1389~1464)

메디치 가문의 피렌체 집권 시대(1434~1537)를 연 인물이다. 아버지 조반니의 후광으로 피렌체의 다른 부유한 귀족 가문의 자식들과 함께 교육을 받으며 자랐다.

아버지와 달리 무식한 상인의 모습에서 탈피하기 위해 폭넓은 지식을 가지려고 노력했으며 고전 학문과 고전적 이상을 추구하는 인문주의자가 되고자 했다.

따라서 피렌체 내의 명망 있는 가문들의 인문학적 고전서적 구입이나 골동품 수집 등을 적극적으로 후원함으로써 그 가문들과 친밀한 관계를 유지하고 정치적 기반을 다졌다.

그러나 평소에 메디 치 가문을 견제하던 알비치 가의 사람들이 '아주 나쁜 방식으로 돈을 긁어모았으며 가문의 영광을 위한 고리대금업자에 불과하다.'는 중상모략을 퍼뜨렸고, 이에 자극받은 민중들이 1433년 초 코시모의 궁전을 공격하기에 이르렀다. 이로 인해 피렌체 정부에 소환되었으며 '다른 사람들보다 더 높은 지위에 오르려 했다'는 반역죄를 언도받고 피렌체에서 추방되었다. 하지만 추방은 길지 않았다. 정치적 영향력과 막대한 자본을 소유하고 있었기 때문인지 추방지에서도 거의 군주와 같은 대접을 받았으며 결국 시민들에 의해 피렌체로 다시 복귀할 수 있었다. 이후 본격적인 메디치 가문 집권시대를 열었다(1434).

코시모는 정적이었던 알비치 가문을 피렌체에서 추방시키고 입헌주의 체제를 다듬었다. 법률에 따라 다스리는 공화정을 표방했지만 사실은 자신의 영향력을 행사하면서 메디치 가의 통치체제를 만들었다. 따라서 자신을 반대하는 세력에 대해서는 밀라노의 스포르차 가문과 동행을 맺고 스포르차의 군대로 진압함으로써 피렌체를 장악할 수 있었다.

그러나 밀라노와 동맹은 베네치아를 자극했고 베네치아 인들이 신성로마제국 황제와 함께 피렌체를 공격하려 했다. 다행히 1433년 콘스탄티노플을 함락시킨 투르크 족이 이탈리아를 침범하려 하자 외교적 수완을 발휘하여 교황, 피렌체, 밀라노, 베네치아가 동맹을 맺어 단결할 것을 촉구했으며, 이러한 코시모의 정책은 빛을 발하여 이탈리아는 50여 년 만에 평화를 누릴 수 있게 되었다.

또한 코시모는 경제적 능력도 뛰어나서 유럽의 16개 도시에 메디치 은행을 세워 이탈리아에서 가장 부유한 가문으로 만들었고 그 막대한 자금을 기반으로 피렌체의 예술과 문화 융성을 위해 노력하는 것도 잊지 않았다. 당시 피렌체에는 많은 그리스 학자들이 모여들어 고문서와 역사, 미술, 철학에 대한 관심이 고조되고 있었다. 코시모는 특히 플라톤 철학에 대한 흥미기 높아지자 플라폰 아카데미를 창설했고, 수년간 모아들인 고서들을 보관할 메디 치 도서관도 건립했다.

또한 피렌체를 아름다운 도시로 만들기 위해 기베르티(Lorenzo Ghiberti 1378~1455)와 브루넬레스키(Filippo Brunelleschi 1377~1446) 같은 건축가들을 동원하여 피렌체 부근의 교회와 수도원, 건물을 건축하고 장식했다. 따라서 교청청의 재산으로 부를 축적한 것에 대한 비난도 있었지만, 르네상스 문화 발전에 대한 코시모의 업적을 감사하게 생각한 피렌체 공화국은 죽은 후 그에게 '국부(國父, Pater Patriae)'의 칭호를 내렸다.

훗날 피렌체의 역사가 구이차르디니(Francesco Guicciardini 1483~1540)는 코시모에 대해 이렇게 말했다. "그가 가진 대단한 명성은 로마의 몰락 이후 당대에 이르기까지 그 어떤 시민도 누려보지 못한 것이었다."

코시모는 30여 년간 피렌체에서 최고의 권력을 가진 인물이었지만 표면적으로는 아주 소박하게 행동함으로써 당대에는 피렌체 인들의 존경과 찬사를 받았으며 1464년 그가 죽었을 때 사람들은 그의 죽음을 진심으로 슬퍼하며 그의 정치적 능력과 수많은 업적을 칭송했다.

2명의 아들, 피에로(1416~1469)와 조반니(1424~1463)를 두었는데, 조반니는 일찍 죽고 피에로가 아버지의 뒤를 이었으나 피에로의 시대는 그리 길지 않았다. 피에로도 2명의 아들을 두었는데, 둘째 아들 줄리아노(1453~1478)는 암살 당했으며, 피에로의 뒤를 이은 첫째 아들 로렌초(1449~1492)는 '일 마그니피코(il Magnifico_위대한 자)'라 불렀다.

1513년경부터 『군주론』을 구상하기 시작한 마키아벨리는 처음에 메디치 가의 줄리아노(Giuliano de' Medici 1479~1516, 로렌초 일 마그니피코의 셋째 아들)에게 헌사와 함께 이 책을 바치려고 했다. 그러나 줄리아노가 병으로 일찍 죽자, 메디치 가의 젊은 군주 로렌초(Lorenzo di Piero de' Medici 1492~1519, 로렌초 일 마그니피코의 첫째 아들 피에로에게서 난 손자)에게 바쳤다. 당시 피렌체는 1494년에 추방되었던 메디치 가문이 교황 율리우스 2세의 후원으로 다시 복귀함으로써 표면적으로는 공화정이지만 실질적으로는 메디치 가의 지배를 받고 있었다. 즉 메디치 가 및 피렌체의 황금시대를 만들어 '로렌초 일 마그니피코(Lorenzo il Magnifico, 1449~1492, 일명 위대한 로렌초)의 시대'라 부리던 때로부터 20여 년이 지난 상태였지만, 메디치 가의 추기경 조반니(Giovanni de' Medici, 1475~1521, 로렌초 일 마그니피코의 둘째 아들)가 교황 레오 10세로 추대되면서 메디치 전성시대를 맞고 있었다.

20여 년간 피렌체 공화국을 위해 봉사했지만 반메디치 인물로 찍힌 마키아벨리는 공직에서 물러나 있었다. 그러나 어떻게 해서든지 다시 정치에 참여하고 싶어 했으며, 그러한 기대를 갖고 자신의 연구 논문을 메디치 가의 군주에게 바치게 된 것이다.

로렌초 데 메디치_Lorenzo de' Medici(1449~1492)

메디치 가에서 가장 뛰어난 인물로 1449년 피렌체에서 출생하여 메디치 가문의 황금시대를 만들어냈다. 아버지 피에로는 '통풍에 걸린 피에로'라는 별명을 얻을 정도로 몸이 약했기 때문에 은행 업무나 피렌체의 정치에 적극적으로 참여하지 못했으므로 어렸을 때부터 최고의 교육과 제왕 교육을 받으면서 대외적인 일로 로마 교황을 방문하거나, 메디치 궁에서 국민들을 접대하며

자랐다. 외모는 뛰어나지 않았지만(아주 못생긴 얼굴이었다고 한다), 강인하고 영특해 보였으며 열정적이고 성격은 쾌활했다.

아버지가 죽자 22살의 나이로 메디치 가를 물려받았다. 피렌체를 아버지의 방식대로 "가능한 합헌적인 방식으로 통치하겠다."고 공표하고 아버지와 동맹관계에 있던 밀라노의 스포르차 가에 군사적 지지를 요청하여 정적들의 음모를 진압하고자 했다. 아버지와 마찬가지로 표면적으로는 피렌체 공화국을 표방했지만 대외적으로는 피렌체의 실제적인 통치자로 군림하던 메디치 가의 정권(1469~1492)을 확립했다.

1471년 교황 식스투스 4세(Sixtus IV, 1471~1484)가 선출되었을 때 재정적인 후원을 거절함으로써 교황청과 불화가 시작되었다. 메디치 가에 적대적이었던 교황의 조카(지롤라모 리아리오)와 피사의 대주교(프란체스코 살비아티), 그리고 파치 가문이 결탁한 음모로 1478년 대성당의 미사에서 생명을 잃을 뻔했으나 다행히 살아남았다. 그러나 대신 동생 줄리아노가 살해되었으며 충격을 받은 군중은 메디치 편에 서서 음모자들을 처단해 버렸다.

줄리아노의 죽음과 사제들이 가담했던 사건이었음에도 교황은 오히려 메디치 가에 보복 조치를 내리고 로렌초를 교황의 법정으로 소환하려 하자, 로렌초는 밀라노와 페라라 등 주변 국가와 외교적인 동맹을 맺고 교황에 대응했다. 화가 난 교황은 피렌체에 전쟁을 선포하고 나폴리의 페르디난도 1세(재위 1458~1494, 페란테라고도 함)에게 원조를 요청했다. 이에 로렌초는 과감하게 나폴리 왕을 설득하여 전쟁을 피하고 이탈리아 반도의 세력 균형을 유지했다.

이로써 로렌초는 이탈리아에서의 자신의 영향력을 확고히 했으며 또한 막강한 경제력으로 피렌체에 평화와 축제의 시대를 열었다. 권력의 최고 자리에 있었으나 스포르차 가문처럼 공작이 되려고 하지 않았으며 '70인 위원회'를 창설하여 피렌체의 정책을 담당하게 했다. 그러나 정적들이 독재자라고 비난할 정도로 피렌체는 그의 결정권에 의해 좌우되었다. 그럼에도 불구하고 메디치 가 및 피렌체의 황금시대를 만들어 냈다 하여 피렌체 시민들로부터 '일 마그니피코(위대한 자)'라는 칭호를 받았다.

1484년 적대적이었던 교황 식스투스 4세가 죽고 뒤를 이은 인노켄티우스 8세에 이르러 교황청과의 관계를 회복하고 다시 한번 이탈리아 평화를 위한 중추적인 역할을 발휘했다. 이로써 피렌체 공화국은 평화와 예술이 꽃피는 풍요의 시대를 마음껏 누릴 수 있었으며 또한 화가, 건축가, 작가들에 대한 아낌 없는 후원으로 15세기 후반 피렌체의 문화를 꽃피우는 데 결정적인 역할을 했다. 보티첼리(Sandro Butticelli, 1445~1510), 베로키오(Andrea del Verrocchio, 1435~1488), 레오나르도 다 빈치(Leonardo da Vinci, 1452~1519), 미켈란젤로(Michelangelo di Lodovico Buonarroti Simoni, 1475~1564)와 같은 대예술가들이 탄생하게 되었다.

그러나 이러한 활동은 결국 가문의 재정에 상당한 부담을 주었을 뿐만 아니라, 권력 보존을 위한 지나친 재정 낭비와 경제적 악화로 메디치 은행은 거의 파산할 지경에까지 이르게 되었다. 1490년 도미니쿠스 수도회의 수사 사보나롤라의 메디치 가문에 대한 비난이 빗발치는 가운데 로렌초는 1402년 몇 년 동안 앓고 있던 통풍이 악화되어 세상을 떠났다(43살). 메디치 가의 로렌초 시대는 이탈리아에서 가장 평화로웠고 전쟁도 없었던 시기였다. 그러나 그가 죽고 2년 후 이탈리아는 프랑스 장 샤를 8세의 침입을 받게 된다(1494).

로렌초는 세 아들, 피에로(1472~1503), 조반니(1575~1521, 교황 레오 10세), 줄리아노(1479-1516)를 두었으며, 로렌초의 뒤를 이은 첫째 아들 피에로 대에 이르러 메디치 가는 피렌체에서 추방당했다

레오 10세_Leo X(1475~1521)

본명은 조반니 데 메디치(Giovanni de' Medici) 로렌초의 둘째 아들이다, 1475년 피렌체의 메디치 궁에서 태어났다. 8살 때부터 성직에 들어섰으며 아버지 로렌초의 영향력으로 1492년 로마 교황청에서 가장 어린 나이(16살)에 추기경에 올랐다. 아버지 로렌초가 죽고 형 피에로가 피렌체를 이어받았으나 프랑스 왕 샤를 8세의 침입에 굴복함으로써 시민들의 반발을 사게 되었다. 이로써 피렌체 공화국을 배반했다는 혐의로 가문 전체가 피렌체에서 추방당하자(1494.11) 피렌체를 떠나 잠시 유럽을 여행했다.

1500년 다시 이탈리아로 돌아와 로마에 정착했으며 형 피에로가 죽은 후 메디치 가문의 수장이 되었다. 1503년 교황 율리우스 2세(Julius II, 1443~1513)가 교황이 되는 데 조력하고 율리우스 2세와

돈독한 관계를 유지했다.

이탈리아의 정복을 꿈꾸는 프랑스 왕 루이 12세에 대항하여 율리우스 2세가 에스파냐와 신성동맹을 맺었을 때 에스파냐 군에서 종군하며 프랑스 군과 싸웠으며, 프랑스 군이 철수하자 율리우스의 후원 아래 메디치 가문이 피렌체를 다시 장악하는 일을 주도했다(1512).

피렌체 공화정을 장악하고 동생 줄리아오(Juliano de' Medici, 1479~1516)의 지배체제를 만든 다음 음울했던 사보나롤라의 시절 대신 메디치 가의 '로렌초 일 마그니피코'의 시대로 다시 돌아갈 것이라고 선언함으로써 피렌체의 거리에는 사보나롤라가 금지했던 축제의 노래가 다시 울려 퍼졌으며 시민들은 메디치 가문을 지지했다.

1513년 교황 율리우스 2세가 죽자 교황 레오 10세(재위 1513~1521)로 추대되었다. 호전적이었던 전 교황 율리우스에 의해 전쟁에 지쳐 있던 교황청의 추기경들은 37세의 온화하고 사교적인 새 교황을 지지했다. 메디치 궁에서 청년 시절을 보내면서 유럽에서 가장 세련된 상류사회의 생활방식과 취향을 체득했기 때문에 교황과는 아주 대조적이었으며, 로마가 갈망하던 평화로운 시대와 아주 잘 어울렸다. 막대한 교회 재정과 메디치 가의 부를 이용하여 예술과 문화의 부흥에 열정을 기울였다. 율리우스 2세가 시작한 성베드로 성당 재건축을 완성시켰고, 바티칸 도서관의 장서들도 크게 늘렸다. 이로써 알렉산데르 6세 때 형편없이 떨어졌던 교황의 권위를 어느 정도 회복시켰다.

한편 이탈리아에서 메디치 가문이 다시 한 번 영향력을 주도하리라는 야심찬 계획도 추진했다. 페라라와 우르비노 공국을 합치고 파르마와 모데나를 합류시키고 영향력이 큰 피렌체의 추기경직에 사촌 줄리오(Julio de' Medici, 1478~1534)를 임명하고, 조카 로렌초는 교황의 대리인으로 피렌체에 보냈으며, 동생 줄리아노는 나폴리 왕국을 맡게 하여 중앙 이탈리아에 강력한 새 왕국을 만들려고 했다.

그러나 1515년 프랑스 왕 루이 12세의 뒤를 이은 프랑수아 1세(Francis I, 1494~1547)가 다시 한 번 이탈리아를 침범하려 했다. 이때 마키아벨리는 레오 10세에게 이탈리아와 피렌체를 구하기 위해서는 프랑스 군대와 싸워야 한다고 강력하게 촉구했다. 그러나 교황은 결심을 하지 못하고 결국 에스파냐, 신성로마제국, 영국과 동맹을 맺는 길을 택했다. 이에 프랑수아는 10만의 군대를 이끌고 알프스를 넘어 쳐들어 왔으며, 동맹국들이 군대를 결성하는 동안 교황 대리인 로렌초와 추기경 줄리오는 프랑수아와 협상에 들어갔다. 그러나 프랑스 군이 밀라노를 점령하고 볼로냐로 행군해 오자 레오는 볼로냐에서 프랑스 왕과 화해하고 볼로냐 협약을 맺었다. 이 협약으로 프랑수아는 레지오와 모데나를 프랑스의 동맹군인 페라라 공작 알폰소에게 양도하게 했으며 밀라노와 나폴리까지 장악해 버렸다.

프랑스 왕과의 협약이 만족스럽지는 못했지만 동생 줄리아노가 병으로 갑자기 죽자, 조카 로렌초로 하여금 우르비노를 공략하게 하고 이어 페사로의 군주가 되게 했다. 이로써 교황은 중부 이탈리아를 장악한 것에 만족하며 이탈리아에 평화가 찾아왔다고 생각했다. 그리고 교황청의 부를 마음껏 누렸다. 추기경과 로마의 귀족들까지 화려한 유흥을 경쟁적으로 베풀었다. 그로 인해 교황청의 재정과 개인의 재산이 고갈날 정도였다. 그래서 재정을 충당하기 위해 무리하게 면죄부를 팔았고 이로 인해 신자들의 원성을 사게 되었다.

한편 1519년에 신성로마제국 황제 막시밀리안 1세(Maximilian I, 1459~1519)가 죽자 에스파냐의 카를로스(1500~1558)가 조부 막시밀리안의 뒤를 이어 독일 왕의 자리에 오를 것을 꿈꾸었다. 그것은 에스파냐와 나폴리의 왕이면서도 동시에 네덜란드, 오스트리아의 대공이 되는 것을 의미했다. 따라서 프랑스의 프랑수아 1세와 교황은 카를로스가 선출되는 것을 막기 위해 모든 힘을 동원했다. 레오는 신성로마제국이 프랑스나 에스파냐에 합병될 경우 이탈리아가 승자의 손에 들어가게 될 것을 두려워했다. 그러나 에스파냐의 카를로스 1세가 신성로마제국의 황제 카를 5세로 선출되자 프랑스와 에스파냐 사이에 전쟁을 벌어졌으며, 레오는 중립을 지키려다가 프랑스를 버리고 카를 5세와 비밀 협정을 맺었다. 그것은 종교개혁을 요구하는 마르틴 루터를 해결하는 데는 카를의 도움이 필요 없었기 때문이다.

레오는 이단자인 루터를 카를 5세가 종교재판에서 해결해 주기를 바랐다. 황제는 루터에게 유죄 판결을 내리는 조건으로 밀라노를 포함하여 이탈리아 내의 프랑스의 점령지를 공격할 때 교황이 지원할 것을 요구했다. 이러한 조건을 수락한 가운데 카를이 프랑수아 1세를 이기고 밀라노가 함락되었다. 프랑스 군이 알프스로 퇴각하는 동안 심한 열감기를 앓던 교황은 갑자기 급사하게 되었으며(1521), 이로써 이탈리아 내부는 정치적으로 혼란 상태에 빠져들었고 북유럽은 마르틴 루터에 의한 종교개혁의 파문이 걷잡을 수 없이 번지기 시작했다.

로렌초 디 피에로 데 메디치_Lorenzo di Piero de' Medici(1492~1519)

우르비노 공작(Duca di Urbino)이라고도 한다. 마키아벨리가 헌사와 함께 『군주론』을 마친 메디치 가의 젊은 군주이다. 1513~1519년까지 피렌체를 통치했다. 레오 10세의 조카(즉 '위대한 로렌초'의 손자)로 1494년 메디치 가문이 피렌체에서 추방당할 때 2살이었던 그는 1512년 메디치 가의 일원으로 피렌체로 복귀했다. 숙부인(Giuliano de' Medici, 1479~1516) 추기경이 1년간 피렌체를 통치하다가 죽자 교황 레오 10세의 후원 아래 13년 8월부터 피렌체를 다스렸으며(20살), 우르비노 공작 프란체스코 마리아 델라 로베레를 쫓아내고 우르비노 공작이 되었다. 그러나 레오에 의해 쫓겨났던 공작은 1년 뒤 자신의 공작령을 탈환하기 위해 에스파냐 군대를 이끌고 나타났다. 교황과 로렌초는 장기간에 걸친 전쟁을 치르고 지배권을 되찾을 수는 있었으나 이 전투에서 부상당한 로렌초는 이후 건강이 악화되었다.

1518년 프랑스 왕 프랑수아 1세의 사촌과 결혼해 딸 카테리나(프랑스에서는 카트린 드 메디시스로 불린다)를 낳았으나 얼마 안 되어 아내도 죽고 공작 역시 죽는다(1519). 카테리나는 뒤에 프랑스 왕 앙리 2세가 되는 오를레앙 공작 앙리와 결혼했으며, 그녀가 낳은 4명의 아들 중 3명이 프랑스 왕이 되었다.

교황 클레멘스 7세_Cemens VII(1478~1534)

본명은 줄리오 데 메디치(Giulio de' Medici, 재위 1523~1534). 1478년 파치 가문의 음모로 살해된 줄리아노 데 메디치의 서자다. 줄리아노가 살해되었을 때 결혼을 하지 않은 상태였으나 사생아가 있다는 것을 안 로렌초(로렌초 일 마그니피코 Lorenzo il Magnifico, 위대한 로렌초)가 데려다가 길렀다. 1513년 사촌인 교황 레오 10세에 의해 피렌체 대주교와 추기경으로 임명되었다. 피렌체를 다스리던 우르비노 공작, 젊은 로렌츠가 사망하자, 재빨리 피렌체를 수습하고 메디치 가의 영향력을 유지했다. 1521년 왕 레오 10세가 사망하자 25살의 나이로 교황 클레멘스 7세로 추대되었다. 이탈리아를 차지하려는 프랑스 왕 프랑수아 1세와 신성로마제국 황제 카를 5세 사이에서 나약하고 우유부단한 행동으로 일관했다. 파비아 전투(1525.2)에서 카를이 밀라노 공작과 동맹하여 프랑스 군을 격파하고 프랑수아 1세를 포로로 잡았다는 소식이 전해지자, 황제를 후원했던 클레멘스는 돌연 프랑수아와 코냐크 동맹을 체결하고 카를 5세에 대항했다.

이에 화가 난 카를 5세는 강력한 독일 용병을 이끌고 로마를 공격하여 성베드로 성당 주변과 교황궁을 약탈했다. 로마의 산탄젤로 성으로 피신한 교황은 감금된 상태로 카를이 요구한 조약문에 서명했으며 이후 독일과 에스파냐 용병들에 의해 로마는 6개월여 동안 약탈을 당했다(1527, 교황을 구하기 위한 교황군 총사령관 구이차르디니와 합류했던 마키아벨리는 로마가 함락되었다는 소식을 듣고 피렌체로 다시 돌아갈 수밖에 없었다).

교황의 무력함에 화가 만 피렌체 시민들은 교황의 초상을 교회 밖으로 던져버리고 새 공화정의 설립을 선포했으며 반 메디치 인물인 니콜로 카포니를 지지했다 . 또한 국민병을 소집하고 용병을 위한 자금을 마련하고, 시의 성벽을 강화하는 등 카를의 침입에 대비했다. 그러나 그 동안 아무런 조치를 취할 수 없었던 교황은 결국 카를과 바르셀로나에서 협정을 맺고(1529) 카를에게 신성로마제국 황제의 왕관을 씌워 주기로 약속하고, 그 대신 피렌체를 메디치 가가 지배할 수 있도록 해주겠다는 약속을 받았다.

클레멘스가 15년 카를에게 정식으로 신성로마제국 황제의 왕관을 내려 카를의 이탈리아 반도 지배를 정식으로 허용하게 되자, 그 동안 피렌체를 구하겠다는 애국적인 열정으로 성벽을 에워싸고 카를에게 대항했던 피렌체 시민들은 황제와 교황의 항복 조건에 굴복할 수밖에 없었으며, 피렌체는 다시 메디치 가의 지배 체제로 들어갔다.

클레멘스는 교황 알렉산데르 6세, 율리우스 2세, 레오 10세와 마찬가지로 이탈리아 정치에 관여하고 르네상스 문화를 후원하며 메디치 가의 번영을 위해 노력했지만, 결국 카를의 지배 하에 이탈리아를 남겨둔 채 1534년 세상을 떠났다. 죽기 전에 자신의 사생아였던 알렉산드로(1511~1537)를 피렌체의 세습 공작으로 임명했으나, 잔혹하고 야만스러운 독재자였던 알렉산드로는 5년간 피렌체를 지배하다 친척에게 암살 당했다.

### 토스카나 대공_Grand Duke of Tuscany(1519~1574) 이후

피렌체의 공작 알렉산드로의 암살 소식을 듣고 피렌체를 공격한 사람은 메디치 가의 분가(分家) 출신인 코시모 데 메디치(Cosimo de' Medici)였다. 위대한 로렌초의 후손으로 정치적 활동을 거의 하지 않았으나 피렌체 공작 2세(1537~1574)를 거쳐 1569년 토스카나 대공이 된 뒤, 코시모 1세로 토스카나를 통치했다.

메디치 가는 코시모 1세 이후 유럽의 왕가들과 혼인을 하며 가문의 이름과 재산을 계승해 나갔으나 자신들의 통치 수단을 군사력에 의존함으로써 선대가 이룩해 놓은 명성에 미치지 못했으며, 피렌체에서의 영향력도 상실되어갔다. 1743년 코시모 3세의 딸 안나 마리아(1667~1743)가 죽으면서 메디치 가문은 역사에서 사라졌다.

## 제1장

밀라노 공국은 본래는 비스콘티 가문에 의해 통치되고 있었다. 1450년 프란체스코 스포르차(Francesco Sforza, 1401~1466)가 밀라노 공작이 되면서, 이후 거의 1세기 동안 스포르차 가가 밀라노를 통치하게 된다. 마키아벨리는 프란체스코 스포르차에 의해 통치되는 밀라노 공국을 신생 군주국의 유형으로 제시하고 있다.

프란체스코 스포르차는 15~16세기 이탈리아 정치에서 중요한 역할을 한 용병대장이다. 평민 출신이었으나 밀라노 공작 비스콘티의 딸과 결혼했으며 나중에 밀라노 공작이 되었다. 프란체스코 스포르차의 뒤를 이은 둘째 아들 루도비코 스포르차(Ludovico Sforza, 1452~1508) 역시 한때 이탈리아의 주도권을 쥐게 된다. 까무잡잡한 피부와 검은 머리카락 때문에 흔히 일 모로(Il Moro, the Moor, 무어 인)로 불린 루도비코 스포르차는 1466년 아버지가 죽고 1476년에는 형 갈레아초가 7세밖에 안 된 아들 잔 갈레아초에게 공작령을 남긴 채 살해당하자, 음모를 꾸며 측근들을 물리치고 조카의 섭정(1480~1494)이 되었으며 외교술을 발휘하여 밀라노 공작이 되었다.

그는 전 왕 샤를 8세를 계승하며 나폴리와 밀라노의 소유권을 주장했다. 자기가 100년쯤 전에 오를레앙 공에게 출가한 비스콘티 공 집안의 딸, 발렌티나의 혈통이기 때문이라는 것이었다(당시 밀라노는 발렌티나의 동생으로 밀라노 공이었던 필리포 비스콘티의 딸 비앙카와 결혼한 프란체스코 스포르차가 밀라노 공작으로 정권을 장악하고 있었다).

이러한 이유로 1499년 여름, 이탈리아에 원정하여 프란체스코 스포르차를 축출하는데 성공했다. 그러나 겨울에 다시 프란체스코 스포르차의 반격에 패하여 나폴리 왕국으로 철수했다. 그러나 나폴리 왕국의 소유권을 주장하는 에스파냐(스페인)의 페르난도 2세(Fernando II, 1452~1516)의 반발에 부딪히게 되었으며 이에 그라나다 조약을 맺고(1500) 나폴리를 두 사람이 나누어 통치하기로 했다. 그러나 약속은 지켜지지 않았고 1503년 루이의 프랑스 군이 에스파냐 군에게 패함으로써 결국 나폴리에 대한 소유권을 잃었다.

1507년, 교황 알렉산데르 6세의 후계자인 피우스 3세를 이어 교황으로 등극하여(1503) 교황령 확보에 열을 올리고 있는 율리우스 2세와 함께 베네치아를 공격하기로 결의했다. 여기에 막시밀리안 황제 1세, 페르난도 2세까지 합세함으로써 반베네치아 동맹인 캉브레 동맹이 결성되었고 이들은 베네치아를 크게 물리쳤다. 그러나 이로 인해 이탈리아에서 프랑스의 세력이 강대해 지는 것을 불안해 한 율리우스 1세가 베네치아, 신성로마제국, 에스파냐와 새로운 신성동맹을 맺고 프랑스에 대항했다.

1512년, 볼로냐와 라벤나에서 신성동맹군과 맞설 프랑스 군이 승리를 함으로써 루이의 이탈리아 정벌이 눈앞에 보이는 듯했다. 그러나 유례가 없을 정도로 극심했던 라벤나 전투로 양군의 손실은 너무 컸으며 프랑스의 유능한 지휘관 가스통 드 푸아가 죽자 프랑스 군의 결속력이 급속도로 떨어졌다. 이들을 이용하여 대규모의 스위스 군이 프랑스의 점령지인 롬바르디아로 쳐들어왔다. 오랜 전투로 지쳐있던 루이는 그 소식을 듣고 돌연 군대를 돌려 라벤나와 볼로냐, 델라에서 퇴각했으며 롬바르디아까지 철수해 결국 알프스를 넘어 프랑스로 돌아갈 수밖에 없었다(1512). 이로써 프랑스의 샤를 8세에 의해 시작된 이탈리아 원정은 루이 12세에 와서 실패로 끝났다.

마키아벨리는 『군주론』에서, '루이 왕이 밀라노에 입성하자마자 교황 알렉산데르 6세가 로마냐 지방을 정복할 수 있도록 도운 것은 결과적으로 이탈리아 내에서 교회 세력을 강화시켰으며, 나폴리 왕국을 에스파냐 왕과 분할함으로써 이탈리아 내에 에스파냐 왕권을 끌어들이게 되었으며 이탈리아 내에서 가장 강력한 세력인 베네치아를 적으로 만드는 결정적인 실수를 함으로써 루이의 정책은 실패한 것이라고 말하고 있다.

## 제2장

이탈리아는 15~16세기에 걸쳐 프랑스의 침략에 시달리게 되는데 1483년 프랑스 왕위를 계승한 샤를 8세(Charles VIII, 1470~1498)와 그의 뒤를 이은 루이 12세(Louis XII, 1462~1515)에 의해서이다.

프랑스 왕 샤를 8세는 이 이탈리아 원정을 시작한 것으로 유명하다. 1483년 왕위를 계승할 당시에는 나이도 어리고(13살) 건강하지 않았다. 발작적인 경련 증상과 신체적 결함 때문에 몇 해 동안은 누이 앤과 그녀의 남편이 함께 섭정을 했다. 그러나 아버지 루이에 의해 잘 훈련된 정예병들을 이용하여 국내 통일을 완성하고 섭정에서 벗어나자, 그는 앙주 왕가로부터 물려받은 나폴리 왕국에 대한 영유권을 주장하며 이탈리아 원정을 강행했다. 이때 밀라노 공작을 노리고 있던 루도비코 스포르차는 샤를의 전쟁을 지원하며 자금까지 제공하겠다고 약속했다.

1494~1495년 샤를은 '하느님의 뜻'이라는 하얀 깃발을 들고 알프

스를 넘어 전 이탈리아를 정복하기에 이른다(샤를이 밀라노에 들어가면서 스포르차는 밀라노 공작으로 취임한다). 그러나 교황 알렉산데르 6세를 중심으로 한 신성동맹의 저항에 부딪쳤고 불안을 느낀 스포르차도 이 동맹에 가입했다. 이 동맹은 1495년 7월 타로 강변에서의 충돌을 끝으로 샤를을 프랑스로 돌아가게 했다.

이탈리아는 이때 프랑스군의 야만적이고 무자비한 약탈에 엄청난 피해와 충격을 받았으나, 스포르차만은 밀라노 공국에 대한 자신의 지위를 확고히 할 수 있었다. 당시 밀라노에는 레오나르도 다 빈치를 비롯하여 건축가 브라만데 등 수많은 화가, 시인, 음악가들이 모여들었고 스포르차가 벌이는 대규모 공사로 활기가 넘치는 도시가 되었다. 그것은 스포르차가 예술가와 학자들을 아낌 없이 후원했기 때문이며, 그로 인해 밀라노 궁정은 이탈리아와 유럽에서 가장 화려한 곳이 되어갔다. 따라서 시민들은 스포르차가 베푸는 장엄하고 화려한 축제를 즐기는 대신 차츰 무거워지는 세금 부담에 시달려야 했다.

이런 때에 밀라노 공국은 샤를 8세를 이어 프랑스 왕위에 오른 루이 12세에 의해 또 한번 곤욕을 치르게 된다. 루이 12세가 밀라노 공작령에 대한 권리를 주장하며 군대를 이끌고 나타났기 때문이다. 스포르차의 통치에 염증을 느끼기 시작하던 시민들은 루이를 환영했다. 이로써 루이 12세는 1499년 여름 저항다운 저항 한 번 받지 않고 밀라노에 입성하여 루도비코 스포르차를 축출했다.

그러나 루이에게서 새로운 통치를 기대했던 시민들은 그의 통치에 다시 실망하게 되었고 그것을 기회로 독일로 도망갔던 스포르차는 스위스 용병을 이끌고 그해 겨울 밀라노를 다시 장악할 수 있었다(그러나 1500년 2월에 밀라노로 들어갔던 스포르차는 2달 만에 프랑스 왕에게 매수된 스위스 용병의 배반으로 포로가 되었으며 밀라노는 다시 프랑스가 차지하게 되었다.).

**아이톨리아 동맹**(Aetolian League)은 고대 그리스에 있던 연방국가이다. B.C 340년경에는 그리스에서 군사적으로 가장 중요한 세력이었다. 마케도니아의 침략을 성공적으로 막아내며 급속히 세력이 커져서 그리스 중부지방에서 영향력을 굳혔다. 그러나 B.C 3세기 말 마케도니아의 필리포스의 침략에 맞서 아카이아와 손을 잡았으나 수도를 약탈당하고 펠레폰네소스를 잃게 되자 평화조약을 맺었다(B.C 217). 당시 로마는 마케도니아로부터 그리스를 해방시킨다는 명분으로 그리스로 세력을 넓히고 있었다. 이에 아이톨리아는 다시 로마와 손을 잡고 필리포스에 맞서 키노스케팔라이에서 승리를 거두었다(B.C 197). 그러나 로마가 테살리아 영토를 내놓지 않자 분개한 아이톨리아 동맹은 지중해 지역의 패권을 두고 로마와 다투고 있던 셀레우코스 왕조의 안티오코스 3세(재위 B.C 223~187)에게 도움을 청했다. 그러나 결국 로마에게 패함으로써 원래의 아이톨리아 지방으로 영토가 제한되었고 외교 통제권마저 빼앗겨 로마의 속주로 전락했다.

**안티오코스 3세**(Antiochus III, B.C 242~187)는 셀레우코스 왕조의 왕(재위 B.C 223~187). 소아시아 지방 및 아르메니아, 파르티아에서 인도에까지 세력이 미쳐 그리스인들은 그를 알렉산더 대왕에 비유하여 '대왕'이라 칭했다. 지중해 지역의 패권을 두고 로마와 오랫동안 싸우는 동안 로마 인들에게는 한니발 만큼이나 공포에 떨게 한 인물이다.

필리포스가 제2차 마케도니아 전쟁으로 로마에 패하는 동안 안티오코스가 남부 시리아 지방과 이집트를 정복하고 B.C197년 소아시아의 그리스 도시를 점령하자, 이곳을 다스리던 로마와 부딪치게 되었다. 로마는 여러 번 사절을 파견해서 소아시아 지역의 패권을 포기하라고 했으나 안티오코스는 이를 거절했으며, 제2차 포에니 전쟁에서 로마에 패한 카르타고의 장군 한니발이 안티오코스의 고문이 되면서 로마와의 사이는 더욱 악화되었다. 그러나 B.C 191년 그리스의 테르모필레에서 로마 군에게 포위되어 그리스에서 후회하고 소아시아의 정복지도 포기해야 했다.

**필립포스** 5세(Philippos V, B.C 238~179)는 마케도니아의 영향력을 그리스 전역으로 확대하려 했으나 로마에 의해 견제되었다. B.C 221년 왕위에 올랐으며 B.C 215년 로마와 전쟁을 벌이고 있는 (제2차 포에니 전쟁) 카르타고의 장군 한니발과 동맹을 맺고 일리리아에 있는 로마의 속국들을 공격하며 10여 년 동안 로마와 지루한 전쟁(제1차 마케도니아 전쟁)을 벌였다. 로마는 아이톨리아 동맹의 그리스 도시들과 제휴하여 필리포스의 공격에 대항했으나 필리포스는 효과적으로 자신의 동맹국들을 원조했다. B.C 207년 로마가 물러나

자 아이톨리아와 단독 협정체결을 강요하고, 로마와는 유리한 조건으로 포이니케 조약을 맺고(B.C 205) 전쟁을 끝냈다. 그러나 B.C 200~196년 로마와 다시 제2차 마케도니아 전쟁을 하게 되었으며 로마가 결정적인 승리(B.C 197, 키노스케팔라이 전투)를 거둠으로써 필리포스의 세력은 마케도니아로 국한되었고 전쟁 배상금을 비롯하여 함대 대부분과 그리스에 대한 통치를 로마에 넘겨주었다. 필리포스 사후 B.C 148년 마케도니아는 로마의 속주가 되었다.

## 제3장

이탈리아 정복(1494~1495)을 실패하고 죽은 샤를 8세의 뒤를 이은 프랑스 왕 루이 12세는 샤를이 주장한 나폴리 왕국과 밀라노 공국의 소유권을 주장하며 이탈리아를 다시 침략했다(1499).

베네치아 공화국은 당시 이탈리아 내에서는 제1공화국이었으나 밀라노와 국경을 접하고 있었으며, 동지중해 무역의 중심지인 피사를 두고 피렌체와 대치 상태였다. 이런 연유로 베네치아는 루이 12세와 블루아 조약을 맺고 루이의 이탈리아 침략에 동조해 버렸다. 이후 루이 12세는 북이탈리아 롬바르디아를 정복했으며, 5년 전 프랑스 군의 처절한 약탈과 만행에 치를 떨었던 이탈리아는 프랑스 군대 앞에서 저항없이 성문을 열어버렸고, 루이는 순식간에 북이탈리아 반도를 점령했다.

그 후 루이는 베네치아와는 적대 세력인 교황 알렉산데르 6세와 동맹을 맺었다. 루이가 교황 알렉산데르 6세와 동맹을 맺은 데에는 나름대로 이유가 있었다. 샤를의 미망인 브르타뉴 공국의 안이 소유한 영토와 지참금을 차지하고 싶었던 루이는 교황에게 전 부인과의 결혼을 무효로 해주고 안과 결혼할 수 있게 허락해 달라고 했다. 이에 베네치아에 맞서 이탈리아 중부에 자신의 아들, 체사레 보르자(Cesare Borgia, 1478/76~1507)를 내세워 자신의 나라를 세우고 싶었던 교황은 루이의 청을 받아들였고, 루이는 체사레 보르자를 발렌티노 공작(due de Valentinois)으로 임명했다. 이후 체사레가 로마냐 지방을 정복하고 베네치아와 인접한 북이탈리아 지역을 위협하자 베네치아 공화국은 그제서야 자신들이 실수했다는 것을 알아차리게 된다.

**교황 알렉산데르 6세**(Alexander VI, 1431~1503)의 본명은 로드리고 보르자(Rodrigo Borgia)로 세력 있는 가문인 보르자 가문에서 태어나 추기경 자리에 있으면서 교황청을 상대로 막대한 재산을 끌어모았다. 자신의 재산과 영향력을 이용하여 1492년에 인노겐티우스 8세의 뒤를 이어 로마 교황이 되었다. 나폴리 통치에 대한 프랑스 왕 샤를의 요구를 거부하고 밀라노와 베네치아, 신성로마제국 황제와 손을 잡고 프랑스 군대를 이탈리아에서 철수하게 했다.

이후 이탈리아에 자신의 왕국을 세우려는 야심을 갖게 되었으며 자신의 아들(교황이었지만 방탕했던 그는 정부가 6명이나 되었으며 자식들도 많았다) 중에서 가장 유능하고 자신만만한 체사레 보르자를 후원하여 로마냐 지방에 자신들의 나라를 세우려 했다. 이때 이탈리아에 침략한 루이 12세는 전 왕 샤를의 미망인 브르타뉴 공국의 안이 소유한 영토와 지참금을 가지고 싶어 교황에게 전 부인과의 결혼을 무효로 해주고 안과 결혼할 수 있게 해 달라고 청한다. 교황은 이를 허락했으며 대신 루이는 그의 아들 체사레 보르자를 발렌티노 공작으로 임명했다.

교황은 체사레를 교회군 총사령관으로 임명하고 강력한 군대와 무자비한 정책으로 이탈리아 북부를 정복하고 로마냐, 움브리아, 에밀리아 등 이탈리아 중부를 위협했다. 이러한 일련의 정복을 위해 교황은 신성로마제국 황제인 막시밀리안 1세, 프랑스 왕 샤를 8세, 루이 12세, 베네치아 등을 상대로 온갖 외교적 수단과 권모술수를 썼다. 따라서 알렉산데르의 행적에 대해서는 추문이 끊이지 않았다(마키아벨리는 루이 12세가 교황 알렉산데르 6세와 협력함으로써 이탈리아 정복에서 결정적인 실수를 저질렀다고 생각했다.).

**프랑스 왕 루이** 12세(Louis XII, 1462~1515)는 이탈리아에서 교황 알렉산데르 6세와 체사레 보르자의 세력이 커지자, 그들을 견제하기 위해 과거에 샤를이 주장한 나폴리 왕국에 대한 주도권을 주장했다. 그러나 아라곤(에스파냐)의 페르난도 왕이 강력하게 반발하자 함께 나폴리를 공유하자고 약속했다(1500). 그러나 약속은 지켜지지 않았고 결국 서로 나폴리를 차지하려다 전쟁을 치르게 되었다. 1503년 12월 프랑스 군이 에스파냐 군에 패배함으로써 루이 12세는 나폴리를 잃었다.

나폴리에 대한 주도권을 잃은 루이 12세는 교황 알렉산데르 6세가 죽고(1503) 새 교황으로 등극하여 교황령 확보에 열을 올리고 있는 율리우스 2세(Julius II, 1443~1513)와 함께 베네치아를 공격하기로 한다. 여기에 막시밀리안 황제 1세, 페르난도 2세도 합세함으로써 반 베네치아 동맹인 캉브레 동맹(1508. 12)이 결성되었다. 이들은 전부 베네치아의 영토를 나누어 가지고 싶어했다. 베네치아는 이들과 맞섰으나 1509년 크레모나 근처에서 이 동맹군들에게 패하고 말았다.

**조르주 당부아즈**(Georges d'Amboise, 1460~1510)는 루이 12세의 최측근으로 추기경의 자리에 올랐다. 마키아벨리는 1500년 피사 문제에 대한 프랑스의 협조를 받아내기 위해 피렌체 공화국의 사절로 프랑스에 갔으며, 프랑스 낭트에서 루이 12세와 교섭을 하는 동안 추기경 당부아즈와 몇 차례 만났다.

## 제4장

**알렉산더 대왕**(Alexander the Great, B.C 356~323)은 마케도니아의 왕으로 알렉산드로스 3세라고도 한다. 필리포스 2세의 아들로 20세의 나이에 왕위(재위 B.C 336~323)에 올라 그리스 지역을 비롯하여 페르시아, 인도까지 정복한 최초의 그리스 인이다. 정복한 지역마다 자신의 이름을 딴 도시 '알렉산드리아'를 건설함으로써 헬레니즘 세계를 만들어냈다. B.C 323년 33살의 나이로 바빌론에서 죽게 되자 그를 따르던 장군(안티고노스, 프톨레마이오스, 리시마코스, 카산드로스, 셀레우코스)들은 제국의 각 지역을 분할하여 지배했다. 그들은 각자 자신이 지배하던 민족과 지역에 섭정을 선포하고 자치를 인정했다. 또한 군대를 주둔시키지 않을 것이라고 함으로써 주민들의 지지를 받았다. 그러나 이들은 알렉산더 대왕이 이룩한 제국 전체를 차지하려는 각자의 욕망으로 서로 전쟁을 벌였으며(입소스 전투, B.C 301) 이로 인해 대제국은 마케도니아, 시리아, 이집트 3왕국으로 분열되었다.

마키아벨리가 『군주론』을 쓸 당시(1513년경) 오스만투르크 제국의 술탄은 9대째인 셀림 1세(Selim I, 재위 1512~1520)였다.

B.C 334년 동방 원정에 나선 **알렉산드로스**(거대한 영토를 정복해 대왕으로 불리기 전 알렉산더의 이름)는 다리우스 1세(Darius, B.C 522~486) 치하에서 오리엔트에서 가장 강력한 왕국으로 발전한 페르시아 왕국으로 향했다. 알렉산드로스를 맞은 것은 페르시아 인들이 불사조라고 부르는 긴창과 화살통을 메고 있는 **다리우스 3세**(Darius III, 재위 B.C 336~330, 페르시아의 마지막 왕)의 군사들이었다.

B.C 333년 실리시아의 이수스 전투에서 처음으로 알렉산드로스와 마주친 다리우스는 무적의 페르시아 정예군들의 호위를 받으며 군사들을 지휘했지만 마케도니아 군의 전술 앞에서 무너질 수밖에 없었

다. 다리우스는 전투에서 졌을 뿐만 아니라, 왕권의 상징인 망토와 활 그리고 전차, 가족들까지 버리고 도망쳤다. 그러나 정복자 알렉산드로스는 이들 포로들을 아주 정중하게 대접했으며 이후 수많은 도시들이 알렉산드로스의 군대에 무릎을 꿇었다. 그 후 다리우스는 포로들의 몸값을 내겠다며 협상을 제의했다. 이때 알렉산드로스의 신하인 파르메니오가 "제가 알렉산드로스라면 제안을 받아드리겠습니다." 라고 하자, 알렉산드로스는 "내가 파르메니오라면 그렇게 하겠지." 라고 응수하며 모든 제의를 거절하고 정면 돌파를 위해 메소포타미아로 진격했다.

군대를 새롭게 편성한 다리우스 군사와 알렉산드로스 군대는 지금의 모술 동쪽에 있는 가우가멜라에서 다시 전투를 벌였으나 이수스 전투에서처럼 다리우스는 크게 패하고 도망쳤다(B.C 331). 다리우스는 싸우고 있는 부하들을 버려둔 채 페르시아 제국의 여름 궁전이 있는 엑바타나로 달아났다. 그는 전열을 정비하여 다시 알렉산드로스와 정면대결을 벌이고 싶었으나 또다시 박트리아로 도망갈 수밖에 없었으며, 이곳에서 부하들에게 배신을 당한다. 박트리아의 샤트라(Satrap, 총독)였던 베소스의 음모로 폐위당한 후 그는 감옥에 갇히게 되었다. 음모자들은 알렉산드로스가 계속 뒤를 쫓아오면 그에게 다리우스 3세를 넘겨주고, 반대로 알렉산드로스가 되돌아가면 군사를 모아 공동으로 권력을 잡으려고 했다. 결국 알렉산드로스가 가까이 오자 그들은 다리우스를 살해해 버렸다.

다리우스는 알렉산드로스와 싸웠으나 결국에는 자신의 왕국에서 그들 스스로 야기한 분규로 죽임을 당했다. 다리우스는 알렉산드로스의 품에서 숨을 거두며 알렉산드로스를 자신의 후계자로 임명했고 알렉산드로스는 다리우스 3세의 장례를 페르시아의 전통에 따라 정중하게 치러주었다. 이로써 페르시아의 귀족들이 알렉산드로스 진영에 가담하면서 위대한 제국 페르시아는 알렉산드로스의 지배 하에 들어가게 되었다.

**피로스**(Pymhos, B.C 319-272)는 그리스의 작은 왕국인 에페이로스 출신으로 병법과 무술에 뛰어난 장군이었다. 12세에 에페이로스의 왕위에 올랐으나 몰로시아 인의 반란으로 퇴위당한 뒤 이집트의 프톨레마이오스에게 몸을 의탁했다.

프톨레마이오스 1세의 도움으로 B.C 237년 다시 왕국을 되찾았으며 친척인 네오프톨레모스와 함께 통치했다. 그러나 백성들의 지지를 받아 네오프톨레모스의 세력들을 제거하고 정권을 잡았다. 이후 마케도니아와 로마에 맞선 전투에서 놀라운 승리를 거두었다. 이 전투에서 '피로스의 승리'라는 말이 생겨날 정도로 뛰어난 전략을 보여주어 마케도니아 인들은 과거에 대제국을 전설했던 알렉산드로스의 후예라며 칭송했다.

B.C 3세기 이탈리아 반도를 정복하면서 세력을 넓히고 있던 로마와의 잇단 전쟁에서 많은 승리를 거두었으나, 결국 많은 병력을 잃었고 스파르타의 펠로폰네소스 반도를 정복하려는 무리한 원정에 실패한 뒤 아르고스에서 전사했다.

## 제5장

그리스의 도시국가(폴리스)였던 스파르타와 아테네는 전혀 다른 정치 형태로 발전했다. 아테네가 민주정치를 확립하는 동안 지배계급과 피지배계급의 구별이 뚜렷했던 스파르타는 두 명의 왕 밑에 원로원과 평민회가 존재하는 귀족정 또는 과두정이 있었다. 당시 가장 강력했던 두 도시국가 간에 펠로폰네소스(B.C 431~404) 전쟁이 발발하면서 그리스의 평화는 깨지기 시작했다. 결국 아테네 해군의 참패로 아테네의 세력이 극히 약해지고 스파르타가 그리스의 도시국가에 힘을 과시함으로써 대부분의 폴리스에는 스파르타에 의한 과두정이 실시되었다.

이후 30여 년간 스파르타가 그리스를 지배했으나 B.C 371년 테베의 에파미논다스가 레욱트라 전투에서 스파르타를 크게 이김으로써 테베가 폴리스를 장악하게 되었다. 그러나 테베의 시대도 길지 않았으며 그리스의 도시국가들은 멸망하기 시작했고, 마침내 그리스 북방 마케도니아의 침입을 받게 된다.

13세기 지중해의 활발한 해양 도시국가였던 피사는 1406년 피렌체 인들에게 정복됨으로써 피렌체의 속국이 되었다. 그러나 15세기 피사 인들은 끊임없이 피렌체로부터의 독립을 꿈꾸었다. 1494년 프랑스 왕 샤를이 이탈리아 침공에 실패하고 돌아가면서 반프랑스 동맹국인 로마, 베네치아, 밀라노, 독일, 에스파냐에 의해 피렌체가 고립되는 시기를 이용하여 피사는 피렌체에 반기를 들고 독립했다. 그러나 피사는 동지중해 무역의 출구로서 피렌체 경제에 아주 중요한 곳이었으므로, 피렌체는 군사적, 외교적 수단을 동원해 1509년 다시 정복해버렸다. 당시 피사 문제가 피렌체 인들에게는 얼마나 골칫거리였는지 "피사 인이 문간에 와서 서는 것보다, 차라리 사신(死神)이 찾아와 주는 편이 더 반갑다."라는 속담이 생겼을 정도였다고 한다.

마키아벨리는 외교사절로 파견되어 일할 당시 피사를 에워싼 여러 가지 문제를 해결하기 위해 「피사 문제에 관하여」라는 보고서를 작성하여 피렌체 정부에 건의했다. 이 보고서에는 피사 문제를 해결하기 위해서는 군사적 해결 밖에 없다는 결론을 제시하고 있으며, 병력 투입시의 구체적인 방법과 비용까지 거론하고 있다.

## 제6장

**키루스**(Cyrus II B.C 590/580~529)경의 별칭은 키루스 대왕. B.C 550년경 페르시아의 아케메네스 왕조를 건설한 정복자이다. B.C 6세기 중엽부터 페르시아 인들은 키루스 대왕의 지휘 하에 동방원정에 나섰으며 메디아 왕국(이란), 소아시아의 리디아 왕국, 에게해 연안지방 그리스의 이오니아 도시국가를 정복하고 바빌로니아까지 향했다. 그곳의 군주 나보니두스에 대해 백성들의 불만이 커져 있었으며 거대 도시 바빌론의 민족신 마르두크를 섬기는 제사장들까지 나보니두스에게 등을 돌렸기 때문에 정복은 신속하게 이루어졌다.

결국 B.C 539년 고대 세계의 가장 큰 도시였던 바빌론이 페르시아 인의 지배하에 들어갔으며 이후 이집트까지 정복함으로써 페르시아는 최대 제국을 건설하게 되었다.

키루스는 바빌로니아에 포로로 잡혀 있던 유대 인을 해방시켜 고향에 돌아가게 해준 것으로 인해 성서에서는 '유대 인들의 해방자'로 기억되고 있다. 키루스 대왕이 메디아를 점령한 후 메디아 귀족들은 순순히 페르시아 제국에 통합되었는데, 그것은 페르시아 인 자신들이 정복한 민족의 언어와 고유 문화, 그리고 그들의 종교를 받드는 것이 지배 지역을 다스리는 데 필수적이라는 것을 잘 알고 있었기 때문이다. 훗날 페르시아 지역을 정복한 알렉산드로스도 이러한 부분을 고려한 정복정책을 펼쳤다고 할 수 있다.

페르시아 인들에게 키루스는 로마의 로물루스와 레무스, 이스라엘의 모세 같은 전설적인 인물이다. 그것은 키루스 대왕의 용병으로 참가했던 그리스 역사가이며 크세노폰(Xenophon, B.C 430~355경)의 영향이었다. 그는 자신의 경험을 담은 소아시아 원정기를 쓰면서 『키로파이디아(Cyropaedia)』라는 역사소설에서 키루스를 페르시아 인들의 존경을 받았던 이상적인 군주로 묘사함으로써 '키루스의 전설'의 주인공이 되게 했다. 즉 크세노폰은 키루스를 고대 사람들이 통치자에게서 기대하는 용맹하면서도 인자한 정복자의 특질을 갖춘 상징적인 인물로 소개하여, 그리스 인뿐만 아니라 알렉산드로스 대왕에 이어 고대 로마 인에게까지 영향을 미치게 했다. 그러나 크세노폰의 활동 연대기로 왔을 때 그가 묘사한 페르시아 통치자는 키루스

1세를 말하는 것이며, 키루스 대왕이라는 이름의 페르시아 통치자가 키루스 2세까지 포함하여 두 사람일 것으로 역사학자들은 추정하고 있다.)

로마의 건국 신화에 의하면, 로마는 B.C 753년에 트로이 전쟁으로 도망쳐 나온 아이네아스의 후손인 로물루스와 레무스 쌍둥이 형제에 의해 세워졌다고 한다. 이들은 태어나자마자 알바 롱가의 왕위 다툼에 의해 버려졌으나 늑대의 젖을 먹고 자라 테베레 강가에 나라를 세웠는데, 이것이 로마의 기원이다.

**테세우스**(Theseus)는 B.C 1300경 아테네의 건국신화에 나오는 인물이다. 아테네의 왕위를 계승한 후 주변의 모든 주민들을 하나의 도시 아래 통합했으며 도시를 더욱 확장시켜 아테네를 융성케 하였다. 테세우스의 모험담은 수없이 많아 역사 속에 실재한 인물처럼 전해지고 있지만 그 내용의 대부분은 그리스 신화에 나오는 헤라클레스 영웅담과 유사하다.

지롤라모 사보나롤라_Girolamo Savonarola(1452~1498)

이탈리아 르네상스 시대의 그리스도교 설교가이며 종교개혁자이다. 전제군주들과 부패한 성직자들을 비난하는 설교로 민중들의 지지를 받았으며 1494년 메디치 가가 몰락한 뒤 피렌체의 민주공화정을 이끌었던 인물이다.

1452년에 태어나 페라라 궁정의 주치의였던 할아버지의 교육을 받으며 자랐다. 할아버지는 철저한 그리스도교 신자였으나 특이하게도 건강을 위해 술을 적당히 마시라고 주장한 의사였다. 그런 할아버지에게서 교육받았지만 사보나롤라는 술은 마시지도 않았을 뿐만 아니라 우울하고 내성적인 성격이었으며, 도덕과 신앙 원칙을 아주 철저하게 지키는 금욕적인 종교생활을 했다.

1475년 아버지에게 '이탈리아 사람들이 저지르는 맹목적인 사악함을 참을 수가 없다.'는 편지를 남기고 볼로냐에 있는 도미니쿠스 수도원으로 들어가 수도생활을 시작했다. 7년의 수련 기간을 보낸 후 페라라를 비롯하여 제노바, 토스카나, 롬바르디아 등을 돌아다니며 성직자들의 부패를 강력하게 비난하는 설교를 하기 시작했으며, 1482년 피렌체의 산 마르코 수도원에 자리를 잡았다.

사보나롤라가 설교를 처음 시작할 때는 능숙하지 않았다. 외모에서뿐만 아니라 투박하고 거친 목소리 때문에 우아하고 품위 있는 설교에 길들여져 있는 피렌체 인의 마음을 움직이지 못했다. 그러나 차츰 '나의 설교는 하느님이 나를 통해 말씀하시는 것'이라는 예언자적인 태도와 교회의 개혁을 외치는 금욕적인 신앙이 피렌체 인들에게 영향력을 발휘하기 시작했다. 영혼을 파괴하는 사치와 쾌락을 버리고 초기 그리스도 교회의 순수성으로 돌아가야 구원을 받을 수 있다고 외쳤으며, 피렌체는 새로운 정치제도가 필요하다며 메디치 정권에 대해 신랄한 비판도 서슴지 않았다. 따라서 피렌체의 하층민뿐만 아니라 지식계급들 특히, 메디치 가의 로렌초의 후원을 입은 학자들과 보티첼리, 미켈란젤로를 비롯한 예술가들의 영혼을 사로잡기 시작했다.

1492년 로렌초가 죽고 샤를 8세의 침략(1494)으로 메디치 가의 통치가 무너지자 사보나롤라는 "이것은 신이 내리시는 노여움이며, 피렌체 시민들은 회개해야 한다. 주님이 나를 이곳으로 보내셨다."는 내용의 무시무시한 설교로 시민들을 두려움에 떨게 했다. 이에 시민들은 사보나롤라로 하여금 샤를과 협상을 하게 했으며 피렌체로 쳐들어오는 샤를 8세를 '피렌체 공화국을 독재 정치로부터 해방시키기 위해 하느님이 보내신 분'이라며 열렬히 환영했다. 이에 감동받은 샤를에 의해 피렌체는 프랑스 군의 약탈을 피할 수 있었다.

이런 눈부신 활약으로 메디치 가가 축출된 피렌체에서 군주와 다를 바 없는 권위를 갖게 되었으며, 이탈리아의 심장부인 피렌체에 이탈리아와 교회의 개혁을 선도할 '그리스도를 왕으로 모시는 공화국'을 세우기 위한 개혁을 시도했다.

이후 피렌체 거리는 매일 사보나롤라의 날카로운 설교가 넘쳤다. '축복받은 어린이'라는 두건을 쓴 아이들이 떼를 지어 몰려다니며 '악으로 이끄는 모든 것'들을 고발하고, '허영의 소각'이라는 이름으로 불태웠다. 피렌체의 시뇨리아 광장은 한동안 흰옷에 붉은 십자가를 든 무리들의 합창과 나팔소리, 소각의 불꽃, 종소리로 가득했으며 시민들은 부패한 피렌체가 곧 그리스도의 낙원으로 변할 것이라고 믿게 되었다.

그러나 너무나 금욕적이고 급진적인 그의 개혁은 추종자도 많았지만 한편으로 그를 반대하는 '아라비아티'(Arrabbiati)라는 당파도 생겨나게 했다. 이들은 강력한 외부 세력들과 동맹을 맺었는데, 그 중에서 가장 대표적인 세력이 밀라노 공작 루도비코 스포르차와 새 교황 알렉산데르 6세였다. 이들은 프랑스 왕에 맞서 신성 동맹을 맺었고 여기에 베네치아, 막시밀리안 황제와 아라곤 왕 페르난도 2세까지 합세했다. 그러나 사보나롤라는 이 동맹에 가담하지 않겠다고 선언했으며 피렌체 교황으로부터 파문과 설교 금치령이 내려졌다. 그러나 그는 더욱더 로마 교황청을 비판하며 교황의 사생활을 언급하는 설교를 계속함으로써 교황을 격분시켰다.

교황의 파문과 협박에도 사보나롤라의 영향력이 커나가자 교황은 설교를 포기하면 추기경 자리를 주겠다고 회유했다. 그러나 사보나롤라는 "나는 붉은 모자가 아니라 피로 물든 붉은 모자가 어울린다"며 회유를 물리쳤고, 자신은 하느님의 명을 받고 교황과 대적하고 있는 것이라며 설교를 멈추지 않았다.

교황청이 사보나롤라를 투옥시키지 않으면 피렌체 전체를 파문하겠다고 위협하는 가운데 피렌체 내에 흉년과 역병 그리고 잇달은 전쟁으로 정치적, 경제적 상황이 악화되면서 사보나롤라의 지지기반이 약해지기 시작했다. 이 틈을 이용하여 아라비아티지(사보나롤라를 반대하는 메디치 가 지지자들)들이 피렌체 정부를 장악하고 사보나롤라의 설교를 금지시켰다.

1498년 3월 도미니쿠스회에 반감을 품고 있던 프란체스코회의 한 수도사가 평소 신의 계시에 의한 설교라고 말한 사보나롤라의 은총을 입증하는 '불의 심판'을 받자고 제의했다. 그 수도사는 자신과 사보나롤라가 불속으로 걸어 들어가 사보나롤라가 화상을 입지 않으면 그를 진정한 예언자로 인정하겠다는 것이었다. 피렌체 시민들은 순식간에 이 야만적인 실험에 흥분하기 시작했으며 당장 실시하라고 재촉했다. 사보나롤라의 반대에 불구하고 4월 7일 피렌체의 시뇨리아 광장에는 불의 심판을 위한 제단이 준비되었다. 그러나 프란체스코회 수도사는 나타나지 않았으며 엄청난 폭풍우로 인해 재판이 취소되자 재판을 기대했던 군중들은 폭도로 변했다. 사보나롤라의 기적을 기대하며 그를 지지했던 '피아뇨니(사보나롤라 추종자)'들은 '속았다. 가짜 예언자에게 속았다!'라고 비난했으며 그를 반대하던 아라비아티는 '처음부터 사기꾼이었다.'며 분노했다.

결국 다음날 사보나롤라와 그의 제자들은 산 마르코 수도원을 공격한 폭도들에게 체포되었으며, 형식적인 종교재판이 열려 이단죄, 분파 활동을 한 죄, 성스러운 로마 교회에 대한 반역죄가 언도되고 화형에 처해졌다. 그가 화형을 당하던 마지막 순간에도 시민들 가운데에서 누군가가 '오! 예언자이시여, 이제 기적의 시간이 되었습니다. 자신을 구원하소서!'라고 외쳤다고 한다.

사보나롤라가 처형되던 당대를 살던 피렌체 인 마키아벨리는 『군주론』에서 사보나롤라의 주장이나 방법론에 대해 이렇게 언급하고 있다.

> "무력을 갖춘 예언자는 모두 성공하지만 무력을 갖추지 못한 예언자는 멸망한다는 사실을 알 수 있습니다……. 그는 자신을 믿었던 사람들을 지속적으로 관리할 방법도, 믿지 않았던 사람들을 믿게 할 방법도 없었던 것입니다."

고대 시칠리아의 중요한 그리스 도시국가였던 시라쿠사는 펠로폰네스 전쟁(B.C 415~413) 동안 아테네의 공격을 이겨냈으나 지중해를 중심으로 한 해상권을 둘러싸고 카르타고의 공격에 시달려야 했다. B.C 405년 시라쿠사의 참주 디오니소스 1세의 치하에서는 카르타고의 침략을 막아내고 이탈리아 남부까지 세력을 넓혔다. 그러나 카르타고와 끊임없는 전쟁을 치러야 했던 시칠리아, 시라쿠사, 메사나는 마케도니아와 로마에 맞선 전투에서 놀라운 승리를 거두고 있는 에페이로스의 피로스에게 사절단을 보내 용병을 요청했다. 피로스는 메사나로 진격하여 카르타고를 무찔렀다. 그러나 피로스와 그의 용병들이 전쟁 물자를 거두어들이기 위해 시칠리아를 강압하자 그리스 도시국가들은 불만을 품게 되었다.

피로스가 로마의 공격에 맞서기 위해 B.C 276년 시칠리아에서 떠나자, 시라쿠사 인들은 히에론 2세(Hieron II, B.C ?~216/215)를 군사령관으로 임명했다. 시라쿠사의 전(前) 참주였던 아가토클레스가 고용한 마메르티니(Mamertini, 이탈리아 캄파니아 출신의 용병부대)가 메사나(메시나)를 점령하고 인근 영토를 약탈하자 B.C 265년경 히에론은 메사나를 봉쇄했다. 이에 마메르티니는 카르타고에 도움을 요청했으나 갑자기 카르타고의 지원을 무시하고 로마 군을 받아들였으며, 이로 인해 시칠리아를 두고 경쟁관계였던 로마와 카르타고 간에 포에니 전쟁(B.C 264~241, 제1차 포에니 전쟁)이 유발되었다. 히에론은 그 무렵 시칠리아에 상륙했던 카르타고와 동맹을 맺었다. 그러나 로마에 패한 히에론은 시라쿠사로 철수할 수밖에 없었으며 이후 히에론은 죽을 때까지 로마에 충성했다.

B.C 215년 히에론이 죽은 뒤 시라쿠사는 다시 카르타고와 동맹을 맺었으며 B.C 211년 로마의 속주가 되었다.

## 제7장

고대 페르시아 아케메네스 왕조의 **다리우스 1세**(Darius I, B.C 550~486)는 자신이 정복한 땅을 굳게 지키고 영토를 넓히기도 했지만, 그가 페르시아 역사에 가장 크게 이바지한 부분은 행정에 관한 문제였다. 그는 키루스 대왕이 시작한 페르시아 제국의 샤트라파 관할 지역(샤트라파 령) 조직을 완성했다. 샤트라파란 일종의 총독으로, 속국을 관리하는 자이다. 왕은 페르시아의 귀족과 장군들을 속국의 샤트라파로 임명하고 점령지에서 왕권을 수호하게 했으며 동시에 피정복민의 전통과 풍습, 종교, 문화 등을 인정함으로써 다민족으로 이루어진 페르시아 제국이 오랫동안 존속할 수 있게 했다.

**프란체스코 스포르차**(Francesco Sforza, 1401~1466)는 로마냐 출신의 평범한 농부의 아들로 태어났으나, 22살에 이탈리아 최고의 용병부대를 지휘하는 용병대장이 되었다. 밀라노 공작 비스콘티와 교황, 그리고 베네치아를 위해 보수를 받고 군대를 지휘하며 탁월한 능력을 보여주었다. 그러나 그의 야심은 일개 용병대장이 아니었다. 그는 밀라노 공작 비스콘티의 딸과 결혼하여 그녀의 아버지가 죽을 경우 밀라노 공작의 지위를 물려 받고 싶어했다. 그는 3년여 동안 전쟁과 외교적 수완을 발휘하여 1450년 3월 밀라노 공작으로 취임한다.

체사레 보르자_Cesare Borgia(1475~1507)

마키아벨리에 의해 '새로운 군주의 전형'으로 소개되면서 『군주론』에서 자주 거론되는 인물이다. 교황 알렉산데르 6세(Alexander VI, 1431~1503)의 아들이며 아버지가 교황에 오르기 전의 애인이었던 로마 귀족 출신의 여인과의 사이에서 태어난 사생아였다.

하지만 교황의 자식들(알렉산데르 6세는 르네상스 시대의 역대 교황 중에서 가장 부패하고 세속적인 교황으로 여러 명의 정부를 거느린 복잡한 사생활로 잡음이 끊이지 않았다) 중에서 가장 총명하고 잘생겼으며 야심만만했으므로 교황의 참모가 되는 데 성공했다. 그러나 여동생 루크레치아를 두고 남동생과 치정에 얽히고 동생이 살해되는 비극적인 사건들이 발생하면서 냉혹한 살인자라는 의심을 받았으며, 정치적 야망을 위해서 동생을 죽일 수도 있는 탐욕스럽고 냉혹한 인간으로 인식되기 시작했다.

1492년 아버지 로드리고 보르자가 교황으로 선출되자 아버지에 의해 추기경에 올랐으며 프랑스 왕 루이 12세로부터는 발렌티누아 공작 칭호를 받았다(발렌티노라는 별명으로 불렸다). 교황과 프랑스 왕의 후원을 받으며 이탈리아 중부 로마냐 지역에 자신의 통치권을 확립하고 나폴리, 밀라노, 피렌체를 위협하며 중부 이탈리아 지역에 자신의 왕국을 세우려 했다. 1503년 교황 알렉산데르 6세가 사망했을 때 자신도 병을 앓게 되었고 그 동안에 자신의 정적인 줄리아노 델라 로베레가 교황 율리우스 2세로 선출되었다. 율리우스가 로마냐 지역에서의 보르자의 통치권을 거부하자 나폴리로 도망쳤으며, 이후 체포와 탈출을 거듭하다 1507년에 사망했다.

마키아벨리는 1502~1503년 사이에 피렌체 공화국의 서기관으로서 체사레 보르자와 접촉했다. 그리고 체사레가 자신의 권력을 만들어가는 과정을 지켜보며 훗날 『군주론』에서 '이탈리아의 강력한 새 군주'로 그를 인용했다. 마키아벨리는 체사레에게서 다음과 같은 사건들을 주목했다.

1498년 프랑스 왕 루이 12세로부터 발렌티노 공작 칭호를 받은 체사레 보르자는 프랑스 군을 포함한 교황군 총사령관으로서 이몰라와 포를리를 점령하고(1499) 로마냐 지역을 위협했다. 이후 체사레는 아주 신속하고 기습적으로 군대를 움직여 우르비노 공국으로 향했다. 우르비노는 총 한 번 쏘지 못하고 성문을 열었으며(1502), 이어 산 마리노, 카메리노도 차례로 체사레의 위협적인 힘에 굴복하게 되었다. 고립된 피렌체는 체사레에게 우호의 사절을 보내지 않을 수 없었으며 이때 마키아벨리가 파견되었다.

체사레의 통치권이 이탈리아 중부도시를 휩쓸자 불안을 느낀 휘하의 용병 대장들이 마조네에 모여 반란을 일으켰다(1502. 10). 이들은 용병대장이지만 엄밀하게 말하면 교황령 아래 소국의 영주들이었다. 순식간에 군사력을 잃게 된 보르자는 교황의 자금으로 다시 군대를 소집했으며 동시에 속임수로 외교전술을 펼쳤다.

먼저 프랑스 루이 12세가 보내준 프랑스 병사들을 돌려보냄으로써 주변국의 긴장을 완화시켰으며, 자신의 가신이었던 레미로 데 오르코를 참혹하게 처형해 버렸다. 오르코는 체사레에 의해 로마냐 지방을 통치했던 인물이었으나 너무 잔혹하고 엄격하여 민심이 동요하고 있었다. 이를 알아차린 체사레는 그를 희생양으로 처벌하여 반란자들을 안심시켰으며 동시에 로마냐 지역의 민심을 자신의 편으로 만들었다. 그리고 화해의 제스처를 보내며 반란자들을 세니갈리아의 한 장소에 모이게 한 다음 전부 죽여 버렸다(1502, 12). 그 후에 그들이 다스리던 지역을 점령함으로써 자신의 권력 기반을 확고하게 했다. 이렇듯 냉혹한 체사레의 태도에 주민들은 경악을 금치 못했지만 그를 따르고 지지할 수밖에 없었다.

마키아벨리는 이러한 체사레의 행적에 대해 『군주론』에서 이렇게 논했다.

"때문에 발렌티노 공작이 밟아갔던 모든 단계들을 살펴보면 그가 자신이 얻을 미래의 권력을 위한 강건한 기반을 구축했음을 알 수 있습니다. 그러한 각 단계들을 거론하는 것이 무의미하다고 생각하지 않는 것은, 신생 군주로서 그의 행적들보다 더 모범적인 선례를 찾아볼 수 없기 때문입니다. 비록 그의 계획이 성공하지 못했다 해도, 그것은 그의 실수 때문이 아니라 예외적이며 극단적인 불운의 결과라 할 것입니다."

"……그러므로 새로이 군주국을 차지하게 경우, 적들로부터 자신을 안전하게 지켜야 할 필요가 있다면 다음과 같이 행동해야 합니다. 우호세력을 만들고, 무력이나 속임수로 정복하고, 백성들로부터 사랑을 받으면서 동시에 두려움을 품도록 해야 하며, 군대로부터 복종과 존경을 받을 수 있어야 합니다. 또한 해를 끼칠 가능성이 있는 자들은 모두 제거하고, 오래 된 제도는 새로운 제도로 대체하고, 잔혹한 동시에 너그러워야 하며, 관대하고 대범해야 하며, 충성을 바치지 않는 군인들은 제거하여 새로운 인물로 발탁하고, 주변의 왕들과 동맹관계를 유지하여 그들이 흔쾌히 도움을 줄 수 있도록 하고, 함부로 공격할 수 없도록 만들어야 합니다. 이러한 것들의 본보기로서 공작의 행적보다 더 생생한 모범은 없습니다."

마키아벨리는 세기 후반 끊임없이 외세의 침입에 시달리는 피렌체 공화국과 더 나아가 이탈리아를 구원할 새로운 군주의 유형을 '체사레 보르자'에게서 찾고 있었다고 할 수 있다.

알렉산데르 6세가 교황으로 선출된 당시 로마의 귀족들은 오르시니와 콜론나라는 두 개의 파벌로 분열되어 서로 반목 대립하고 있었으며 교황 앞에서 무기를 휴대할 정도로 세력이 커져 있었다. 알렉산데르는 프랑스, 에스파냐와의 동맹을 통해 이들 세력을 무너뜨리고 교황령을 확보했다(로마의 오르시니 가문은 수십 년 동안 군인과 성직자를 배출해 낸 가문으로 로마 북부와 나폴리 왕국에 대규모의 땅을 소유하고 있었다.).

교황 알렉산데르 6세의 뒤를 이은 피우스 3세가 교황에 오른 지 얼마 되지 않아 갑자기 죽고 뒤를 이어 교황에 선출된 사람이 보르자 가문의 정적이며 교황 식스투스 4세의 조카인 줄리아노 델라 로메레다.

교황 알렉산데르 6세와는 정치적인 적대관계였던 줄리아노는 알렉산데르의 재위 시기에는 암살음모를 피해 피렌체를 떠나야 했으며, 프랑스의 샤를 8세와 루이 12세의 이탈리아 침공에 가담했다. 그러나 1503년 알렉산데르가 죽자 로마로 돌아와 온갖 정치력과 경제력을 동원하여 **율리우스 2세**(Julius II, 재위 1503~1513)라는 이름으로 교황에 선출되었다.

교황령 확보를 위해 처음에는 프랑스 루이 12세와 협력했으나 이탈리아 내에서 루이의 세력이 커지자 "이 야만인들이 이탈리아를 빼앗아 가도록 하지 않겠다."고 선언하며 전 이탈리아가 동맹할 것을 촉구했다. 결국 여기에 베네치아, 에스파냐, 나폴리까지 합세하게 되었으며 이들의 신성동맹군에 의해 루이 12세는 프랑스로 돌아가게 되었다.

이러한 이유로 율리우스 2세는 이탈리아를 구한 왕이라는 칭송을 받았다. 그러나 성격이 불같이 거칠었으며 교황으로 재위하는 동안의 성직 매매를 둘러싸고 비판이 끊이지 않았다(다만, 그는 정치 외에 학문과 예술의 진흥에도 힘써 로마를 르네상스 문화의 중심지로 만들었다. 미켈란젤로, 라파엘로를 후원하며 자신의 정치적 야망을 예술품으로 남기고자 노력했다. 특히 르네상스 시대의 걸작 미켈란젤로의 '시스티나 예배당의 천장화'는 율리우스의 성화에 견디다 못한 미켈란젤로가 마지못해 그리기 시작했으며, 결국 율리우스의 불 같은 추진력과 미켈란젤로의 천재성이 결합되어 탄생한 작품이라 말할 수 있다.).

네 명의 추기경은 줄리아노 델라 로레베(교황 율리우스 2세로 추대되기 전 산 피에트로 애드 빈쿨라(San Pietro ad Vincula의 추기경이었다.), 조반니 콜론나(Giovanni Colonna, 1508년 사망), 산 조르지오의 추기경 라파엘로 리아리오(Raffaello Riario, 1521년 사망),

프란체스코 스포르차의 아들 아스카니오 스포르차(Ascanio Sforza)를 가리킨다. 루앙의 추기경이란 조르주 당부아즈(Georges d'Amboise)를 가리킨다.

## 제8장

아가토클레스(Agathocles, B.C 361~289)는 B.C 343년 경부터 시라쿠사의 군대에 들어가 활약했다. 시라쿠사의 과두정치를 반대하여 두 번이나 추방당하지만, B.C 317년에 용병(마메르티니, 이탈리아 캄파니아 출신의 용병부대)을 이끌고 시라쿠사에 들어와 자신을 반대하는 자들을 추방하거나 죽이고 스스로 참주가 되었다.

그리스 인이 다스리는 메사나를 비롯하여 시칠리아 도시들을 손에 넣은 다음 카르타고와 전쟁을 벌였다. B.C 311년 시라쿠사에서 카르타고 군에게 포위되었지만, 카르타고의 포위 공격을 뚫고 나왔을 뿐만 아니라 아프리카에 있는 카르타고의 본토를 공격하여 그들을 압박했다(B.C 307). 그러나 B.C 306년 카르타고는 아가토클레스와 협상을 맺었다. 이 평화조약으로 시칠리아 섬에 대한 카르타고 세력을 제한했기 때문에 아가토클레스는 시칠리아의 그리스 도시들에 대한 지배권을 계속 강화할 수 있었으며, B.C 304년경에 스스로 시칠리아의 왕이라 불렀다.

아가토클레스가 왕이 된 뒤에는 평화가 계속되었기 때문에 시라쿠사를 풍요롭게 할 수 있었으나, 왕위 계승을 둘러싼 음모로 손자에 의해 독살되었다. 그가 죽은 후 시칠리아에서는 카르타고의 세력이 다시 강해졌다.

올리베로토 유프레두치(Oliverotto Euffreduce)가 1501년 12월 페르모를 장악했으나(이 시기는 교황 알렉산데르 6세와 그의 아들 체사레 보르자가 중부 이탈리아 지역을 정복하고 있을 때였다) 세니갈리아에서 체사레에 의해 처형되었다(1503).

## 제9장

**나비스**(Nabis, B.C ?~192)는 그리스 역사가 폴리비오스가 '괴물'이라 묘사한 스파르타의 마지막 통치자(재위 B.C 207~192). 무시무시한 고문 기구를 가지고 귀족들의 재산을 몰수한 악명 높은 참주로 알려져 있다. 그러나 전 왕 아기스 4세와 클레오메네스 3세의 개혁을 계승하며 많은 헬로트(노예)를 해방시킨 것 등으로 군중의 지지를 받았다.

그리스 지배권을 두고 마케도니아 왕 필리포스 5세와 로마가 싸우는 와중에 자신의 권력을 유지했으나, 로마와 마케도니아가 포이니케 평화협정(B.C 205)을 맺으면서 펠로폰네소스 반도 대부분의 그리스 도시국가들이 아카이아 동맹에 가입하자 이에 대항해 싸웠다. 그러나 필리포스를 물리친 로마의 집정관 플라미니누스(Titus Quinctius Flamininus, B.C 227경~174)가 마케도니아의 통치에 시달리고 있던 모든 그리스 인들에게 자유를 준다고 선포함으로써 그리스 도시국가 전체가 그를 크게 환영하는 가운데, 나비스에 대해서는 가장 무법한 폭군이라고 비난함으로써 로마의 공격을 받아야 했다. 그리스 역사가 플루타르코스는 영웅전에서 "플라미니누스는 나비스를 생포할 수 있는 좋은 기회였는데도 무슨 이유에서인지 그를 살려두고 또한 그와 휴전함으로써 스파르타가 억압을 받도록 방임했다."고 말했다.

이후 로마 군대가 B.C 194년 그리스에서 철수하자 나비스는 잃어버린 영토를 되찾으려 했으나 스파르타 북쪽에서 아카이아 동맹의 사령관 필로포이멘(Philopoemen, B.C 252경~182)에게 크게 졌다. 이즈음 시리아 왕 안티오코스 3세가 강력한 군대를 이끌고 그리스로 진입하여 여러 도시를 선동하자 로마와 부딪치게 되었다. 로마에 대해 적의를 품고 있던 아이톨리아 인들은 안티오코스를 지지하고 로마를 자극하기 위해 나비스를 살해하고 잠시 스파르타를 점령했다.

B.C 146년 포에니 전쟁에서 지중해 지역의 패권을 잡은 로마는

B.C 30년까지 정치적으로 가장 혼란한 시기를 겪게 되었다. 정복 전쟁 동안 평민들이 상당한 지위를 획득했지만 여전히 귀족들과는 불평등한 관계였으며, 경제적인 풍요와 함께 귀족계급은 부패해 가고 있었다. 게다가 끊이지 않는 전쟁과 반란 등으로 로마의 공화정은 사회적, 경제적으로 개혁을 해야 하는 전환기에 들어서게 되었다.

이때 가장 두드러진 개혁이 그라쿠스 형제에 의한 것이었다. B.C 133년 호민관으로 선출된 **티베리우스 그라쿠스**(Tiberius Gracchus, B.C 169~133)는 평민들의 권익을 보호하기 위해 1인당 토지 소유를 제한하고 나머지 토지는 무산자들에게 재분배하려는 토지 분배안을 중심으로 더 넓고 포괄적인 개혁을 실시하려 했으나 내란으로 치닫게 되고, 가이우스 역시 자신을 따르던 동료들과 함께 자살하고 만다. 그라쿠스 형제 개혁의 실제는 로마 공화정의 몰락을 의미한다.

**조르지오 스칼리**(Giorgio Scali)는 1378년 피렌체에서 일어난 촘피의 난 이후 평민당의 우두머리가 된 부유한 피렌체 인. 그러나 시 행정관의 집을 습격하는 사건을 주도했다는 혐의로 1382년 처형되었다.

## 제11장

**교황 식스투스 4세**(Sixtus IV, 1414~1484)의 본명은 프란체스코 델라 로베레(Francesco Della Rovere). 교황으로서 재위 기간이 10

여 년(1471–1484) 정도로 다른 교황에 비해서 짧지만 교황권을 확대시킨 것으로 유명하다.

사보나 인근의 가난한 어촌 출신이었으나 프란체스코 수도회에 가입하여 신앙과 학문, 설교에 뛰어난 재능을 보여 50살에 프란체스코 총회장이 되었으며(1464) 3년 후에는 추기경으로, 1471년 교황 식스투스 4세로 선출되었다.

이탈리아 내에서 정치적 야심을 키우고 싶었던 그는 자신의 인척들을 추기경, 영주에 임명하거나 재산을 제공하며 자신의 영향력를 확대시켰다. 이로 인해 메디치 가의 로렌초와 긴장 상태가 조성되었으며 교황의 조카 지롤라모 리아리오의 의해 로렌초 암살 음모 사건이 일어나게 되었다.

리아리오는 반메디치 인물들과 메디치 가의 경쟁 상대인 파치 가와 손잡고 로렌초(Lorenzo de' Medici, 1449~1492)와 그의 동생 줄리아노(1453~1478)를 암살하려 했으나 실패했다(1478. 4). 줄리아노는 살해되었으나 로렌초는 극적으로 살아남았던 것이다. 이 사건에 분노한 피렌체 인들은 교황 식스투스 4세가 이 음모를 방조했다고 비난하며 공모자들에게 심한 보복을 가함으로써 피렌체 공화국과 교황은 충돌하게 되었다.

식스투스 4세는 로렌초를 파문하고 피렌체에 성사(聖事)금지령을 내렸으며, 이것으로도 만족하지 못한 교황은 피렌체에 전쟁을 선포하고 나폴리의 페르디난드 1세에게 원조를 요청했다. 그러나 피렌체 인들은 굴복하지 않았고, 오히려 교황을 파문하는 칙령을 전 유럽에

공표함으로써 메디치 가의 로렌초 지휘하에 있는 피렌체와 교황 간에 2년여 동안 전쟁을 하게 되었다.

전 이탈리아를 혼란스럽게 만든 이 전쟁을 일찍 끝내고 싶었던 로렌초는 1480년 교황 식스투스 4세를 제쳐두고 나폴리의 페르디난도(페란테, 1423~1494)와 직접 만나 오랜 협상 끝에 평화협정을 끌어냈다. 이로써 다른 동맹국들도 교황을 저버려 교황은 혼자 힘으로 전쟁을 수행할 수 없는 지경에 이르렀다. 결국 교황의 야심은 일단 꺾였으며 1480년 투르크 족의 군대가 이탈리아에 상륙하여 나폴리를 지나 로마로 향하자 교황은 이탈리아의 위태로운 상황을 인정하며 마지못해 로렌초를 사면하고 성사금지령을 해제했다.

이후 투르크 족의 정복자(마호메트)가 갑자기 죽음을 맞게 됨으로써 이탈리아에는 평화가 찾아왔으나 교황은 교황령 확대를 위해 끊임없이 작은 전쟁을 일으켰으며, 로렌초는 외교술과 인내심을 발휘하여 평화를 유지시켰다. 통증을 앓고 있던 교황은 1484년 세상을 떠났다.

로마 교황 율리우스 2세가 사망하고 메디치 가의 조반니가 교황 레오 10세(재위 1513~1521)로 추대되었을 때 마키아벨리는 『군주론』을 쓰고 있었으므로 '지금과 같은'이라고 표현하고 있다.

**레오 10세**(Leo X, 1475~1521)는 교황권을 강력한 정치권력으로 끌어올린 교황이며, 메디치 가가 이탈리아 정치에서 다시 한 번 주도권을 잡는 데 결정적인 역할을 했다. 또한 로마를 르네상스 문화의 중심지로 만들었다. 그러나 역대 교황들 가운데 가장 사치스러워 교황청의 재산을 고갈시켰으며, 면죄부를 강매하고 종교개혁을 요구하는 마르틴 루터를 파문하여 교회를 분열시키기도 했다.

## 제12장

1494년 프랑스 왕 샤를 8세의 군대가 알프스를 넘어 롬바르디아, 베네치아에 이를 때까지 교황청에서는 아무런 조치도 취하지 못하고 있었다. 따라서 그들은 아무런 저항도 받지 않고 피사를 점령했으며 11월 피렌체에 입성할 때는 정복지에 들어서는 영웅들의 행진이었다. 게다가 피렌체의 수도사 사보나롤라는 "당신은 하느님의 사제로, 정의의 사제로, 악에 물들어 있는 피렌체를 구하러 오셨습니다."라는 말로 샤를을 환영했다. 피렌체 시민들은 샤를을 메디치 가의 독재에서 해방시켜주러 온 구세주로 여기며, 그들의 저택에 1만 2천여 명의 샤를의 군인들을 숙박하게 할 정도였다. 그러나 이후 프랑스 군의 약탈은 전 이탈리아를 경악케 했으며 용병에 의존했던 많은 군주들은 프랑스 군에게 굴복할 수밖에 없었다.

스위스 용병대는 당시 독일과 프랑스, 이탈리아, 에스파냐 사이에서 이루어진 일련의 전쟁에서 결정적인 역할을 주도하기도 했다.

로마 공화국과 카르타고 제국 사이에 벌어진 세 차례 전쟁 가운데 맨 처음의 전쟁인 제1차 포에니 전쟁(B.C 264~241)에서 카르타고 군은 패배했다.

B.C 371년 테베의 정치가이며 뛰어난 군인이었던 에파미논다스(Epaminondas, B.C 410~362)가 레욱트라 전투에서 막강한 스파르타 군을 이김으로써 테베가 그리스의 폴리스를 장악하게 되었다. 그러나 에파미논다스가 죽은 후 B.C 346년 내란이 일어나자 테베는 마케도니아의 필리포스 2세와 동맹을 맺었다. B.C 338년 카이로네아 전투에서 이긴 필리포스는 테베에 마케도니아 군대를 주둔시켰다.

1447년 밀라노 공작 비스콘티가 병에 걸려 거의 죽게 되자 베네치아 군대가 밀라노를 위협했다. 공작은 당시 이탈리아 최고의 용병으로 자신의 딸과 결혼한 프란체스코 스포르차에게 도움을 청했다. 그러나 스포르차가 밀라노로 향하던 중 공작은 이미 죽었으며, 나폴리 왕 아라곤의 알폰소를 후계자로 지명했음을 알게 되었다. 그러자 이탈리아는 혼란에 싸이게 되었다. 비스콘티의 아들이 밀라노 공작의 자리를 요구했으며 독일 황제도 자기 것이라고 주장했다. 또한 베네치아는 롬바르디아에 대한 권리를 주장했다. 위기를 느낀 밀라노는 스스로 공화국을 선포하고 스포르차를 총사령관으로 임명했다. 여기에 오랫동안 베네치아와 대치하고 있던 피렌체의 코시모 데 메디치(Cosimo de' Medici, 1389~1464)의 적극적인 후원으로 스포르차는 1448년 카라바지오 전투에서 베네치아를 격파했다. 그 후 밀라노 공화국, 베네치아, 스포르차 사이에 갈등이 끊이지 않았으며, 1449년 밀라노가 스포르차를 따돌리고 베네치아와 평화조약을 맺자 스포르차는 밀라노 시를 봉쇄하고 공급을 차단함으로써 폭동을 불러일으키고 밀라노를 점령했다(1450. 3).

나폴리의 여왕이었던 **조반나 2세**(Giovanna II, 1371~1435)는 집권 기간(1414~1435) 동안 나폴리 영토를 둘러싼 프랑스의 앙주 가문과 에스파냐의 아라곤 가문 사이의 권력 다툼에 시달려야 했다. 프란체스코 스포르차의 아버지 무치오 아텐돌로 스포르차는 용병대장으로 조반나를 위해 봉사했으나 앙주의 루이 3세가 주장한 나폴리의 왕위 계습권을 지지하자, 조반나는 아라곤의 알폰소 5세에게 도움을 청하고 그를 후계자로 임명하기에 이르렀다. 이로써 나폴리의 왕위 계승권을 둘러싼 프랑스와 아라곤의 전쟁으로 나폴리의 군주는 끊임없이 바뀌는 상황이 되었다.

**파올로 비텔리**(Paolo Viteli, ?~?)는 치타 디 카스텔로의 영주로서 용병대장이다. 피렌체의 지배 하에 있던 피사가 1499년 독립을 하자 피렌체는 1500년 6월 비텔리를 피렌체 공화국의 군 최고사령관으로 임명하고 피사 정복을 시작했다. 8월 피사 시를 포위하고 거의 피사를 점령할 무렵 비텔리는 자신의 부대를 철수시켜버렸다. 용병대장이었던 그는 비록 돈을 받고 피렌체 공화국을 위해 싸웠지만 자신의 병력 손실이 두려운 순간에 이르자 군대를 철수시켜버린 것이다. 결국 피사 정복에 실패한 피렌체 시민들은 파올로 비텔리를 체포하여 베네치아 공화국과 메디치 가와 내통했다는 혐의로 처형해버렸다.

**카르미뇰라**(Carmignuola, 1380~1432)는 카르미뇰라의 백작 프란체스코 부조네(Fracesco Bussone)를 지칭한다. 밀라노 공작 비스콘티와 내통했다는 혐의로 베네치아 공화국에 의해 처형된 베네치아의 군인이다.

**바르톨로메오 데 베르가모**(Bartolomeo de Bergamo, 1400~ 1475/76)는 베르가모 출신인 바르톨로메오 콜레오니(Bartolomeo Colleoni). 베네치아 공화국을 위해 싸운 용병대장이다. 르네상스 시대의 조각가 안드레아 델 베로키오가 만든 그의 거대한 기마상으로 인해 사람들에게 기억되고 있다.

**로베르토 다 산 세레리노**(Roberto da San Severino, ?~?)는 페라라와의 전투(1482~1484)에서 베네치아 군대를 지휘했다.

피티글리아노의 백작, **니콜로 오르시니**(Niccolo Orsini, 1442~1510)는 교황 율리우스 2세와 대적한 바일라 전투에서 패한 베네치아 공화국의 사령관이다.

마키아벨리가 말하는 스위스 용병의 사례는 두 가지이다. 1500년 밀라노에서 쫓겨난 루도비코 스포르차(일 모로)는 스위스 용병을 이끌고 루이 12세에게 빼앗긴 밀라노를 되찾았다. 그러나 스위스 용병 부대는 중요한 전투에서 프랑스 왕이 돈을 더 많이 준다고 하자 스포르차를 위해 싸우기를 거부했다. 당시 피렌체 공화국은 피사를 점유하기 위해 프랑스의 협력을 받아야 하는 처지여서 루이 12세가 요구하는 스위스 용병에 대한 비용을 지불해야 했다.

두 번째는 로마 교황 율리우스 2세가 이탈리아에서 프랑스 군을 몰아내자며, 1511년 베네치아, 에스파냐의 페르난도 2세 나폴리와 동맹을 맺었다. 그러나 1512년 4월 루이의 군대는 라벤나 전투에서 이 동맹군을 물리쳤다. 하지만 당시 유럽 역사상 유례가 없을 정도로 극심한 전쟁으로 피해가 만만치 않은 상황에서 대규모의 스위스 용병이 교황을 지원하기 위해 파병되자 프랑스 군대는 라벤나와 볼로냐, 밀라노 그리고 롬바르디아 모두에서 철수했다.

## 제13장

1503년 **교황 율리우스** 2세(Julius II, 재위 1503~1513)는 교황으로 등극하자마자 교황령 확보에 열을 올렸다. 페루지아, 볼로냐를 정복하고 이어서 베네치아를 공격하기 위해 캉브레 동맹을 맺었다. 여기에는 루이 12세와 에스파냐의 페르난도, 신성로마제국 황제 막시밀리안이 참가하여 1509년 베네치아를 물리쳤다. 그러나 이후 이탈리아 내에서 프랑스 군의 세력이 커지자 율리우스는 '야만인들을 쫓아내자!'며 전 이탈리아가 동맹할 것을 촉구했다. 프랑스와 친교를 맺은 피렌체는 중립을 선포할 수밖에 없었고, 대부분의 이탈리아 국가도 아무 반응을 보이지 않았다. 그러자 율리우스는 나폴리를 장악하고 있는 에스파냐의 페르난도와 신성동맹을 맺고 프랑스 인의 도움으로 페라라 공작에게 넘어간 볼로냐로 향했다. 그러나 이 신성동맹군은 1512년 라벤나 전투에서 프랑스 군에게 대패함으로써 볼로냐를 탈환하지 못했으며 양쪽 군사 모두 너무 극심한 전쟁으로 손실이 컸다. 전투가 끝날 시점에서 프랑스 군의 유능한 지휘관인 가스통 드 푸아가 죽었으며, 교황을 도우러 온 스위스 용병대가 프랑스의 점령지인 롬바르디아로 행군하자 프랑스의 루이 12세는 돌연 자신의 군대를 철수시켜 버렸다.

1499년 프랑스의 루이 12세가 밀라노를 점령하자 피렌체는 루이의 성공을 축하하며 동시에 피사를 차지할 수 있도록 프랑스 왕의 도움을 요청했다. 루이는 스위스 용병을 피사와의 전쟁에 쓸 수 있도록 허가하는 대신 용병에 드는 모든 비용을 피렌체가 부담하기로 협정했다. 그러나 루이는 피사와는 관계도 없는 지역을 행군하며 프랑스 군의 위력을 이탈리아에 과시하는 한편, 피사에서는 거의 점령 직전에 철수해 버렸다(1500). 결국 피렌체는 막대한 비용을 들이고도 피사 정복에는 실패하게 되었다. 그러나 루이는 스위스 용병의 귀환 비용을 지불하지 않은 것을 트집 잡아 피렌체를 위협했다. 이 당시 프랑스에 사절로 파견되었던 마키아벨리는 교황과 프랑스 그리고 이탈리아 내의 여러 도시국가 간의 정치 싸움에 휘말리는 피렌체를 목격하게 되었다.

비잔틴 제국의 **황제 칸타쿠제우스**(Cantacuzeus, 1292~1383)는 왕위 다툼을 두고 팔라이올로구스(Palaelogus) 세력과 싸우기 위해 투르크 족 용병을 고용했다. 그러나 내전 이후 유럽으로 진출한 투르크 족은 팔라이올로구스 가를 위해 싸우면서 유럽을 정복하기 시작했다. 그리스의 테살리아와 펠로폰네소스 반도를 침략했으며 13년 마침내 콘스탄티노플을 함락시킴으로써 비잔틴 제국은 투르크 족의 지배 하에 들어갔다.

캄파니아 출신의 용병부대인 마메르티니는 원래 시라쿠바의 참주였던 아가토클레스(Agathocles, B.C 361~289)에 고용되어 있었으나 반란을 일으켜 시칠리아의 북동부에 있는 메사나 요새를 장악하고 시라쿠사 인을 괴롭혔다. 시라쿠사는 히에론 2세(재위 B.C 270경~216/215)를 군사령관으로 임명하여 밀라이 근처에서 이들을 물리쳤다. 그러나 카르타고 군이 개입하면서 메사나 장악에는 실패했다.

다윗(다비드), 『구약성서』 사무엘 상 17장에 나오는 인물로 적군의 장수 골리앗을 돌팔매로 쓰러뜨린 영웅이다. 르네상스 시대 조각가 도나텔로, 베로키오, 미켈란젤로의 다비드 상은 피렌체 공화국 내에서 중요한 주제였다. 그래서 이들이 만든 조각상은 모두 피렌체 공화국의 정부 청사인 팔라초 델라 시뇨리아 가까이에 세워져 있다. 마키아벨리는 나라를 구한 영웅의 예로써 다윗을 언급하고 있는 것이다.

1499년 밀라노를 정복한 프랑스 왕 루이 12세는 스위스 병사와 가스코뉴 병사를 고용하여 이탈리아 정복에 나섰다. 그러나 신성동맹군의 저항과 스위스 용병대의 배반으로 1512년 자신의 군대를 이탈리아에서 완전히 철수시켰으며 국내 정적들로부터는 이 무리한 원정으로 심각한 재난을 발생시켰다는 비난을 면치 못했다.

**고트 족**(Goths, 게르만 족의 일파). AD 5~6세기경부터 시작하여 로마 제국을 수백년 동안 괴롭혔다. 로마의 역사가 타키투스는 고트 족에 대해 '둥근 방패와 짧은 칼을 가졌으며 왕에 대해서는 철저하게 복종했다'고 기록하고 있다. 2세기 후반 마르쿠스 아우렐리우스 시대(161~180)는 로마 제국의 북쪽을 침입하기 시작하여 3세기에 끊임없이 로마 제국의 소아시아 지방과 발칸 반도를 침략했고, 아우렐리아누스 황제(270~275)는 도나우 강 건너편의 다키(오늘날의 루마니아) 지방을 고트 족에게 내줄 수밖에 없었다. 379년 동로마 제국을 다스리던 테오도시우스 2세(재위 408~450)는 고트 족과 프랑크 족을 제국의 영토 안에서 살게 했으며 군대의 지휘관들을 주로 이민족으로 구성했다. 고트 족은 다른 게르만 족보다 훨씬 진보된 정치 조직을 발전시켜 왕국을 형성했다. 4세기경에는 로마 제국과 긴밀한 관계를 맺으며 문화적인 교류가 활발했으며, 이러한 상황은 고트 족이 로마 제국으로 이동해 들어간 뒤 중요한 영향을 미치게 되었다.

**필로포이멘**(Philopoemen, B.C 252경~182)은 마케도니아 군의 중기갑병, 밀집군 전술을 모방하여 아카이아 동맹군을 효율적으로 이끈 유명한 장군. 크레타 섬에서 약 10년 동안 용병대장으로 복무한 뒤 아카이아로 돌아와 연맹의 동맹군을 이끌었다. 스파르타의 나비스와 로마의 장군 플라미니누스를 상대로 싸웠다.

**아킬레우스**(Achileus)는 그리스 신화에 나오는 인물. 어머니 테티스가 아들을 불사신으로 만들기 위해 황천의 스틱스 강물에 잠갔지만 그녀가 잡고 있던 발뒤꿈치만은 물에 젖지 않아서 치명적인 급소가 되었다. 치명적인 약점이라는 '아킬레스건(腱)'은 이 신화에서 유래되었다. '트로이 전쟁(B.C 13~12세기경 그리스와 트로이 사이에서 일어났다는 전설적인 전쟁)'을 다룬 호메로스의 서사시 『일리아스』에 그리스 총사령관 아가멤논과 함께 전쟁을 이끈 영웅으로 묘사되었다.

알렉산드로스는 페르시아 원정에 나섰을 때 아킬레우스의 무덤에 찾아가 향유를 뿌리고 꽃을 바치며 자신의 원정을 지켜 달라는 제식을 올렸다고 한다.

**카이사르**(Julius Caesar, B.C 100~44)는 로마의 장군이며 정치가. 갈리아 지방을 정복했으며(B.C 58~50), B.C 49~46년에 일어난 로마의 내전에서 로마를 장악하고 종신 딕타토르(독재관)가 됨으로써 로마의 공화정을 독재정으로 바꾸었다. 이후 그의 이름은 '황제'를 상징하게 되었다. 그러나 공화정으로 복귀하려는 원로원 의원들에 의해 암살 당했다.

**스키피오 아프리카누스**(Scipio Africanus Major, B.C 236~184/183)는 로마의 장군. 카르타고의 장군 한니발의 침략으로 로마가 위험에 처했을 때 원로원의 반대에도 불구하고 군대를 이끌고 한니발의 근거지인 아프리카로 진격했다(B.C 204). B.C 202년 아프리카의 자마에서 한니발의 카르타고 군을 무찔러 제2차 포에니 전쟁을 끝냈으며 '아프리카누스(아프리카를 제압한자라는 뜻)'라는 칭호를 얻었다(B.C 201).

## 제17장

**베르길리우스**(Publius Vergilius Maro, B.C 70~19)는 로마의 가장 위대한 시인. 서사시 『아이네이스』(Aeneid, B.C 30년경)는 집필을 시작했으나 미완성작으로 알려져 있다. 이것은 로마의 전설적 창시자 아이네아스의 이야기를 통해 신의 인도 하에 세계를 문명화한다는 로마의 사명을 천명한 작품이다.

**한니발**(Hannibal, B.C 247~183)은 카르타고의 정치가이며 장군. B.C 219년 로마의 지배 하에 있는 에스파냐의 사군들을 공격함으로써 로마의 선전포고를 유발하여 로마와 제2차 포에니 전쟁을 시작하게 되었다. 이후 보병과 기병, 코끼리 부대를 이끌고 알프스를 넘어 이탈리아로 건너가 로마를 위협했다. B.C 216년 고대 전쟁 역사상 가장 유명한 칸나이 전투에서 지리적 위치를 이용해 자신의 군대는 센 바람을 등지게 배치하고 거센 바람을 일으켜 로마 군으로 향하게 하는 등, 전투마다 뛰어난 전술을 발휘하여 로마 군을 철저하게 궤멸시키고 전 이탈리아를 황폐화시켰다.

그러나 로마의 집정관 **파비우스 막시무스**(Fabius Maximus, B.C 270년경~203)의 지연작전과 젊은 장군 스키피오에 의해 궁지에 몰리게 되었다. 스키피오는 한니발의 거점인 카르타고를 직접 공격하는 과감한 전략으로 한니발을 다시 카르타고로 불러들였으며 결국 B.C 202년 북아프리카의 자마 전투에서 스키피오에게 패배했다.

한니발의 군대는 거의 16년 동안 로마 시를 제외한 전 이탈리아를 약탈했다. 따라서 로마의 전기 작가들은 한니발을 잔혹한 장군으로 묘사했다. 그러나 비교적 객관적인 그리스 역사가 플루타르코스가 쓴 『플루타르코스 영웅전』 파비우스 편을 보면 '한니발은 투스카니 근처의 트레비아 전투에서 자신과 용감하게 싸우다가 죽은 로마의 장군 플라미니우스의 시체를 찾아 의례를 갖추어 장례를 치러 주려 했으나 시체를 찾을 수 없었다.'고 묘사하고 있다.

로마 정복에 있어서는 다소 잔혹했으나 적장에 대해서는 예를 갖출 줄 아는 장군이었으며 뛰어난 용맹성과 절제력으로 여러 인종으로 구성된 혼성부대를 오랫동안 무리 없이 통솔하여 소요사태나 불협화음이 전혀 없었다.

**스키피오의 영광과 몰락**_제2차 포에니 전쟁에서 로마의 승리를 이끈 사람은 스키피오였다. 한니발의 뛰어난 전략에 전 이탈리아가 치를 떨며 파비우스의 지연 작전으로 버티고 있는 상황에서, 로마의 젊은 장군 스키피오는 과감하게 전쟁의 무대를 카르타고의 본토인 아프리카로 옮겨야 한다고 주장했다.

집정관 파비우스를 비롯하여 원로원들이 반대하는 가운데 스키피오는 일단 시칠리아로 건너가 아프리카 원정을 준비했다. 원정에 대비하여 군대를 훈련시키면서 스키피오는 이탈리아의 발끝에 해당하는 로크리에피제피리를 한니발에게서 빼앗는 대담함을 보였다. 그러나 아프리카로 떠나면서 그 도시를 다스리도록 남겨놓고 온 플레미니우스가 그곳에서 부정을 저질렀으며, 이것은 훗날 스키피오의 정적들로 하여금 그를 비난할 구실을 주었다.

아프리카로 건너가 눈부신 승리를 거둔 스키피오를 당시의 사람들은 알렉산더 대왕의 후예로 간주했을 뿐만 아니라 고대의 가장 위대한 군인으로 평가했다. 그가 정복한 에스파냐와 아프리카 부족들은 그를 거의 왕처럼 환영했으며 휘하의 군인들도 그에게 완전히 헌신했다. 또한 스키피오는 로마 귀족들 중에서도 가장 두드러지게 그리스 문화를 옹호하는 사람이었다. 그는 그리스 문화를 보호하는 것이야말로 로마가 세계에서 해야 할 사명이라고 주장하게 되었다.

결국 이러한 사상과 관대한 외교정책에 반발한 정적들에 의해 스키피오는 몰락하게 되었다. 그러나 르네상스 초기의 사람들은 스키피오에 의한 그리스 문화의 부흥에 커다란 관심을 보였으며, 이것은 르네상스 부흥의 초석이 되었다.

## 제18장

케이론. 그리스 신화에 나오는 반인반마(半人半馬), 켄타우로스이다. 허리를 중심으로 위로는 사람의 모습을 하고, 아래로는 말의 모습을 하고 있다. 현자(賢者)라고 일컬어져 그리스 신화의 여러 영웅들을 배출해 냈다고 한다. 이아손, 헤라클레스, 그리고 의술의 신인 아스클레오피스, 트로이 전쟁의 영웅 아킬레우스가 그의 제자들이다.

## 제19장

**벤티볼리오 가**(Bentivoglio family)는 15세기 후반 볼로냐를 다스린 유명한 이탈리아 가문이다. 1401년 벤티볼리오 조반니 1세가 영주임을 처음으로 선언했으며, 1438년 추방되었던 안톤 갈레아초의 아들 안니발레(Annibale Bentivoglio)가 돌아와 1443~1445년에 실질적인 영주가 되면서 비로소 볼로냐를 지배할 수 있었다.

그러나 안니발레가 암살 당하자(1445) 벤티볼리오 가문 사람들은 피렌체에서 자라나 잘 알려져 있지 않았던 산테(1424~1463)를 후계자로 뽑았다. 산테는 교황의 통제로부터 볼로냐가 독립할 수 있도록 공헌을 했으며 밀라노의 스포르차 가문과도 친교를 맺었다. 산테의 뒤를 이어 안니발레의 아들 조반니 2세(Giovanni Bentivoglio)가 1462년부터 1506년까지 볼로냐를 다스렸다. 그러나 수많은 음모의 표적이 되었던 탓에 의심이 많아진 조반니는 전제정치를 했고, 그 때문에 교황 율리우스 2세가 볼로냐로 향했을 때 시민들은 교황을 환영했다.

결국 벤티볼리오 가문은 1506년 볼로냐에서 쫓겨났고 마침내 페라라로 옮겨갔다. 1508년 조반니가 죽은 후 그의 아들 메저 안니발레(the Messer Annibale, 1469~1540)가 그 뒤를 이었으며, 1511년 볼로냐로 복귀했다.

**마르쿠스 아우렐리우스**(Marcus Aurelius, 121~180)는 로마의 황제(재위 161~180). 가문 전체가 로마의 유력한 집안이었으며 고모가 황제에 즉위하기로 되어 있는 사람과 결혼함으로써 제위 상속자가 되었다. 그러나 그가 어떻게 황제에 즉위했는지는 베일에 싸여 있다. 고모부였던 안토니우스 피우스(Antoninus Pius) 황제(재위 138~161)가 사망하자, 이미 합법적인 권력을 소유하고 있던 마르쿠스는 자연스럽게 황제 자리에 올랐다. 재위 기간 동안 국내적으로 안정된 정치기반을 만들었으며 정복 활동도 활발하여 로마 제국의 황금시대를 만들어낸 인물로 평가된다. 또한 스토아 철학이 담긴 『명상록』의 저자로 잘 알려져 있다. 그러나 로마의 평화 시대를 이룩한 5현제 시대의 마지막 황제로서, 그가 죽은 후 로마는 다시 군인들에 의해 황제가 추대되는 혼란한 시기를 겪게 된다.

**콤모두스**(Commodus, 161~192)는 로마의 황제(재위 177~192). 아버지인 마르쿠스 아우렐리우스 황제 시대에 177년부터 제위 계승자의 자격으로 공동 황제가 되었으며 아버지가 죽은 180년 이후 단독으로 통치했다. 누이에 의한 암살 음모에 충격을 받고 원로원들을 처형하는 등 잔인한 통치를 펼쳤다. 자신이 헤라클레스 신이라는 망상에 빠져 원형경기장으로 들어가 검투사처럼 싸우는 등 정신이상적인 행동으로 로마 시민들을 분노케했다. 그의 잔혹한 실정에서 비롯된 내분으로 인해 5현제 시대에 이룩한 로마 제국의 평화와 번영은 끝이 났다.

**페르티낙스**(Publius Helvius Pertinax, 126~193)는 193년 1월부터 3월까지 로마의 황제로 재위. 해방 노예의 아들이었으나 콤모두스 황제의 치세가 끝날 무렵 로마의 집정관이 되었고 콤모두스가 암살 당하자(192) 원로원에 의해 황제로 추대되었다. 그러나 3개월도 채우지 못하고 군인들에 의해 암살 당했다.

**세베루스**(Septimius Severus, 146–211)는 로마 황제(재위 193~211). 193년 3월 황실 근위대라 콤모두스의 후계자 페르티낙스를 살해하고 마르쿠스 디디우스 율리아누스를 황제로 추대하자, 4월 13일 자신의 군대에 의해 황제로 추대되있으며 페르티낙스의 복수를 선언하고 로마로 진군했다. 이에 로마의 원로원들은 율리아누스를 처형했다. 경쟁자였던 데키무스 클로디우스 알비누스와 페스켄니우스 니게르를 물리치고 로마를 장악했다. 시리아 태생의 부인 율리아 돔나에게서 난 아들 카라칼라를 공동 황제 겸 후계자로 지명했다. 원로원에 의해 권력을 인정받기보다는 군사력에 의거한 것이기 때문에 세베루스는 군대에 주도적인 역할을 부여했다. 로마 외부의 이탈리아 법정은 황실 근위대장의 통제를 받기도 했다. 그의 자손들은 마르쿠스 마크리누스(제위 217~218) 때를 제외하고는 2년까지 계속 황제를 계승했다.

**카라칼라**(Caracalla, 188~217)는 로마의 황제. 198년부터 211년에는 아버지인 셉티미우스 세베루스와 공동으로 통치하다가, 211년부터 217년 암살 당하기까지는 단독으로 통치했다. 제위 기간 동안 로마 제국의 몰락에 일조했으며, 종종 로마사에서 가장 잔인한 폭군 가운데 한 사람으로 꼽힌다.

**마크리누스**(Marcus Opellius Macrinus, 164~218)는 로마의 황제(재위 217~218). 원로원 출신이 아닌 최초의 황제이다. 카라칼라 황제의 근위대장이였다. 카라칼라의 살해를 지시한 것으로 보이나 확실하지는 않다. 황제 사망 후 3일 뒤 휘하의 군인들에 의해 황제로 추대되었으나 시리아 주둔 군대의 지지를 잃었다. 시리아 군대가 카라칼라의 5촌 조카 엘라가발루스에게 충성을 맹세하자 남은 군대를 이끌고 이탈리아로 도망쳤으나 안티오크 근처의 전투에서 잡혀 처형당했다.

**엘라가발루스**(Elabalus, 204~222)는 헬리오가발루스(Heliogabalus)라고도 한다. 로마 황제(재위 218~222). 어머니와 할머니에 의해 사촌이었던 카라칼라의 서자인 것처럼 꾸며져 14살에 원로원에 의해 황제로 인정되었다. 어머니 율리아가 태양신 바알을 섬기던 '엘라 가발'이라는 제사장 가문 출신이어서 '헬리오가발루스'란 이름으로 불렸으며, 로마 인들에게 바알 신을 믿으라고 광적으로 강요하여 미움을 샀다. 사촌인 알렉산데르를 입양하고 상속자로 임명했으나(221) 마음이 변해 알렉산데르의 제위 계승권을 파기하려 하자 근위대가 폭동을 일으켜 엘라가발루스와 그의 어머니를 죽이고 알렉산데르를 황제로 받들었다.

**알렉산데르**(Severus Alexander, 208~235)는 로마 황제(재위 222~235). 외할머니 율리아 마이사가 황제 셉티미우스 세베루스(재위 193~211)의 처제였다. 재위하는 동안 실권은 외할머니(?~226)와 어머니가 쥐고 있었다. 나약한 지배 체제로 군인들이 득세하여 많은 지역이 무법 상태에 빠졌으며, 황실 근위대가 황제와 그의 어머니가 있는 자리에서 국가 최고 장관이자 지휘관이었던 도미티우스 울피아누스를 살해하기도 했다(228). 235년 초 군인들에 의해 어머니와 함께 살해되었고 막시미누스가 황제로 추대되었다.

**막시미누스**(Maximinus, ?~238)는 로마의 황제(재위 235~238). 장교가 아닌 사병 출신으로 최초로 황제가 되었다. 트라키아 출신의 양치기였으나 군대에 들어가 황제 세베루스에 의해 발탁되었으며 알렉산데르 황제 때 라인 강 주둔 군단에서 군 지휘를 맡았다. 알렉산데르가 암살되자 자신의 군대에 의해 황제로 선포되었다. 그러나 로마로 가지 않고 재위 기간 내내 라인 강 근처에서 정복 전쟁을 일삼았으며, 그로 인해 그가 즉위한 이후 50년 동안 로마는 내란에 휘말렸다. 아프리카에서 반란이 일어나자 군대를 이끌고 가 진압했다. 그러나 로마의 원로원에 의해 폐위되자, 북이탈리아로 넘어가 저항하다가 부하들에 의해 살해되었다.

## 제20장

이탈리아 중북부 토스카나 지방 피스토이아는 1329년 피렌체 지배를 받았다. 또한 피사는 1406년 피렌체에 점령되었으나 1494년 프랑스 군이 이탈리아를 침공했을 때 잠시 독립했다가, 1509년 다시 피렌체의 지배 하에 들어갔다.

1502년 6월 체사레 보르자의 군대가 로마를 출발하여 우르비노로 향한다는 소식을 들은 우르비노의 공작 귀도 우발도는 자신의 영지에서 도망쳐 버렸다. 따라서 체사레는 전혀 저항을 받지 않고 우르비노를 정복했다.

우발도는 체사레에 의한 세니갈리아 참변(1503) 후 베네치아로 도망갔다가 체사레의 아버지 교황 알렉산데르 6세가 죽은(1503. 6) 후 다시 우르비노를 되찾았다.

**포틀리 백작부인**_카테리나 스포르차를 말한다. 밀라노 공작 프란체스코 스포르차의 서출이었던 그녀는 교황 식스투스 4세의 조카 지롤라모 리아리오와 결혼했다. 그러나 파치 음모 사건의 주모자였던 리아리오는 로렌초의 끈질긴 추적에 의해 암살 당하고, 1499년 포를리와 이몰라의 가신들이 그녀의 아들을 인질로 잡고 반란을 일으키자 성 안으로 피신하고 밀라노 공작(루도비코 스포르차)의 원군을 기다렸다. 결국 원군으로 달려온 루도비코와 협정을 맺고 자신의 권력을 되찾았다. 그러나 포를리는 체사레 보르자에 의해 함락되었다(1500).

## 제21장

**페르난도 2세**(Fernado II, 1452~1516)_별칭은 가톨릭 왕 페르난도(Fernando el Catolico). 카스티야 왕(재위 1474~1516). 아라곤의 왕 후안 2세가 죽자 왕위를 이어받았으며, 1469년에 결혼한 카스티야의 이사벨 공주와 1479년부터 공동군주로서 카스티야의 왕(페르난도 5세)을 겸했다(그는 또한 이탈리아 남부를 다스린 에스파냐의 통치자로서, 나폴리에서는 페르디난도 3세, 시칠리아에서는 페르디난도 2세로 불렸다). 이사벨 공주와 결혼은 정략결혼이었으나 이사벨 역시 카스티야의 왕위 계승권을 얻기 위해 아라곤의 도움이 필요했다. 아라곤과 카스티야의 연합은 통일 에스파냐(근대 스페인 왕국)의 기초가 되었다. 페르난도는 가톨릭 이외의 다른 종교를 금지하여 종교재판소를 설치(1478)했으며 유대 인을 추방하는(1492) 등의 종교정책으로 교회의 지지를 받았다. 두 나라의 군대를 병합하여 그라나다를 공략하고 (1492) 콜럼버스의 대서양 횡단 항해를 위한 재정지원을 하는 등의 팽창주의로 이탈리아, 시칠리아, 프랑스와 긴장 관계가 유지되었으며 지중해와 아프리카 지역에까지 에스파냐의 세력을 넓혔다. 교회가 분열한 직후인 1512년 교회 분열에 개입한 나바라 왕국을 점령하여 카스티야에 합병시켰다. 로마의 교황 알렉산데르 6세는 프랑스와의 전쟁시 페르난도가 이탈리아를 원조하자 1496년 그에게 '가톨릭 왕'이라는 명예 칭호를 주었다. 1516년 손자(훗날 신성로마제국 황제 카를 5세)에게 왕위를 계승하고 세상을 떠났다.

이탈리아 북부 롬바르디아에서 루이 12세의 세력이 커지자 교황 율리우스 2세는 프랑스와 동맹을 촉구했다. 그러나 친프랑스 정책을 취하던 피렌체는 중립을 선언할 수밖에 없었다. 율리우스는 '나쁜 본보기'라며 분개했지만 이탈리아 내의 다른 국가들도 피렌체를 따랐다. 이에 교황은 나폴리를 장악하고 있던 에스파냐와 신성동맹을 맺고 프랑스에 대항했다(1512).

막시밀리안 1세_Maximilian I(1459~1519)

1493년 프리드리히 3세가 사망하자 독일 왕국의 유일한 통치자로서 합스부르크 왕가의 수장이 되었다.

1494년 샤를 8세의 이탈리아 침공으로 유럽의 세력 균형이 깨지자 나폴리를 점령하고 있던 프랑스를 물리치기 위해 교황(알렉산데르 6세), 에스파냐(아라곤의 왕 페르난도 2세), 베네치아, 밀라노 등과 함께 이른바 신성동맹을 맺고(1495) 1496년 이탈리아에 원정하여 프랑스 군을 격퇴했으나 별로 소득을 얻지는 못했다.

막시밀리안은 독일 왕이었지만 새로 선출된 교황 율리우스 1세의 동의에 의해 로마 황제 칭호를 받았다(1508). 이후 프랑스, 에스파냐, 교황과 함께 대 베네치아 동행인 캉브레 동맹에 가담했다(1508). 이들은 베네치아 공화국을 분할하는 데 그 목적이 있었으나 이 전쟁에서 막시밀리안은 자금과 병력이 부족했기 때문에 신뢰할 수 없는 동반자라는 오명을 쓰기도 했다.

1511년 동맹을 맺었던 프랑스에게서 등을 돌리고 교황, 에스파냐, 영국과 그 연합세력들에 의해 새로 결성된 신성동맹에 가담하여 프랑스 군과 싸워 승리를 거두었으며 그의 동맹군들은 밀라노와 롬바르디아를 회복했다.

1515년 합스부르크 가문과 헝가리 왕가 사이에 유리한 혼인관계가 맺어졌으며 이에 따라 합스부르크 가는 같은 왕조의 지배를 받고 있던 헝가리와 보헤미아에서 위상을 강화했다. 중부 유럽과 이베리아 반도까지를 포함하는 막시밀리안의 복잡한 동맹체제는 그를 유럽 정세에서 강력한 세력으로 만들었다. 죽을 때까지 손자 카를이 황제에 선출되도록 노력했으며 그 결과 에스파냐의 왕이었던 손자가 그가 죽던 해에 카를 5세로 신성로마 황제에 즉위했다(1519).

율리우스 2세가 교황으로 재위한 기간은 1503년에서 1513년까지 10여 년 정도에 지나지 않았다.

카를 5세_Karl V, 1500~1558

카를 5세(재위 1519~1556)는 에스파냐의 왕(카를로스 1세, 재위 1516~1556), 오스트리아의 대공(카를 1세, 재위 1519~1521)이다. 신성로마제국의 황제이면서 에스파냐의 왕을 겸했기 때문에 명칭이 많다.

아버지는 막시밀리안 황제 1세의 아들 펠리페이며, 어머니는 아라곤의 왕 페르난도의 딸 후아나이다. 따라서 16살에는 외가 쪽에서 에스파냐를, 19살에는 친가 쪽으로 독일의 합스부르크 왕가를 물려받았다.

서유럽의 패권을 두고 경쟁자인 프랑스 왕 프랑수아 1세와 대결했으나, 1520년 독일 왕에 즉위하는 동시에 신성로마제국 황제라는 칭호를 얻었다. 1525년, 밀라노 남쪽 파비아 전투에서 프랑스 군을 격파하고 프랑수아 1세를 포로로 잡아 이탈리아에서 카를의 영향력이 확실해지자, 교황 클레멘스 7세는 프랑스와 손잡고 카를에 대항했다

(코냐크 동맹). 그러나 1527년 초 카를의 에스파냐 군대와 독일 용병들은 교황과 싸우기 위해 로마로 향했으며 무방비 상태인 로마는 이들에 의해 6개월에 걸쳐 약탈을 당했다(로마의 약탈).

개신교도인 루터 파의 독일 용병들은 가톨릭의 본산인 로마 교황청에 대해 노골적인 적개심을 가지고 있었다. 교황청의 개혁을 요구하는 이들에 대해 전혀 대비책을 찾지 못하고 있던 클레멘스 7세는 카를과 강화조약을 맺고 볼로냐에서 카를에게 황제의 왕관을 씌워 주었다(1530). 이후 루터 파들의 개혁 운동은 더욱 확산되었으며 프로테스탄트들의 반란은 확대되었다.

1530년 카를은 뒤늦게 종교회의를 소집하고 교회 내부의 개혁을 이룩하려고 애썼으나 이미 종교개혁의 불길은 걷잡을 수 없는 상태였고, 점점 커지고 있는 투르크와 프랑스 압력에 맞서 만성적인 전쟁을 해야 했다. 1544년 프랑스와의 싸움이 일단 종결되었고, 투르크 제국과도 휴전이 성립하여 간신히 분쟁에서 벗어났다. 그러나 1552년에 프로테스탄트 군주들이 카를의 전제적인 태도에 항거하자 1555년 아우크스부르크 국회에서 성립한 종교화의(宗教和議)에서 루터의 정치적 권리를 승인할 수밖에 없었다.

실의에 빠진 카를은 이듬해 황제 칭호를 동생 페르디난트 1세(재위 1558~1564, 신성로마제국 황제)에게, 네덜란드와 에스파냐 왕위는 아들 펠리페 2세에게 물려주고 에스파냐의 한 수도원에 은거하며 여생을 보냈다.

• • •

**부록 03**

해제 _앨런 H. 길버트

## 1 공화주의자인 왜 마키아벨리는 『군주론』을 썼을까?

몬타노(Cola Montano)는 선량하지 않은 군주 밑에서 살아가는 자신의 삶을 개탄하며 "조물주와 운명의 여신으로부터 공화국에 태어나 살도록 은혜를 입은 사람들이야말로 영광스러운 행운아"라고 말했다. 그는 "모든 유명한 인물들은 공화국에서 성장했지 군주국에서 성장하지 않았다. 공화국은 능력 있는 사람을 키워 주지만 군주국은 그들을 파멸시킨다. 왜냐하면 공화국은 능력 있는 사람들로부터 얻을 것이 있지만 군주국은 능력 있는 사람들을 두려워하기 때문이다"라고 주장한다.

『피렌체사』와 『전술론』에 소개된 위의 글은 마키아벨리의 성격을 잘 나타내주지만, 그 자신이 역사가로서의 신념을 표현한 것이라고 생각하기는 어렵다. 그가 공화주의자였다는 결론을 내리지 않고

서는 『군주론』에서 더 나아가 그의 다른 저술을 읽을 수 없다고 분명히 말할 수 있다. 「리비우스 역사 논고」는 단순히 공화국론을 다루고 있을 뿐만 아니라 공화국에 대한 나의 동정심까지도 보여주고 있다.

마키아벨리가 생각하기에 부루투스(Brutus)는 영웅이었으며 카이사르는 로마의 자유를 유린한 악당이었다. 공공 선(Common good)은 공화정에서나 나타나는 것이지 군주국에서는 보이지 않는다. 「리비우스 역사 논고」의 요약본에서도 이와 같은 종류의 논의가 발견된다. 그 책을 완독한 독자들은 그가 공화정에 전적으로 몰두하고 있다는 사실을 알게 될 것이다. 그가 생각하는 공화정은 자유로운 로마, 즉 타락한 제국으로서의 로마가 아닌 위대한 로마의 역사에서 발견되는 형태의 공화정을 의미한다.

하지만 마키아벨리는 광적인 공화주의자는 아니었다. 그는 입헌군주국의 이점을 잘 알고 있으며, 군주정에서도 훌륭한 정치를 하는 것이 가능했다고 생각했다. 이탈리아 인들은 지혜로운 군주정 아래에서 통일을 이루었던 프랑스를 인용하면서 부러워했다. 마키아벨리는 군주정이 피렌체를 위한 가능한 정부가 될 수 있다고 주장한다. 더욱이 개혁은 필요한데 백성들이 너무 부패하여 스스로를 개혁할 수 없을 때는 오직 군주만이 그들을 다스릴 수 있는 상황도 있었다. 왕의 손길만이 효과적일 수 있었던 것이다.

『군주론』을 쓸 당시의 이탈리아가 바로 그러한 상황이었다. 공화정 아래에서 이탈리아의 통일을 꿈꾼다는 것은 부질 없는 일이었다. 군주정이 아니면 아무것도 이룰 수 없었다. 어떤 군주의 정치도 마키아벨리가 목격했던 혼란보다는 더 나았다. 따라서 그는 이탈리아의 공공 선을 위해 일신을 바칠 군주정이 탄생할 것을 소망했음이 틀림없다. 그러한 군주만이 그의 목적을 달성할 수 있도록 허락할지도 모를 일이었기 때문이다. 따라서 「리비우스 역사 논고」에서 "이탈리아의 안전이 가장 위협을 받을 때, 정의냐 불의냐, 온정이냐 잔혹함이냐, 칭송이냐 수치냐를 고려할 수가 없다. 모든 고려는 유보되며 의심할 것도 없이 이탈리아 인의 생명을 구하고 이탈리아의 독립을 유지할 수 있는 방법만이 채택되었다."라고 서술했다.

사실상 그 같은 지도 이념이 종종 필요했을지도 모른다. 만약 통일된 이탈리아가 자신의 자유를 침해한다고 여겨진다면 이탈리아의 모든 백성들은 통일된 이탈리아에 대한 신념을 받아들이지 않았을 수도 있다. 물론 마키아벨리도 그런 문제에 직면해 있었다. 피사는 원래 자유로운 도시 국가였으나 피렌체의 통치 아래로 들어가자 그들에게 항거하여 독립을 얻는 데 성공했다. 마키아벨리의 공식적인 업무는 이토록 고집스러운 피사의 백성들을 다시 피렌체 치하로 끌어들이는 것이었다. 하지만 그는 공화정의 멍에가 군주정의 멍에보다 더 무겁다는 것을 잘 알고 있었다. 더 나아가 그는 『군주론』 제5장 뿐만 아니라 「역사 산고」에서 그들의 자유에 대해 언급하면서 공화정에 대하여 다음과 같은 다소의 동정심을 보여주고 있다.

프랑스의 관리인 당트라그(D'Entraghes)는 자신의 손에 열쇠를 들고 성에서 나와 우리의 성모 마리아 상 앞에 무릎을 꿇고 피사의 자유를 위해 은혜를 베풀어 달라고 기도하면서 피렌체 인들의 독재자에 대한 분노를 표현했다. 그는 눈물을 흘리면서, 자기는 피사 인들의 명분이 정의로우며 그들의 적들이 보여준 사악함에 너무나 깊은 충격을 받았기 때문에 자신의 성을 피사 인들의 손에 되돌려주는 것이라고 선언했다.

그럼에도 불구하고 마키아벨리는 용기를 가지고 피사 인들의 뜻에 대했으며 그러한 자신의 처사에 대하여 양심의 거리낌을 조금도 보이지 않았다. 아마도 그는 피렌체 인들의 통치 영역이 팽창되는 것을 하나의 축복이라고 생각했을지도 모른다. 그는 분명히 로마가 이웃 민족들을 병합함으로써 발흥하는 것을 찬양했으며, 때문에 그는 로마 공화국의 팽창이라는 문제에 몰두하여 「리비우스 역사 논고」 제2권을 저술했다.

마키아벨리는 이탈리아에서 자신의 군주가 자리잡는 것을 하나의 커다란 축복이라고 생각하며 소망했다는 것에는 의심의 여지가 없다. 이탈리아를 야만족으로부터 해방시키고 교전 국가들을 통합하여 국내적인 평화를 유지하기 위해서는 커다란 대가를 지불할 수도 있다. 그러한 대가의 일부분으로 지방의 독립을 제한할 수도 있지만 그런 믿음을 가지고 있으면서도 어리석은 애국자들은 그러한 대가를 지불하기를 거절할 수도 있다. 당시의 군주는 마키아벨리가 피사를 상대했던 것처럼 하거나 아니면 로마가 삼니움 족에게 했던 것처럼 하는 방법 이외에는 선택의 여지가 없었다. 이탈리아의 공공 선을 위해서라면 다른 낮은 가치들은 모두 뒤로 미루어야 했다.

## 2 시대와 인간, 그리고 운명

희극 시인인 마키아벨리에게 권력이 주어졌을 때, 그는 이미 인간의 상황에는 불일치되는 일이 빈번하게 존재한다는 것을 잘 알고 있었다. 보편적인 권력을 가지고 행동할 때, 그와 같은 불일치는 세상을 바라보는 시각의 중요한 인자가 된다. 말하자면 한 인간의 성공과 실패의 여부는 그가 가지고 있는 상황에 적응할 수 있는 능력에 따라 전적으로 달라지는 것이다. 이것은 운명론과 직접적인 관련이 있다고 말할 수 있는데 마키아벨리는 그것에 관한 시를 한 편 쓴 적이 있고, 『군주론』 제25장에서는 이 문제를 집중적으로 다루고 있다. 하지만 제25장의 내용은 운명이라는 주제의 중요성을 암시하는 것과는 거리가 멀다. 따라서 차라리 제25장이 있었더라면 이 책은 지금보다는 훨씬 탁월한 저작이 되었을 것이다. 왜냐하면 '운명'이라는 단어는 제25장을 제외한 다른 25개 장에서 15회나 등장하고 있으며, 그러한 운명론적인 생각은 그의 다른 저작에서도 나타나고 있기 때문이다.

운명의 힘이 세상살이에 끼치는 영향에 관한 이론은 마키아벨리와 함께 르네상스 시대를 살았던 모든 사람들에 의해 공유되고 있다. 비성서적인 신념들이 이 때보다 더 넓게 풍미한 적은 있었다.

비극적 시인들에게는 그러한 신념이 흔히 있었다. 왜냐하면 그들은 왕의 재산으로부터 먼지 한 톨에 이르기까지 그것들을 속속들이 다루었기 때문이다. 엘리자베스 시대의 사람들이 그들의 극장 중의 하나에 '운명'이라는 이름을 붙이고, 그 극장의 문설주에 운명의 여신의 모습을 그려 넣었을 때 그러한 경향이 잘 표현되었다.

어디를 가든지 운명의 여신의 조상(彫像)이나 그림을 볼 수 있었다. 운명의 여신은 어떤 분명한 이유도 없이 자신이 이곳저곳을 돌아다닌다는 것을 보여 주기 위해 지구본 위에도 걸려 있다. 운명의 여신은 돛을 가지고 있으며, 그런 바람이 있는지는 모르겠지만, 떠돌이 뱃사공에게 순풍을 보내줄 수도 있다는 것을 보여 주기 위해 그의 옷은 바람을 맞아 펄럭이고 있었다. 그는 인간의 행위들 중의 나쁜 것과 좋은 것을 모두 볼 수 있다는 것을 알려주기 위해 두 개의 얼굴을 가지고 있다.

가장 잘 알려진 운명의 여신의 특성은 바퀴다. 그 바퀴는 끝없이 돌면서 왕을 정상에 올려놓을 수도 있다. 그 왕은 그 보좌에 자랑스럽게 앉아 있을 수도 있고, 끝없이 추락하여 '가장 비천한 운명'이 될 수도 있다. 운명의 여신의 본질은 뒤바뀐다는 것에 있다. 만약 그가 요지부동이라면 그는 운명의 여신이 되지 않을 수도 있다. 그리하여 그는 르네상스 시대에 탈사회진화론(Post-Darwinism Theory of Progress)에 대항하며 인간살이의 불확실성을 보여주고 있다.

마키아벨리의 말에 의하면, 그는 스스로 목격했으며 또 일상에서 겪는 여러 가지 인간살이를 볼 때 운명이 존재하는 것을 믿고 싶다고 했다. 1925~50년대의 사진들을 보면 그러한 속성을 다소 가질 만도 하다. 오스트리아에서는 도배장이가 권좌에 올라 어떤 제왕도 누려보지 못한 권력을 누리고, 상상할 수 없을 정도의 빠른 속도로 프랑스가 무너지고, 영국에의 침공이 임박하고, 경제 공황이 일어나고 있는데, 이런 모든 것들은 사람들로 하여금 인간살이에서의 불확실성을 생각하도록 충분히 이끌고 있다. 어쨌든 마키아벨리는 변화가 너무도 많고 빠르기 때문에 어떤 질서도 영원할 것이라고 볼 수 없는 세상에서 살았다. 따라서 피렌체 정부와 외교 문제는 그에게 충분한 예시를 제공해 주었다.

군주나 공화국은 운명의 여신으로부터 오는 공격에 대하여 자신을 지키는 방법을 가지고 있다. 무엇보다도 중요한 것은 내부로부터의 공격을 막는 일이다. 운명의 여신은 인간의 정신을 지배할 힘은 없지만 물질적인 문제들, 말하자면 자연이나 인간의 능력이나 용기로써 제어할 수 없는 세상의 문제에 힘을 미치고 있다. 운명의 여신은 어느 영웅으로부터 모든 외부적인 행복을 빼앗아 갈 수는 있지만 그 이상의 힘은 가지고 있지 않다. 영웅은 역경에 처했을 때나 순경에 처했을 때나 마음이 한결같아야 한다. 만약 영웅이 정신적으로 굴복하지 않고 절망 앞에서 항복하지 않는다면 운명의 여신은 바퀴의 방향을 바꾸어 그 영웅을 처음의 자리로 돌려보낼 수도 있다.

그러나 단순한 오기만으로는 아무런 일도 할 수 있으며, 불운 앞에서 굴복하고 영광의 날이 돌아오기를 기다릴 수밖에 없게 만들 것이다. 운명의 여신을 실제로 잘 다루려면 신중함과 예지가 있어야 한다. 자신의 나라에서 그다지 크지 않은 위험을 감지할 수 있는 지혜를 가진 지배자는 그 위험에 대비할 수 있다. 예를 들어 불만에 찬 귀족들이 외국과 손을 잡고 음모를 꾸미고 있다면, 그 군주는 그 음모를 꾸민 지도자를 처단하고 그 추종자들의 불만을 야기한 원인을 제거할 것이다. 그 군주는 그 시대와 자신의 능력과 관계된 것을 훌륭하게 분석해 낼 것이다.

만약 그 군주가 카스트루치오 카스트라카니(Castruccio Castra-cani, 1281~1328 : 이탈리아의 군인으로 구엘프 당에 대항하여 황제를 지지하던 기벨린 당의 지도자였다.)처럼 전쟁의 재능을 타고난 사람이라면, 그는 피렌체의 적들과 맞서 싸울 것이며, 카스트루치오 카스트라카니의 총신(寵臣)이었던 파골로(Paglol)처럼 전쟁을 수행할 능력이 없다면 그는 협상에 의존할 것이다. 만약 그 군주가 아직까지도 더 많은 지혜와 능력을 가지고 있는 인물이라면, 전쟁을 하는 것이 유리할 경우에는 전쟁을 택할 것이고, 적대 국가의 군대가 너무 강할 경우에는 다른 수단을 찾을 것이다.

하지만 방법을 바꿀 수 있는 정확한 기회를 포착할 수 있고 더 나아가 새로운 정책을 성공적으로 수행할 수 있을 만큼 유연하고도 강력한 사고력을 가진 지도자는 매우 드물다. 대부분의 지도자들은 어떤 변화를 필요로 하는지를 생각할 수 있는 위치에 있는 것만으로도 만족스럽게 여기는 습성에 빠져 있다. 그렇지 않으면 그들은 삶의 방법에 있어서 너무 경직되어 변화에 적응할 수 없다.

현실적인 세상에 대한 적절한 대응과 지혜롭지 못한 군주가 겪을 수도 있는 세상에 대한 적절한 대응은 각기 다르다. 따라서 이러한 부조화가 세상을 부조화하다고 생각하는 마키아벨리의 인식에 충격을 주지 않을 수 없었다. 교황 율리우스는 성공적으로 질주하여 어리석은 사람들로 하여금 놀라움 속에 그를 바라보게 했다. 그가 모든 추기경들을 거느리고 시에나에 입성할 때는 그 곳의 독재자를 너무도 놀라게 만들어 그의 간악함이 그를 망치게 만들었다. 교황의 이러한 처사는 자기가 지나치리만큼 가혹하게 상대했던 사람들을 웃음거리로 만들었다.

그러나 만약 교황 율리우스가 시니갈리아(Sinigaglia)의 체사레 보르자, 루이 11세나 올리버 크롬웰(Oliver Cromwell)이나 또는 그 밖에 '거명하지 않는 것이 좋을 우리 시대의' 어느 군주처럼 냉정하고 신중한 사람들을 그런 식으로 다루었다면, 그 격정적인 교황은 자신의 역할을 주변 사람들과 어울리지 않는 그런 사람들의 역할로 바꾸었을지도 모른다.

마키아벨리는 자신의 예단을 항상 현실에 적용하지는 못했다. 적어도 우리가 보기에 이탈리아의 해방자로서의 우르비노 대공 로렌초 데 메디치는 매우 우스꽝스러운 인물이었다. 마키아벨리는 아마도 메디치의 판단을 극복하고 싶어 했을 것이라고 우리는 생각한다. 지금의 시대에도 역시 애국자의 소망이라는 것은 그 사회 안에 살고 있는 사람의 것이지 그 밖에 있는 사람의 것은 아니다. 이탈리아는 공화주의자인 제공자를 기대할 수 없다는 것을 마키아벨리는 잘 알고 있었다. 만약 이탈리아가 다시 일어서려면 그는 당연히 메디치 가와 같은 거대한 권력의 도움을 받아야 했다.

마찬가지로 그 시대에 대한 마키아벨리의 인식은 그로 하여금 피렌체에서 메디치 가에 반대할 수 없도록 만들고 말았다. 공화정은 가능했지만 이제 그 시대는 지나갔다. 희극 시인의 사회 감각으로 보았을 때 그러한 시대 조류에 역행하여 싸우는 것은 매우 어리석은 일이었다. 예언자는 그의 열정이 아무리 순수한 것이라고 해도 아직은 자신을 주변에 적응시킬 수밖에 없다. 만약 그가 적당한 시기에 무장을 드는 일에 실패한다면 그도 웃음거리밖에는 되지 않을 것이다.

하지만, 어느 누구도 자신을 현실에 적응시키면서 완벽할 수는 없다. 그것은 인간의 본성을 뛰어넘는 일이기 때문에 완전한 행운을 잡을 수 있는 사람이 된다는 것은 이상일 뿐이다.

마키아벨리는 그의 시에서 운명의 여신에 대해 읊으면서, "완벽하게 행복하고 성공적인 사람은 운명의 이쪽 바퀴로부터 저쪽 바퀴로 뛰어넘을 수 있는 사람이지만, 이러한 마법과도 같은 솜씨는 인간의 능력을 뛰어넘는 것이다."라고 했다.

이 세상살이에서 성공할 수 있는 비밀은 자신을 현실에 적응시키고, 신중함과 예지로써 '운명의 여신이 쏘아 대는 새총과 화살로부터' 자신을 보호하고, 운명의 여신도 그 앞에서는 항복할 수 있는 용기를 보여주는 것에 있다. 하지만 인간은 모든 것에 통달할 수 없다. 인간은 지나치게 자신감을 갖지 않으면서, 운명의 여신이 아직까지 나의 행동의 절반에 영향을 줄 수 있는 힘을 가지고 있다는 사실을 기억해야 할 것이다.

### 3 마키아벨리 시대의 이탈리아

15~16세기에 이탈리아에서 발흥한 주요 세력들은 나폴리, 교황, 피렌체, 밀라노, 그리고 베네치아가 있었다. 나폴리 왕국은 남부 이탈리아를 장악하고 있었으나, 스페인의 왕 페르난도 5세의 지배 하에 있

던 시칠리아를 지배하지는 못했다. 프랑스 및 스페인 왕가가 그 곳을 자기들의 영토라고 주장하는 데서 많은 정치적인 이해 관계가 대두되었다. 샤를 8세는 1494~95년에 이탈리아 전역을 휩쓸며 나폴리로 개선했는데, 교황 알렉산데르 6세가 데 콤민(Philippe de Commynes, 1447?~1521? : 프랑스의 연대기 작가. 루이 11세와 샤를 8세 치하에서 활약했다가 정치적 이유로 10년간의 추방 생활을 겪었다.)의 말을 인용하여 설명한 바에 의하면 그들은 숙소를 정해 주는 데 필요한 사령관의 백묵과 나무 채찍을 가지고 왔을 뿐 다른 무기는 필요하지 않았다고 한다.

나폴리를 떠난 후, 스페인의 페르난도 5세는 프랑스 인들을 몰아낸 '위대한 지휘관'으로 잘 알려진 곤살보 데 코르도바(Gonsalvo de Cordova)를 나폴리 왕국으로 보냈다. 그 후 페르난도 5세와 루이 12세는 나폴리의 분할 점령에 합의했는데, 이것이 바로 전쟁을 불러 일으킨 원인이 되었고, 결국 프랑스는 축출되었다. 그 후 나폴리는 페르난도 왕과 그의 계승자인 스페인 왕 카를로스 1세와 신성로마제국의 황제를 겸했던 샤를 5세의 지배 하에 남아 있었다. 가장 강력한 유럽 국왕 중의 한 통치자가 남부 이탈리아에 확고한 지위를 구축했다.

교황이 라벤나를 장악하여 로마에서 아드리아 해에 이르기까지 영토를 넓힘으로써 중앙 이탈리아의 상당한 영토를 지배한 이후의 교황의 세속적 권한은 매우 강대한 것이 되었다. 교황권의 영향력은 교황 자신의 성격에 의해 좌우되었는데, 교황은 여러 도시 및 교황에 종속된 영지에 대하여 직접적이며 강압적인 권위를 행사할 수도 있었고 못할 수도 있었다.

로마의 북쪽에는 토스카나가 있었는데, 이 지방은 몇 세기 동안 점진적인 정복에 의해 영토를 넓힌 피렌체의 세력에 의해 통치되고 있었다. 그 곳은 수공업이 번창하고 상업과 은행업이 번창한 피렌체의 중심 도시였다. 피렌체는 토스카나의 많은 도시에 기운을 불어넣고, 그 도시들로 하여금 피지배자가 되기를 꺼려 하도록 만들었던 불 같은 독립심을 결코 소멸시킬 수 없었다. 예를 들면, 피사는 1494년 샤를 8세의 도움으로 피렌체로부터 해방되었고 자신의 군대로써 1509년까지 자유를 누릴 수 있었으며, 시에나도 역시 독립을 쟁취했다.

로마의 북서쪽에는 밀라노가 있었는데, 스포르차 가가 그 도시의 지배권을 주장하고 있었다. 하지만 스포르차 가는 또 다른 영토 소유자라고 주장하는 루이 12세에 의해 추방됨으로써 밀라노는 1523년까지 일시적으로 루도비코 스포르차와 스위스 왕국에 의해 좌우된 때를 제외하고는 프랑스의 지배를 받았다. 다음 해에 그 아성은 프랑스에 의해 재탈환되었다가 1526년에 다시 빼앗겼다. 갈레아초 마리아 스포르차가 지배할 때 밀라노의 영토가 가장 광대했는데, 이 무렵에는 대부분의 롬바르디아 땅과 제노바까지를 포함했다.

베네치아는 본래 해상 무역을 통하여 재화를 획득했는데, 베네치아가 키프로스를 지배할 당시를 배경으로 한 세익스피어의 작품 『오셀로(Otbello)』에서도 그 모습이 잘 표현되어 있다. 그 시대의 이탈리아의 정치에서 베네치아의 영토 지배 능력은 매우 우월했었던 것이 확실하다. 즉 베네치아는 서쪽으로 가장 멀리 브레시아까지 점령했으며, 북이탈리아의 대부분을 석권했다. 베네치아는 르네상스 시대의 세계에서 가장 널리 알려져 있고 행정상 능률적이었던 정부 중의 하나인 과두체제 정부였다.

그럼에도 불구하고 용병의 힘을 빌어 정복하고 그 용병에게 국가의 방위를 의지한 결과, 본토 내의 베네치아의 영토는 굳건하지 못하게 되었다. 마키아벨리는 베네치아가 800년 동안 시배했던 영토를 바일라 전투에서 잃어버린 것에 대해서 말하고 있다. 하지만 베네치아는 이러한 패배를 겪은 후 그보다 더 비참했던 비첸차의 패배를 견딜 수 있을 만큼 강대한 국가로 존속했으며, 아직도 이탈리아의 정치 무대에서 중요한 위치를 차지하고 있다.

그 외에 어떤 지역에 전적으로 어떤 지역에 전적으로 포함되지 않은 지역은 루카, 만토바 그리고 페라라와 같은 작은 국가들이 있었다. 이러한 판도는 매우 복잡하여 이탈리아에는 5개의 큰 국가 및 여러 개의 작은 국가가 함께 존재했다. 하지만 당시의 이러한 분열은 시작에 불과한 것이었다. 이러한 국가들은 이탈리아 반도 내에서 그들의 지위를 완전히 바꾸어 놓은 변경 국가들과 여러 면에서 밀접한 관계를 맺고 있었다. 스페인 왕과 신성로마제국의 황제가 된 카를 5세 치하의 연합 국가의 한 제후국인 나폴리는 통치 범위가 남이탈리아로 제한되어 있었던 나폴리와는 매우 상이했다.

교황은 역시 말썽이 많은 존재였다. 왜냐하면 교황은 성무(聖務) 집행 정지권으로 참기 어려운 정신적 압력을 가할 수 있었고, 모든 기독교 나라로부터 그의 수입을 끌어들였기 때문이다. 더욱이 교황의 교체는 다른 지역의 왕들의 정상적인 교체보다 훨씬 빈번했다. 예를 들면, 알렉산데르 6세는 그의 아들 체사레 보르자를 돕기 위해 그가 할 수 있는 모든 일을 다한 반면에, 그 다음의 교황인 율리우스 2세는 체세라 보르자를 적대시했다.

일반적으로 교황의 재임 기간도 역시 짧았다. 그 이유는 교황이 이미 연만(年晩)했을 때에야 교황의 직에 오를 수 있었기 때문이었다. 반면 카를 5세는 16세에 스페인의 왕위에 올랐고 19세에 황제가 되어 40년 동안 스페인을 통치했다. 막시밀리안 1세는 26년 동안 신성로마제국의 황제로 재임했다. 더욱이 모든 이탈리아의 도시들은 군주가 되려는 어떤 야심적인 시민이나 또는 군주를 사로잡을 수 있는 용병 사령관의 목표물이 될 수 있었다. 밀라노는 이런 식으로 스포르차 1세의 지배하에 들어갔다. 따라서 만일 그에게 군림할 수 있는 또 다른 제왕이 있을 경우, 그의 권력이 자신의 군대와 자신의 결단에 의해서 유지되었을 때만 그의 권좌가 존재할 수 있다는 사실을 알게 되었다.

더욱이 체사르 보르자에게 예속된 도시 국가들은 기회가 있을 때마다 그들의 군주를 배신하려고 했다. 예를 들면, 피렌체가 매입한 아레초는 자유를 되찾기 위해 여러 차례 반격을 시도했다. 그뿐만 아니라 비록 막시밀리안 1세가 제위에 오르는 데에 별다른 어려움이 없었다고는 하지만, 신성로마제국의 황제들은 계속해서 이탈리아에 대한 소유권과 정치적 간여권을 주장했다. 마키아벨리 시대에 일어난 이탈리아의 혼란은 본질적으로 독일 황제의 농간과는 구별되는 다른 황제의 지배에 책임이 있다고 본다면, 그 혼란은 황제들이 이탈리아로부터 물러나는 과정의 시간보다 더 이전의 시대에서 그 원인을 찾을 수 있다.

카를 5세 치하에서 신성로마제국의 통치권과 스페인 왕권이 통일되었는데, 그는 또한 나폴리의 통치자이기도 했다. 결과적으로 그는 이탈리아 내의 거의 모든 문제를 간섭할 위치에 있었다. 예를 들면, 1527년 교황 클레멘스 7세는 나폴리 왕국에서 신성로마제국 황제의 군대와 싸운 뒤 휴전 협정을 맺었다. 그러나 대부분 독일인으로 구성된 신성로마제국 황제의 북방군은 로마로 들어가 그 곳을 약탈했다.

스위스는 단순한 북방의 이웃이라기보다는 사실상 이탈리아 국경의 접경 지역에 살면서 이탈리아어를 사용하는 백성들을 통치하고 있는 나라였다. 그들은 대체로 우수한 용병으로 인정되면서 이탈리아 역사에 등장하고 있다. 그리고 그들의 가치가 어떠했는가 하는 점은 징집 방법에서 일부분 설명된다. 그 이유는, 그들이 그들 지방 정부에 의해 종종 징집되면서도, 봉급은 중앙정부에서 지불되었기 때문이다. 심지어 그들은 통치자에 의해서 직접 징집되었을 때에도 자신들을 조직하는 일은 스위스 당국의 권한으로 이루어져야 했다.

어떤 의미에서는 시민군으로서의 스위스 군대의 자질이 특히, 마키아벨리의 관심사가 되었다. 그들은 프랑스나 독일의 용병으로서가 아니라, 그들 자신의 의사에 따라 이탈리아에 들어오는 경우도 있었다. 사실상 마키아벨리는 스위스 인이 실질적인 이탈리아의 지배자가 되지 않을까 걱정했다. 스위스 인의 애국심이 오랫동안 이성적인 것으로 생각되어 왔고, 스위스가 오랫동안 중립 정책을 지켜 온 오늘날에 와서 보면, 마키아벨리의 이와 같은 생각은 오히려 우리에게 이상한 일로만 느껴진다. 하지만 마키아벨리 시대 이전이나 당시의 스위스 역사는 대단할 정도로 정복자의 역사라는 점을 잊어서는 안 된다.

스위스 인들은 그들 자신이 이루어 놓은 정복지를 그들의 영토로 병합한 것이 아니라 그 점령지를 예속시켜 세입의 원천으로 삼았다. 따라서 스위스 군이 노바라에서 프랑스 군을 패배시키고 밀라노를 장악한 후, 그들이 이탈리아의 지배자가 될지도 모른다고 마키아벨리가 기록한 사실은 충분히 음미해 볼 가치가 있는 일이다.

마리냐노 전투에서 스위스가 완전하게 참패를 당한 15년에도 마키아벨리는 스위스 인이 군인으로서 아마 최고일 것이라고 평가하는 전쟁 이론을 제시했다.

마키아벨리는 기병과 포병에 대해서는 낮게 평가하고 보병을 우수하게 평가했다. 스위스는 거의 포병이었고, 기병은 조금밖에 없었다. 하지만 그들은 매우 훌륭하게 훈련된 보병을 가지고 있었는데, 확실히 마키아벨리는 그들의 결점을 알았으며 「전술론」에서 그 약점을 고치는 방법을 제시했다. 하지만 스위스 군이 우수하다는 그의 견해에는 약간의 편견이 있었던 것 같다.

이탈리아의 다른 이웃 국가로는 독일이 있었다. 독일은 1519년까지 황제 막시밀리안 1세에 의해 통치되었으며, 그 이후에는 카를 5세에 의해 통치되었다. 막시밀리안 황제는 이탈리아의 여러 국가, 특히 베네치아에 대항하며 여러 가지 조처를 취했다. 그리고 카를 5세는 이탈리아의 정부에 대해 깊이 간여했다. 독일 황제의 군대는 부분적으로 스위스에서 실시한 바와 같은 전략으로 훈련받은 훌륭한 보병으로 구성되었으며, 또한 독일의 창기병은 용병으로 활약했다.

프랑스는 마키아벨리 시대의 이탈리아에 대하여 막강한 영향력을 미치는 존재였으며, 마키아벨리를 고용한 피렌체의 장관 피에로 소데리니는 프랑스와의 동맹을 확고히 믿는 인물이었기 때문에, 마키아벨리는 그 점을 주시했다. 이미 언급한 것처럼 나폴리와 밀라노에 대한 프랑스의 권리 주장은 모든 이탈리아 도시국가들에 대해서도 실제적으로 매우 중요한 것이었다. 왜냐하면, 프랑스 군대는 매우 빈번하게 이탈리아의 정치 무대에 개입했으며, 적어도 이탈리아의 격동기에는 틀림없이 나타났기 때문이다. 프랑스 군대는 포병과 중무장한 기병으로 가공할 만한 힘을 가지고 있었다. 프랑스 출신의 보병은 보잘것없었으나, 스위스와 독일의 수많은 창기병이 프랑스인으로부터 정상적으로 봉급을 받으며 근무했다. 만일 스페인의 왕들이 나폴리, 시칠리아 그리고 사르데냐 등을 지배하지 않았고 카를 5세가 독일을 다스리지 않았더라면, 스페인은 아마 이탈리아 문제에 대해 거의 사소한 부분밖에는 힘이 미치지 못했을 것이다. 하지만 바다를 통해서도 쉽게 닿을 수 있는 주요 가톨릭 국가로서의 스페인은 언제나 이탈리아의 문제에 등장했다. 교황 알렉산데르 6세는 스페인 인이었다. 스페인 보병은 훈련이 잘 되고 기동성이 좋았기에 스위스 군이나 독일 군보다 우수했다. 어느 정도의 스페인 보병은 북방

민족들의 무기와 같은 창을 장비로 갖추고 있었으므로, 보병이나 기병에 대한 맞싸움에서 승리할 수 있었다. 기민성으로 인해 선발된 또 다른 부대는 칼과 방패로 무장되었다. 그들의 기능은 창날을 피하여 그 창기병에 아주 가까이 접근하여 긴 무기들을 사용하지 못하도록 하는 것이었다. 마키아벨리가 『군주론』의 마지막 장에서 지적한 것처럼 비록 스페인의 보병이 라벤나 전투에서 수적으로 열세였고 그들 군대의 나머지 부대에서 버림까지 받았지만, 그들은 거의 이러한 방법으로 승리했다. 스페인 군대는 또한 화기 사용을 개발하는 데 주력했다.

그 시대의 정치 및 군사적인 역사만을 보는 사람에게는 이탈리아가 마치 전쟁만을 수행하는 데 빠져 있었던 것처럼 보일 수도 있다. 물론 당시의 상황으로 볼 때 전쟁 외에 다른 활동을 할 만한 자원이나 시간적 여유가 있을 수 없었다. 하지만 그 시대에 이탈리아가 다른 측면에서 보여준 활약은 세계적으로 경이적인 사건들 중의 하나였다.

1502년 체사레 보르자를 수행하며 종군한 기술공은 바로 레오나르도 다 빈치였고, 마키아벨리가 죽은 직후 피렌체 성채의 건축 책임을 맡은 사람 역시 미켈란젤로였다. 그가 설계한 작품 중 어떤 것은 피렌체의 카사 부오나로티에 보존되어 있다. 이 두 예술가의 예로 볼 때, 당시 이탈리아에서는 수많은 예술품이 제작되었다는 것을 알 수 있다.

번성한 예술은 회화나 조각뿐만이 아니었다. 마키아벨리는 정치 활동을 하는 그 바쁜 와중에서도 「만드라골라」를 완성했다. 마키아벨리는 당시 훌륭한 극작가 중의 한 사람이었다. 이폴리토 데스테 추기경으로부터 명령을 받고 교황 율리우스 2세에게 파견되었던 로도비코 아리오스토는 이탈리아 르네상스 시대의 가장 훌륭한 시인 「광란의 오를란도」를 발간했는데, 그 작품은 곧 마키아벨리에게도 알려졌다. 아리오스토가 그 시를 쓰기 위해 추기경의 비서 일과 외교사무를 소홀히 한 것에 대하여 추기경은 신경질을 부렸다고 전해지고 있다.

그 당시에 어떻게 예술적 생활이 존재할 수 있었을까 하고 질문할 수도 있다. 볼로냐에 있는 미켈란젤로의 작품인 율리우스 2세의 동상이 쓰러져 대포를 주도하기 위한 재료로 녹여지는 판국에, 어떻게 이탈리아의 예술은 그 동상과 운명을 함께 하지 않았을까? 그것에 대한 답은 여러 가지가 있다. 그것들 중의 하나로 당대에 실력가들이 있었다는 점을 들 수 있다. 율리우스 2세는 전쟁을 수행하는 일로 기력이 쇠퇴해지기는커녕 미켈란젤로로 하여금 걸작이 될 만한 자신의 훌륭한 무덤을 만드는 계획을 생각했다. 미켈란젤로는 조각술을 축성술이나 시로 바꿀 수 있는 다재다능한 능력을 가지고 있었다.

이탈리아는 역시 부유한 국가였다. 오늘날 이탈리아를 찾아오는 방문객들의 눈에 보이는 그 곳이 빈곤하게 보인다고 하여, 우리가 그 시대의 이탈리아를 잘못 생각해서는 안 된다. 이탈리아에는 16세기에 이미 고달픈 농업 활동이 있었다. 이렇게 견딜 수 없을 정도의 노동과 농업생활이 오늘날에도 수많은 이탈리아 인들을 먹여 살리고 있는데, 이런 점에서 미국인들은 이탈리아의 농촌 생활에서 행복을 맛볼 수 없다. 1500년대의 이탈리아 농부들이 기계를 사용하지 않고 손으로 농사를 지었다고 해서 그들이 시대에 뒤떨어진 것은 아니었다. 기계화된 농사 방법 이전 시대의 손 도구를 알고 있는 미국인에게는 이탈리아 인의 낫이나 삽의 모양이 서툴고 어설프게 보이겠지만, 그 때까지만 해도 이탈리아에서 사용되는 도구들은 세계의 모든 농업과 경쟁하는 데 효과적인 것이었다.

그러나 이탈리아는 거대한 수공업 국가였다. 말하자면 피렌체는 유럽 시장에 비단을 공급했다. 이탈리아 인은 세계의 곳곳을 잇는 매개자 역할을 했다. 영국이 무역을 통해 재화를 획득했던 것처럼, 이탈리아도 베네치아의 무역을 통해 재화를 얻었다. 바로 얼마 전까지만 해도 은행업의 중심지인 런던이 세계의 조공품을 템스 강변에 있는 은행으로 집결시켰듯이, 메디치 가의 은행들은 유럽의 조공품을 아르노 강변에 있는 은행으로 집결시켰다.

놀랍게도 계속되는 피렌체의 전쟁조차도 그 도시에 쏟아져 들어오는 재화를 고갈시킬 수는 없었다. 이러한 재화의 대부분은 예술적인 목적에 사용되었다. 그 재화의 양은 오늘날 과학에 충당되는 엄청난 경비보다도 더 많은 돈이었다. 부유한 사람이 자신의 돈으로써 하고자 하는 일들 중의 하나는 예술가들을 고용하는 것이었다. 그 시대에도 여행이 있었지만, 오늘날처럼 비용이 많이 들고 목적 없이 이리저리 돌아다니는 것은 아니었다. 그 시대 사람들은 그들에게 필요한 것이 있을 경우에만 여행을 했다. 하지만 이러한 모든 점에 비추어 볼 때, 본질적으로 당시의 전쟁은 그 이후 시대의 전쟁보다 덜 파괴적이었음이 틀림없다. 파괴는 자행되었으나 용병들은 자신들이 점령한 도시의 시민들에 대한 특별한 원한이 없었다. 때문에 비록 그들이 점령한 도시의 시민들의 재산을 원했고, 그것을 얻는 과정에서도 어떠한 양심의 가책도 없었다 할지라도, 그들은 포로를 잡아 자신들이 좋아하는 몸값이나 또는 노예로 판 값을 받을 수 있다면, 포로를 죽이기보다는 오히려 그 포로들을 살려주는 방법을 택했다. 재산을 약탈한 도시는 다시 약탈될 수 있을지 모르나 파괴되어 버린 도시는 더 이상 약탈의 기회가 없어지기 때문이다.

지휘관의 관심은 체사르 보르자가 시니갈리아에서 그랬던 것처럼, 가능한 약탈을 방지하고, 그 도시를 지배하여 그 도시로부터 수입을 올리게 될 것을 원했다. 더욱이 군대는 약탈자와 다름없지만 수효가 비교적 적었다. 마키아벨리가 『군주론』에서 지적한 바와 같이 용병의 지휘관은 많은 병력을 고용하지 않았다. 샤를 8세가 이탈리아에 이끌고 온 군대는 기껏해야 4만 명이었다고 한다. 아마 이 정도의 숫자는 어떤 면에서 본다면 그가 계획한 것을 쉽게 성공시킬 수 있는 수치였는지도 모른다. 1524년에 프랑수아 1세의 군대가 이 숫자와 비슷했지만, 그 이후는 달랐다.

따라서 르네상스 시대의 이탈리아 군인의 소모 현상은 오늘날 우리가 격고 있는 거대한 시민군의 부족 현상과 같지는 않았다. 그리고 피렌체와 같은 병력의 부족 현상은 이탈리아 전역에 퍼지지 않았다. 피렌체가 적극적으로 전쟁을 하지 않을 때의 군사 경비는 비교적 적었으며, 이탈리아 반도의 많은 도시와 지방도 역시 그러했다. 더욱이 군대의 많은 숫자가 외국인들로 구성되어 있었다. 라벤나 전투 당시 프랑스 측에는 프랑스 인, 독일 인, 스위스 인, 나바라 인, 이탈리아 인, 나폴리 인, 그리스 인, 에트루리아 인 및 아프리카 인들이 있었다고 한다. 전투에서 이탈리아 인들은 비교적 많이 죽지 않았다. 라벤나 전투에서 페라라 공 알폰소 1세가 소유한 대포들은 그의 적인 스페인 보병뿐만 아니라 그의 동맹국인 프랑스를 위해서 싸우고 있는 독일의 용병들까지도 섬멸했다. 왜냐하면, 그의 동맹국들의 군인들이 접근 전에서 뒤섞여 버렸기 때문이다.

알폰소 1세는 그의 부하 사수들에게 "아무나 쏘아도 무방하다. 그들은 모두 우리의 적이다."라고 외치며 그의 사수들에게 대포를 계속 쏘아 대라고 소리치며 용기를 불어 넣었다고 한다. 물론 그 후 그는 그 같은 일을 자행했다는 것을 부인했다.

하지만 1565년에 신티우스가 펴낸 책의 내용에 의하면, 당시에 알폰소 1세는 로마의 지휘관인 파브리치오 콜론나의 목숨을 살려 주었는데, 그 이유는 '그가 항상 이탈리아 국민을 사랑했기' 때문이었다고 기록되어 있다. 콜론나는 자신을 공격했던 프랑스의 야만인에게 복종하느니 차라리 죽을 것을 결심했지만, 결국에는 항복했다. 이처럼 이탈리아 인들이 이탈리아의 전쟁에서 죽어가는 상황 속에서 다른 많은 이탈리아 인들은 계속해서 재화를 축적하는 일에 몰두하고 있었으며, 죽는 것은 외국인들뿐이었다. 전쟁에도 불구하고 이탈리아 인들이 번성할 수 있는 저력을 가지고 있었다는 사실은, 이탈리아를 약탈하는 데 맛들인 '야만인'들의 침략 대열이 끝없이 이어졌다는 사실만으로도 충분히 입증된다.

## 4 마키아벨리의 생애

니콜로 마키아벨리는 1469년 5월 3일 피렌체에서 출생했다. 그의 가문은 그다지 훌륭하지는 않았으나, 피렌체에서 남쪽으로 몇 킬로미터 떨어진 지역의 귀족이었다는 데에는 다소의 근거가 있다. 그들은 몬타페르티의 교황파가 패주한 이후, 피렌체로부터 추방된 사람들 중의 하나였다. 마키아벨리 가문의 집은 폰테 베키오에서 멀지 않은, 아르노의 남쪽 피렌체 지방인 올트라노에 위치하고 있었다. 마키아벨리는 오늘날의 구이차르디니 가 16번지에서 살았다.

살펴보면 그의 유년기에 대해 알려진 사실은 별로 없다. 그는 교육을 적절히 받은 것처럼 보이지만 대단했던 것 같지는 않다. 그는 라틴어는 알고 있었으나 그리스어는 알지 못했다. 때문에 라틴어로 번역된 그리스 작품을 읽었다. 성년이 된 후 그의 활동에 대해서는 단지 그의 훗날 경력으로부터 추론할 수 있을 뿐인데, 계속해서 문학 및 역사를 공부했다는 것은 분명한 사실이다. 또한 그는 관청의 하급관직에서 경험을 쌓았던 것인지도 모른다. 어쨌든 그는 관직에 진출하기로 마음을 굳히고 대중 앞에 나타나게 된다. 자신의 적성을 과시하거나 유력자의 지지를 받기 위해서는 어떤 직책이든 갖는 것이 중요한 일이기 때문이다.

1498년에 80인회는 제2사무국을 맡기기 위해, 시의회, 즉 시뇨리아의 서기관직에 4명의 인사를 고려했는데, 마키아벨리가 그 자리에 앉을 사람으로 뽑혔다. 며칠 후 그 선출은 대의회에 의해서 비준되었다. 한 달 정도 후에 마키아벨리는 같은 식으로 10인군사위원회의 사무국장으로 선출되었다. 때문에 그는 10인군사위원회의 사무국장, 제2사무국의 사무국장, 그리고 시뇨리아의 사무국장 등 다양한 직함으로 불렸다.

이러한 임명으로 마키아벨리는 그가 봉직하는 시의 내외적 사무에 대한 지식을 얻기 위한 활동을 시작했다. 그의 임무는 자주 이탈리아의 여러 지방과 멀리 프랑스와 독일까지 왕래하는 것이었다.

그는 피렌체 공화국의 대사라기보다는 오히려 정보원이었다고 볼 수 있었다. 그리고 그는 정부를 위해 최선을 다해 일했으나, 조약이 사실상 비준되었어도 피렌체의 일부 고위 인사들에게 그 공을 돌리지 않을 수 없었다.

14년 동안 봉직하면서, 그는 로마에서 북쪽 국경 지대에 이르기까지 대부분의 이탈리아 땅을 순방했고, 스위스와 티롤을 방문했으며 프랑스를 네 번이나 방문했으며, 멀리 블루아까지 다녔다. 그는 처음으로 여행하는 곳에서도 그 고장의 언어를 말할 수 있었다. 모든 여행의 과정에서 그는 가능한 많은 것을 관찰했다. 하지만 그의 여행은 공무로 인하여 특정 지역에 국한되었기 때문에 지식을 얻기 위해서 자유롭게 여행할 수는 없었다. 하지만 당시로서는 어쩔 수 없었던 속도가 느린 마차 여행은 현대의 여행자들로서는 알 수 없는 것들을 관찰할 기회를 주었다.

그리고 이런 종류의 여행 중 괄목할 만한 일로서는 1502년에 체사레 보르자를 만난 일을 들 수 있을 것이다. 당시 보르자는 시니갈리아를 정복하는 전쟁을 수행하고 있었는데, 이 때 그는 그의 '훌륭한 기만'으로 그의 불성실한 용병을 압도했으며, 마키아벨리는 아시시, 페루자, 포를리, 시니갈리아와 그 중간 지점을 방문하면서 보르자를 수행했다. 그것은 마키아벨리가 유능한 지도자의 행동을 관찰할 수 있는 최상의 기회였으며, 어떻게 전쟁이 수행되어져야 하는가 하는 그의 안목에도 영향을 주었다.

1506년에 그는 움부리아에서 전쟁 중인 다혈질의 율리우스 1세를 시종하면서 많은 것을 관찰했다. 그러나 율리우스 1세는 보르자만큼 마키아벨리에게 영감을 주지는 못했다.

이와 같은 여행 외에도 그는 많은 피렌체 지방을 여행했다. 9인군사위원회의 사무국장인 마키아벨리는 물론 군사 지휘권이 없었지만 군대를 모집하는 행정직을 맡았다. 1506~1507년의 대부분의 시간을 그는 이 직무에 매달려 보냈다. 하지만 그는 3월에 신성로마 황제 막시밀리안 1세와 교섭하기 위해 티롤에 파견되었으며, 거기에서 돌아온 즉시, 다시 피사와의 전쟁에 종군했다. 그는 단지 10인군사위원회의 사무국장일 뿐 책임 있는 사람 중의 한 사람은 아니었으나, 그의 직책은 매우 막중했다. 실제로 10인군사위원회에서는 마키아벨리에게 "우리는 당신에게 이 사무국의 모든 일을 위탁합니다."라는 공문을 보냈다. 하지만 당시에는 위원들이 직책상 그의 상사였기 때문에, 그는 그들을 보다 정중하게 대하기 위해 고심했다. 그럼에도 불구하고 그는 직무를 수행하는 동안 피렌체의 전투에 다른 군사 위원들이 참전한 것은 사실이지만, 1509년에 피사를 함락할 수 있었던 것은 전적으로 마키아벨리가 노력한 결과였던 것 같다.

그의 여러 가지 탁월한 복안 중 하나인 시민군의 창설 계획을 실현시킨 피렌체 정부로부터 신임을 받지 못했다면, 그의 그토록 중대한 과업을 수행할 수 없었을 것이다. 이러한 계획이 그의 독창적인 것은 아니었다. 왜냐하면 그것은 마키아벨리 이전에 피렌체 정부에 건의된 바 있었던 계획이기 때문이다. 하지만 그는 시민군 계획을 자신의 실제적인 정치적 경륜을 펼쳐 보일 수 있는 하나의 수단으로 만들었던 것 같다.

하지만 피렌체 정부에서 14년 동안 봉직하는 동안, 마키아벨리가 저술 활동을 완전히 중단한 것은 아니었다. 체사레 보르자를 수행할 때도 플루타르코스의 『영웅전』의 복사를 시도했다. 그리고 그의 첫 번째 저술인 『이탈리아 10년사 : 1494~1504』를 대서사시로 저술했다. 이어서 두 번째 저술을 시작했으나 탈고하지는 못했다. 그의 저작물 중 『프랑스 사정가』와 같은 것은 사무차장과 같은 말직에 있는 사람으로서는 도저히 쓸 수 없는 역작이기는 하지만, 그 외의 저술들은 직무 중에 암시를 받아 쓰여진 것들이다.

하지만 당시의 시대는 급변하고 있었다. 스페인 군대가 프라토를 약탈하고 그들이 다시 프라토에 진격한 후 메디치 가가 피렌체에 복귀했을 때, 비록 피렌체 공화국의 제1서기관인 아드리아니처럼 아무런 혐의가 없는 인도주의자는 겨우 그의 직위가 지속됨으로써 실속없는 보상을 받았다고는 하지만, 소데리니의 신임이 두터웠던 사람도 공직에 남아 있을 수가 없었다.

그 후 몇 년 동안 마키아벨리는 산 카스치아노에서 가까운 곳에 위치한 농장에서 많은 시간을 보냈다. 그 곳에서 그는 자신에게 배은망덕한 배신을 했지만, 자신의 덕분으로 명성을 얻은 도시를 멸시하듯이 내려다보았다. 만약 그가 국무를 다룰 수 없었다 해도 국무에 관한 글을 쓸 수는 있었다. 그 후 얼마 지나지 않아 그는 헤토리에게 『군주론』의 저작에 손대고 있다고 말했다. 이 무렵 그는 또한 「라비우스 역사 논고」를 저술하고 있었던 것으로 보인다. 이러한 저술의 골자는 여러 해 동안 저자의 마음 한가운데서 자라고 있었으며, 그 일부는 그가 피렌체 정부에 보낸 보고서에도 나타나고 있다. 하지만 그 저작의 보완과 정리는 물론 퇴고가 필요했다.

그 시기에 쓰여진 그의 서한을 진지하게 살펴보면, 그가 밤에만 연구한 것을 알 수 있게 해 준다. 그가 농장의 일에 약간 신경을 쓴 것은 의심할 바가 없지만, 이 편지들은 오늘날 그렇게 중요시되고 있지 않다. 그는 일적이 궁정에 봉직하면서 관찰할 수 있었던 인간의 본성을 농민들에게서 즐겨 관찰했다.

그의 다른 작품으로는 「전술론」과 두 개의 희극 작품인 「만드라골라」와 플라우투스의 「카지나」를 모방하여 쓴 「클리치아」, 단편소설인 「결혼한 악마 벨파고르」, 운문 작품인 「황금 나귀」, 배은망덕 · 행운 · 야망 · 기회에 관한 삼행시 「인간의 배은망덕함에 관한 장」, 그리고 축제의 노래와 짧은 시구들이 있다.

마키아벨리가 산 카스치아노에 있었을 때, 오르티 오리첼라리 정원에서 문학을 하는 친구들과 자주 어울리는 것을 볼 수 있었다. 그는 그 곳을 대화체로 쓰여진 「전술론」의 작품 무대로 잡았다. 「우리나라의 언어에 관한 연구 또는 대화」는 아마 그가 그 곳에서 친구들과 논쟁하는 가운데 얻어진 결실인 것 같다.

이 작품에서 그는 언어가 피렌체어 또는 토스카나어 아니면 이탈리아어 중 어느 것으로 불리는 것이 타당한가를 결정하기 위해 유명한 이탈리아 작가들의 언어를 연구했으며, 문학어로서 이탈리아어와 관련이 있는 단테의 「통용어」를 논의하고 있다.

이 글에서 단테는 피렌체어가 '문학적인 이탈리아어의 기초이며 연원'임을 인정하고 있는 것으로 묘사하고 있다. 마키아벨리는, 특히 단테의 라틴어 작품을 이탈리아어로 처음 번역한 트리시노로 인해 이 문제에 대하여 관심을 갖게 되었다는 것은 의심할 여지가 없다. 전적으로 피렌체어로 쓰여진 다음의 글은 마키아벨리의 「우리나라의 언어에 관한 연구 또는 대화」에 나타난 결론일 뿐만 아니라, 그의 조국애를 가장 훌륭하게 표현한 것이었다. 이 글은 다음과 같이 시작된다.

> 내가 태어난 도시를 찬양할 수 있을 때, 나 자신에게 어려움과 위험이 따를지라도, 나는 즐겨 조국을 찬양하고는 한다. 왜냐하면, 인간의 생활 중에서 국가에 갚아야 할 의무 이상의 큰 빚은 없기 때문이며, 또한 그는 애당초 자신의 존재와 그 다음으로의 행운과 자연이 그에게 부여한 유익한 모든 것에 대하여 국가에 빚을 졌기 때문이다. 그리고 이러한 의무는 자신의 조국이 가장 귀하다고 믿는 사람에게는 가장 고귀한 것이다. 설령 그 국가로부터 해를 입었다 할지라도, 마음 속으로나 행동으로 자신의 조국을 적과 같이 여기며 행동하는 사람은 아버지를 죽인 사람이라고 불려도 좋을 것이다.

> 어떤 이유든 간에 자기 부모에게 상해를 가했다면 이것은 가공스러운 행위일 것이며, 마찬가지로 그 자신의 조국을 상해하는 것은 가장 가공스러운 일이다. 왜냐하면, 국가가 설령 당신으로부터 박해받을 짓을 했다고 해도 그것으로 인해 당신이 피해를 당할 리 없는 것이며, 당신이 가지고 있는 좋은 일들은 모두가 국가로부터 나온다는 사실을 당신은 시인하지 않을 수 없기 때문이다. 때문에 가령 국가가 그 시민으로부터 무엇인가를 박탈했다 할지라도, 당신은 국가가 무엇을 빼앗아 간 것을 빙자하여 국가의 명예를 더럽히기보다는 오히려 국가가 당신에게 남겨 준 것에 대하여 감사할 의무를 지고 있는 것이다. 이러한 사실은 매우 진실한 것이기 때문에 주제넘게 국가의 명예를 더럽히려고 기도하는 자들과 싸우고 국가를 옹호할 때, 나는 자신을 기만하지 않는다고 확신한다.

이 말은 마키아벨리의 생활신조로 볼 수 있다. 내가 아는 한, 마키아벨리의 개인적인 행위가 이 말과 일치하지 않았다고 지적한 사람은 없다. 그는 여러 면에서 피렌체로부터 피해를 입었다. 그의 능력과 봉사가 과연 적절한 직위와 봉급으로 보상되었다고 마키아벨리 자신이 생각했는지의 여부는 알 수 없다(이것이 피렌체가 그에게 입힌 가장 큰 피해이다). 그러나 그는 결코 그 일에 대해서 불평하지 않았던 것 같다.

그는 국가를 위해 여행할 때 자기가 받은 돈의 액수가 적절하지 못하다고 느꼈고, 또 이따금 돈이 없음을 보이며 그렇게 말했다. 하지만 그것은 피렌체의 사절로서 해외에서 활동할 때 겉으로라도 훌륭하게 보이지 않을 수 없다고 그가 믿었다는 데에서 그 이유를 찾을 수 있다. 더구나 1513년 반 메디치 음모가 적발되었을 때, 그는 투옥되어 고문까지 당했으나 곧 무죄로 판명되어 풀려났다. 그는 자신이 피렌체로부터 어떤 피해를 입었는지에 대하여 잘 알고 있었다.

그가 말년에 친필로 쓴 원고에 보존된 짧은 산문체 작품은 「후회에 대한 권고」이다. 이 작품은 논조가 매우 경건한 것으로서 주로 배은망덕함의 부덕과 자비의 덕에 관한 내용이 담긴 것이다. 이러한 사실로 미루어 보건대, 마키아벨리는 종교적인 표현을 할 수 있었고, 그가 교회의 사악성을 공격한 것은 그가 개인적으로 비종교적이었다는 사실을 의미하는 것은 아니었다는 것을 알 수 있다. 마키아벨리로 하여금 투옥 및 고문을 당하게 만든 반 메디치 감정에 대한 혐의에도 불구하고, 그는 자신의 정직함을 확신했기 때문에, 소데리니 밑에 있었을 때처럼 메디치 정권 하에서 그런 일을 계속하려는 희망을 포기하지 않았다.

마키아벨리가 메디치 가에게 『군주론』을 헌정하려고 계획했던 점과, 『군주론』의 마지막 장에서 메디치 가에게 열려진 기회에 대하여 설명하고 있다는 사실이 위와 같은 설명을 훌륭하게 뒷받침해 주고 있다. 하지만 통치자인 그들은 그를 마땅치 않게 생각하지는 않았다고 할지라도, 그를 신뢰하지는 않았다. 이러한 사실은 1520년에 연봉 100플로린을 주겠다면서 그에게 「피렌체사」를 저술해 달라고 위탁한 것을 보아도 알 수 있다. 이 저작은 확실히 당시 피렌체 · 피사대학의 총장인 줄리오 추기경의 허락에 따라서 그에게 위탁되었으며, 추기경이 교황 클레멘스 7세로 등극한 이후 탈고와 함께 그에게 헌정되었다.

1525년에 마키아벨리는 교황에게 「피렌체사」를 헌정하기 위해 로마로 갔는데, 교황은 그것을 정중하게 받고 보조금 100두카트를 줌으로써 그에 대한 보조를 계속했다. 하지만 마키아벨리에게 외교적 기능을 맡기려던 계획은 교황의 허락을 얻지 못했다.

「피렌체사」는 메디치 가가 위탁한 첫 번째 것은 아니었다. 1519년 줄리오 추기경이 우르비노 대공 로렌초의 장례식에 참석하기 위해 피렌체를 방문했을 때 그는 마키아벨리에게 피렌체 정부에 대한 조언을 부탁했다. 그러자 마키아벨리는 「피렌체 정부 개혁론」을 써서 교황 레오 10세에게 전달했다.

그가 활동할 또 다른 기회가 왔는데, 그것은 지난날 공화국을 위해 여행했던 것과 비슷한 성격의 일이었다. 1518년에 그는 피렌체 상인들을 위해 사업차 제노바로 갔으며, 1520년에는 그와 비슷한 일로 루카에 갔다. 루카에서의 사명은 시뇨리아와 줄리오 추기경이 내린 것이었으나 공적인 위탁은 점점 줄어들었다. 이 여행의 결과 『카스트루치오카스트라카니 평전』이라는 작품이 나왔다.

다음 해인 1512년에 그는 추기경의 제의로 프란체스코 교단 총회가 열리는 카르피에 갔는데, 이때의 임무는 토스카나의 잔지에 살고 있는 성직자들과 피렌체의 성직자들을 분리하는 것이었다. 그는 또한 성직자 로바이오를 그들의 사순절 설교자로 모시토록 해 달라는 부탁을 면직상인조합으로부터 받았다.

1525년에 그는 교황 클레멘스 7세의 부탁으로 로마냐의 교황청장인 구이차르디니와 협의하기 위해 파견되었는데, 이때의 임무는 그가 전부터 생각한 것으로서 용병을 무장한 백성으로 대체하는 문제를 논의하는 것이었다. 1526년에 피렌체 정부는 그에게 카를 5세와의 싸움에서 사태가 어떻게 진행되는지를 알아보도록 위탁했다. 그는 곧 연맹군의 진지로 돌아왔는데, 그의 주요 임무는 교황청장인 구이차르디니에게 피렌체의 군사적 약점을 설명해 주는 것이었다. 그 후 그는 교황에게 더 이상의 도움을 줄 수 있는 것이 없나 살펴보기 위해 당시 로마 지역에 있는 구이차르디니를 찾아가 활동을 계속했다.

이러한 여행 외에도 또 다른 중요한 과업이 마키아벨리에게 부여됨으로써, 그는 다시 피렌체의 관료가 되었다. 피렌체가 공격을 받을지도 모른다는 위험으로 인해 교황 클레멘스 7세는 그 도시의 방위에 대해서 생각하지 않을 수 없었는데, 그것은 그가 그 도시의 성벽에 관심을 기울이고 있음을 의미하는 것이다. 마키아벨리는 로마를 방문하여 교황과 함께 성벽의 문제에 대해 상의했으며, 돌아오는 길에 건축가 나바로와 함께 성벽을 시찰했다.

1526년 5월에 5명의 성벽 시찰단이 선출되었고, 마키아벨리는 사무국장에 임명되어 구매업무를 맡았다. 그는 그 일을 열심히 수행했다. 하지만 교황 클레멘스 7세에게 의탁하지 않을 수 없었던 다른 사람들과 마찬가지로 마키아벨리도 교황으로부터 용돈이나 돈을 얻어낼 수가 없었기 때문에 그 일은 아무런 성과도 없이 끝나고 말았다.

그 후 피렌체에서는 또 다른 혁명이 일어났다. 그리하여 관료로서

갓 재임명된 마키아벨리는 메디치 가에 동조했었다는 이유로 공직에서 물러나게 되었다. 하지만 그는 재기를 위하여 오랜 기간 동안 다시 기다릴 필요가 없어졌다. 왜냐하면 혁명이 일어난 지 1개월 후인 1527년 5월 22일에 사망하여 산타 크로체에 매장되었기 때문이다.

피렌체 우피치 미술관에 있는 마키아벨리 동상(1846).

## 5 마키아벨리 연보

1469년 : 피렌체에서 출생

1498년 : 제2사무국 서기로 임명되다. 또한 군사 및 외교 업무를 맡은 군사위원회의 사무국장 겸 서기로 임명되다.

1499년 : 카테리나 스포르차에게 사신으로 파견되다.

1500년 : 프랑스에 외교관으로 파견되다.

1503년 : 교황선거에 대한 정보 수집을 위해 로마에 파견되다.

1504년 : 프랑스에 파견되다.

1506년 : 피렌체 시민권 조직을 계획했으며, 임무를 띠고 율리우스 2세에게 파견되다.

1507년 : 시민권을 관장하는 9인위원회의 서기장이 되었으며 신성로마제국의 황제 막시밀리안에게 파송되다.

1509년 : 막시밀리안 황제, 베네치아에 대한 전쟁을 계속할 수 있도록 지원금을 보내기 위해 마키아벨리를 파견하다.

1510년 : 프랑스에 세 번째 파견되다.

1511년 : 교회위원회에 반대하는 피렌체 측에 고용되었으며, 프랑스에 네 번째로 파견되다.

1512년 : 메디치 가의 복귀로 직위에서 파면되다.

1513년 : 반메디치 음모에 가담한 혐의로 체포되어 수감되었으나 교황 레오 10세의 등극으로 대사면령이 내려 출옥하다. 산 카스치아노 근처의 농장에서 은둔생활을 하며 글쓰기에 몰두함. 『군주론』을 완성하여 메디치 가의 젊은 군주 로렌초에게 바침.

1517년 : 「로마사론」 및 「전술론」 완성.

1518년 : 「만드라골라」 집필.

1520년 : 메디치 가의 사료편찬관으로 임명되고 「피렌체사」 집필 의뢰 받음. 「카스트루치오 카스트라카니 평전」을 집필하다.

1521년 : 「전술론」 출간.

1525년 : 「피렌체사」 8권을 완성하여 교황 클레멘스 7세에게 헌정하다.
성곽방비를 위한 '5인 위원회' 위원장으로 임명되다.

1527년 : 58세의 나이로 사망.

1531년 : 「로마사 논고」 출간되다.

1532년 : 『군주론』 및 「피렌체사」 출간되다.

1537년 : 「클리치아」 출간되다.

1559년 : 교황청에 의해 『군주론』 금서 조치되다.

이해하기 쉽게 풀어쓴

# 군주론

발 행 2016년 5월 25일 초판 발행

저 자 니콜로 마키아벨리
옮긴이 김 영 진
발행처 문 지 사
발행인 홍 철 부

등록일자 1978년 8월 11일
출판등록 제3-50호

주소 서울특별시 은평구 갈현로 312
전화 | 영업부 02)386-8451(代)
편집부 02)386-8452
팩 스 02)386-8453

정가 15,000원

* 잘못된 책은 구입한 곳에서 바꾸어 드립니다.